时代之巅

——互联网思维下的新营销构建

杨 毅 曹媛媛 员宁波◎著

中国水利水电出版社
www.waterpub.com.cn
·北京·

内 容 提 要

在这个信息充沛、传播媒介多元的时代，互联网正成为诸多新媒体中的主流传播形式。同时，大量优秀的手机APP也得到迅速推广，移动互联网发展迅猛，成为“互联网＋”时代的最主要特征。

本书以互联网思维下的新营销为研究对象，分别探讨了互联网新营销时代的开启、互联网＋APP营销、互联网＋软文营销、互联网＋数据库营销等各种互联网思维下的新营销构建。

本书结构合理，条理清晰，内容丰富新颖，可供企业管理者及营销人员阅读。

图书在版编目(CIP)数据

时代之巅：互联网思维下的新营销构建 / 杨毅，曹媛媛，员宁波著. —北京：中国水利水电出版社，2017.9

ISBN 978-7-5170-5868-7

Ⅰ. ①时… Ⅱ. ①杨… ②曹… ③员… Ⅲ. ①网络营销 Ⅳ. ①F713.365.2

中国版本图书馆CIP数据核字(2017)第233926号

书　名	时代之巅——互联网思维下的新营销构建　SHIDAI ZHI DIAN——HULIAN WANG SIWEI XIA DE XIN YINGXIAO GOUJIAN
作　者	杨　毅　曹媛媛　员宁波　著
出版发行	中国水利水电出版社 (北京市海淀区玉渊潭南路1号D座 100038) 网址：www.waterpub.com.cn E-mail：sales@waterpub.com.cn 电话：(010)68367658(营销中心)
经　售	北京科水图书销售中心(零售) 电话：(010)88383994、63202643、68545874 全国各地新华书店和相关出版物销售网点
排　版	北京亚吉飞数码科技有限公司
印　刷	三河市天润建兴印务有限公司
规　格	170mm×240mm　16开本　20印张　358千字
版　次	2018年1月第1版　2018年1月第1次印刷
印　数	0001—2000册
定　价	88.00元

前 言

在这个信息充沛、传播媒介多元的时代,互联网正成为诸多新媒体中的主流传播形式。在使用时间长短上,互联网将超越电视成为第一大传播媒介,同时在经济社会和民众生活形态中,扮演着更加重要的角色。大量优秀的手机APP被迅速推广,移动互联网发展迅猛,成为"互联网+"时代的最主要特征。

如今的网络、无线网络无处不在,带来了碎片化、娱乐化、快餐化、情绪化、海量化的信息,通过APP、微博、微信等方式推送给所有人。我们的生活在被一步步电子化的同时,注意力也渐渐被分散开来。在互联网的冲击下,市场环境在变,消费者在变,媒介更是以一日千里的速度在变,所有的营销人都在苦苦追寻新的营销法则。

这就需要在互联网思维下进行新营销的构建,需要明确什么是互联网思维。免费就是吗?No!开个微博,加个大V,弄个微信,开发个APP,这就是吗?No!检验一种思维是否是互联网思维的重要标准之一,是看其是否用新的信息交互手段改变了原有的成本结构。下面以三星和小米为例,讲解什么是互联网思维。

作为传统行业的三星,它一年的营销投入达120亿美元,这个数字相当于1个摩托罗拉公司、2个诺基亚公司、3个HTC公司、4个黑莓公司。可以说,三星把广告投放做到了极致。而作为"新兴互联网品牌"的小米,最早仅花费了3000万元的广告费,后期几乎是"0"广告费,因为它做了完全不同的方式新媒体、自媒体,改变了成本结构。

全书共分九章:第一章为互联网新营销时代开启,通过介绍互联网+营销的进化历程、新营销颠覆传统营销的商业模式及传统营销的处境等内容,使读者能够理解互联网营销的模式、优势等基本情况。同时,本章还介绍了互联网思维下新营销构建的理论基础,以求进一步提升读者对互联网新营销的认知。第二章、第三章分别介绍了新营销环境下的思路转变以及进行营销的有力工具。第四章、第五章和第六章介绍了开展互联网营销的营销技巧,分别阐述了互联网与APP、软文及数据库营销结合的方式。第七章、第八章和第九章分别介绍了互联网思维下的新营销策略、管理及发展趋势。

本书不是宏篇大论的理论指导书,而是一本侧重实际应用的实战宝典,主要有以下几个特色。

1.内容新颖，符合趋势

在"互联网＋"时代，人人皆可发声，人人皆可为自己代言。在这样的时代里，传统营销的"大渠道、大创意"模式已经被分割得支离破碎，延续200多年的经典营销理论也瞬间失色。鉴于此，本书内容以最新的视角，最前沿的创意营销技巧阐述，让营销模式紧跟时代的步伐。

2.针对性、系统性、实用性

本书不仅具有"工具箱"的针对性、系统性、实用性等特点，其新颖性、操作性更强，实用价值更大，内容直观、通俗易懂，而且还为营销策划人员提供各种方法技巧，帮助他们提高工作效率。

3.采用"图＋文＋表"方式

在读图时代，本书的显著特色是采用"图＋文＋表"的方式，把互联网营销涉及的一些内容用图解的方式展示出来，让读者看起来更加简单明了。这种图解的方式不仅帮助营销策划人员学习并掌握如何作出一个吸引消费者的创意，而且还能让他们从枯燥的文字当中摆脱出来，使学习效率大大提高。

4.去粗取精，呈现"干货"

本书只重实用而不重形式，突破了传统的文字堆砌的死板模式，避免文字累赘，将浩如烟海、庞杂、丰富的材料加以去粗取精，保留核心的、实用的精华部分，完全用"干货"呈现，以方便读者阅读。

全书由杨毅、曹媛媛、员宁波撰写，具体分工如下：

第一章、第二章、第五章第三节、第九章：杨毅（西安理工大学）；

第三章、第五章第一节至第二节、第七章：曹媛媛（西安邮电大学）；

第四章、第六章、第八章：员宁波（山西大同大学）。

在撰写过程中，作者参考了大量的书籍、专著和文献，引用了一些网站和纸质媒体发布的最新信息和数据，在此向这些专家、编辑及文献原作者一并表示衷心的感谢。由于作者水平所限以及时间仓促，书中难免存在一些不足和疏漏之处，敬请广大读者和专家给予批评指正。

作　者

2017年7月

目　录

第一章　互联网新营销时代开启

在"互联网+"时代，公司未来的竞争可能不再是产品的竞争，也可能不再是渠道的竞争，而是消费者资源整合的竞争。在未来，哪个公司能够持有消费者资源，不管它销售什么产品或服务，都能够在行业中立于不败之地。而要抓住消费者，一套完整的借力发挥的颠覆式互联网营销方案是必不可少的。颠覆式互联网营销不仅成本低，而且还能给广告主带来意想不到的收获，它能让销售额急剧上升，让公司利润倍增。

第一节　互联网+营销的进化历程

一、"互联网+"究竟是什么

"互联网+"是一种经济形式，而不是具体的方法论，所以它的内容十分广泛。从大的层面上说，"互联网+"就是互联网平台和传统行业的结合，利用互联网提升经济。例如互联网金融，由于与互联网相结合，诞生出了很多普通用户触手可及的理财投资产品，如余额宝、支付宝以及 P2P 投融资产品等。

互联网普及之后，网络营销便已经出现，而"互联网+"也随之出现，它们改变了人们身边很多传统行业的运营模式。例如，网络上出现的饿了么、百度外卖等外卖网站，优酷、土豆等视频网站，美团、拉手等团购网站，百合网、世纪佳缘等相亲网站。从以上的例子中可以看出，"互联网+"并不是遥不可及的，它就在人们的身边。

"互联网+"的实现是一个过程，它早已开始了对传统行业的改造，但是速度比较缓慢。例如，医疗行业早就已经有了"互联网+"的服务模式。人们在网络上能够使用在线问医生、在线挂号、查询药品和查询病症等功能，但是想要治病的话，仍然需要去医院，该吃什么药、该怎么治仍然需要和医生面对面交谈，否则医生也很难了解病情的发展程度。除此之外，化验、拍片、开处方药等必须通过医院进行。但是造成国内看病难的根本原因是医疗资源的匮乏，这是"互联网+"无法解决的，所以它并不能根除看病难的情况，只能起到一定的缓解作用。

“互联网＋”是开放的，每个人都可以参与其中，必然会对垄断行业带来冲击，例如，Uber、滴滴等打车软件对出租车行业的冲击，支付宝、余额宝对银行业的冲击等。所以，“互联网＋”在中国能够发挥多大的作用，关键还是要看政府的开放程度。

二、“互联网＋”时代的新营销生态

2015 年 7 月 28 日，“腾讯营销中国行·山东站暨大数据时代互联网＋营销峰会”在烟台落下帷幕，包括烟台市政府领导、企事业单位、行业组织以及新闻媒体在内的 300 家企业，460 多人齐聚烟台，共同探究“互联网＋”时代下移动营销为企业带来的新机遇。腾讯社交与效果广告部副总经理张敏毅表示：“希望以烟台为试点，能够把烟台建成在互联网营销生态体系下，利用‘互联网＋’快速促进各个产业发展的一个标杆城市。”“互联网＋”使传统广告互联网化。

张敏毅在演讲中表示：“传统广告正在无法避免地互联网化，并朝着移动化、智能化、社交化的方向发展。”

“随着互联网产业对传统行业的不断渗透，人们的衣食住行都受到其影响。据艾瑞与中国广告协会的数据显示，传统广告的地位正在逐年下降，互联网广告在整体市场中占比却在逐年提升。此外，广告推送的方式也在悄然改变，正在从‘强推硬送’转变为关心‘你想看到什么’。在移动互联网时代，人们更多地聚焦在自己的小屏上，QQ、微信等社交媒体的使用占据了人们大部分的时间。”营销已走进“ME 时代”。

北京大学新闻与传播学院副院长陈刚表示：“我们现在正处于营销 ME 时代的起点，个体化、智能化、动态化、场景化、服务化是 ME 时代营销的五大特点，技术推动数字营销的不断升级，目标更精准，效果更显著。”

腾讯的营销学院有这样一句标语：ME 时代，我们在营销别人，同时也在营销自己。

什么是 ME 时代？见表 1-1。

表 1-1　关于“ME 时代”的几个问题

什么是“ME 时代”	ME 意为“我”，即以每个社会个体(我)为单位，一人一生态的时代
什么是“ME 营销”	围绕每个个体展开营销行为，以解决“个体诉求”为目标，以“个体”获得有价值信息为导向的新营销
“ME 营销”带来什么	营销以 ME(我)为起点，以每个消费者个体为原点，提高了营销的精准度
“ME 营销”的五大特点	个体化、智能化、动态化、场景化、服务化

以“广点通”为例。在以“人”为中心的营销 ME 时代中，广点通通过优质流量和智能平台，与合作伙伴共建营销生态。一方面，广点通聚集了微信、QQ 等数十个社交平台超百亿优质流量，满足了广告主对精品流量、广告高效曝光和推广的需求。另一方面，通过广点通 DMP 等智能平台，连接电商、O2O、汽车、搜索等领域的外部合作伙伴，建立数据交换规则与生态，实现行业间的数据增值与流通。张敏毅表示：“这就是营销 ME 时代的支柱，能够包含各个行业，渗透到各个行业，对业务、行业、产业，都能够建立一个共赢的营销生态链。让‘人人都是营销大师’，通过强大的互联网力量，传递能力，让营销更懂用户，更高效也更智能，帮助传统产业以及创新产业，打造成互联网营销完整的生态体系。”

三、营销未来，和“互联网＋”一起进化

据 CNNIC 统计，2014 年底中国互联网用户已经超过 6 亿人次，全球的互联网用户更是在以每天 60 万的速度迅速增长，庞大的互联网用户群对企业来讲无疑是一座巨大的金矿。

传统企业要打开互联网市场的大门，“互联网＋”是一个绝佳的机遇。那么如何与“互联网＋”一起进化呢？这是一个需要传统企业宣传人员脑洞大开的问题。

大家要清楚与“互联网＋”一起进化的三个关键（如图 1-1 所示）。

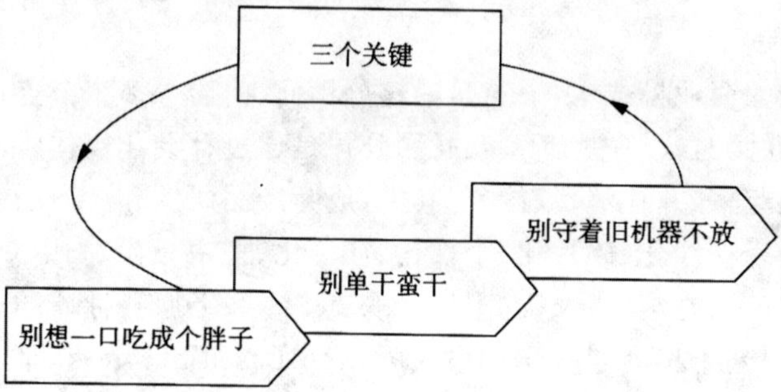

图 1-1　与“互联网＋”一起进化的三个关键

（1）别想一口吃成个胖子

很多传统企业都把“互联网＋”的概念理解为在网络上做做广告，把产品拿到网络上售卖，当然这么理解也没有错。传统企业如果不循序渐进，想一口吃成个胖子，就要承担相应的风险。

(2)别单干蛮干

在不熟悉的互联网领域,传统企业必须杜绝单干蛮干。专业的人做专业的事,与互联网营销服务商合作是绝佳的选择。就互联网营销来说,制定好营销的方向,规划好营销活动的战略、方针以及实施营销方案的时间计划是最佳全案营销的必备关键。

(3)别守着旧机器不放

过去人们常把企业比作一台机器,企业也用运作机器的方法来运作自己。作为一台机器需要人来操作,需要维护和保养,然后确保这台机器在它的生命周期内有序不变地工作。把企业当作机器来运作有三点好处:其一,按照既定的模式去运行即可,可谓简单;其二,既有的模式和结构带来经得起考验的效率,可谓高效;其三,在了解企业方向和市场需求的前提下,结合机器的缜密特性去运作往往能取得不错的效果,可谓合作。

就如机器需要更新换代一样,当一台机器不再适应当前的时代以及技术要求时,面临的必然是被淘汰。相对企业来说也同样适用,机器式的企业在当前已不具备这个时代所需的特性。

在“互联网+”的时代背景下,任何营销短板都可能影响最终的营销效果,唯有能够独立完成营销方案的企业,才能准确把握时机与节奏,抓住“互联网+”机遇,帮助企业在激烈的竞争中快速打开并稳固互联网市场。

第二节　新营销颠覆传统商业模式

在传统的商业模式中,公司是通过分销商、门店等多个节点连接消费者的,而在互联网时代,一些新型互联网公司是通过社会化媒体将消费者转变成粉丝聚集起来,并让消费者参与其中,成为产品研发和生产的一部分。目前消费者呈现在线化、碎片化、个性化、社群化、去中心化、去中介化等特征。

如今,打车、吃饭、搬家、洗车、理发、美甲等线下服务性质的业务都搬到了线上,公司基于移动互联+LBS(Location Based Services,即定位服务),将移动通信网络和卫星定位系统结合在一起,为消费者提供一种定位增值服务。

LBS作为O2O服务新模式,再加上SolomoSocial(社交的)、Local(本地的)、Mobile(移动的),这些首字母连起来就是SoLoMo(索罗门),也就是“社交本地移动”,即社交+本地化+移动。LBS可以实现“到店、到家、到人”服务,公司已经完全不需要中介连接消费者,可以直接联系到消费者,而且这种商业模式将代表着未来互联网发展的趋势。

新时代的商业模式形态不仅会对传统公司造成冲击，在移动互联网时代，互联网公司也可能成为当今时代下的“传统”公司，但这些公司的商业模式形态如果不能随机做出改变，也将会面临着被更新、被移动互联网新兴公司所替代的局面。

总之，不论是传统公司还是互联网公司，如想不被淘汰，就要改变商业模式形态。如今，传统的商业模式形态到底有哪些方面的改变呢？

一、在线化

从使用时间的长短来看，现在的人除了睡觉，几乎 16 个小时跟移动端在一块，比 PC 端多出数倍的使用时间。高频率的在线加快了消费者得到各种信息（好消息与坏消息）的速度，时效性更强，信息量更大。

从来没有任何一种力量像现在的智能移动终端那样如此强有力地改变消费者的消费需求和行为。有了移动终端，消费者可以一边忙碌，一边接收信息，发送信息，扫描条码，评论产品。

移动时代的消费形态和传统购物已经完全不相同。全天候，不论天气怎样、地点如何，你都可以不用担心打烊，也不用趴在计算机前面，可以在任何时候、任何地点，提出需求、完成决策。

更重要的是，现在的移动智能终端能够确定自己的位置和对方的位置，可以非常容易地寻找一个线下商铺、一家餐馆、一家美发厅，并且通过大众点评等诸多网站查看别人的消费评论。你也可以使用微信等一系列工具，和周围的美容、美发厅的美女们通过声音、图像、文字、动画等尽情地调侃、砍价。

试想你已经多久没有使用短信了，或者回头比较一下，你是否有一天没有使用你的手机、iPad 或者去“点亮”它们？

移动端购物这场革命是势不可当的，一部智能手机就能购买到海内外各种各样的产品，寻找到各种各样的线下商铺。这让传统公司的竞争根本没有任何还手的余地。于是，电商大咖们也纷纷开始转型，从 PC 端转向移动端，在迁移的过程中也难免会遇到一些意想不到的挑战。但是一旦转型成功，那就会为公司赢得很大的市场。

“买卖宝”电商成立于 2006 年，在天猫、淘宝、京东、亚马逊、当当网等电商分割天下的格局之下，它竟然以高盈利的姿态存活了下来，于 2013 年营收接近 20 亿元。“买卖宝”为何能在电商领域大鳄们的巨压之下仍然有如此好的业绩呢？其秘诀只有一个，从 2006 年开始，“买卖宝”在商业模式上避开了各大电商在 PC 互联网上布局，而是一直专注于移动互联网的在线零售平台。

“买卖宝”除了避开 PC 互联网以外，还放弃了一线大城市。虽然一线城市的消费者众多，但当时很多电商都在一线城市拼个头破血流。这时“买卖宝”选择了避其锋芒，在移动互联网上提前布局，将消费者聚焦于三四线城市的打工者。这些人缺乏高大上的计算机，也没有 iPad，但他们几乎每人都有一部智能手机，手机成为他们在物业值班、集体宿舍消磨时光的玩物，可以说，手机是他们与外界沟通的唯一渠道，而且他们也有强烈的购物需求。

这也是为什么“买卖宝”不在一线城市厮杀，而是利用移动互联网把消费者对象聚焦于三四线城市打工者身上的原因。虽然前期有些困难，当移动互联网时代来临之际，天猫、淘宝、京东、亚马逊、当当网等电商们纷纷转战移动互联网端，但“买卖宝”早已站在了这个新风口，成功占位。未来，企业倘若没有在移动端拉网布局，那么该企业很快就会面临关门的局面。移动互联网和 PC 互联网具有完全不同的模式，其具体不同点概括如图 1-2 所示。

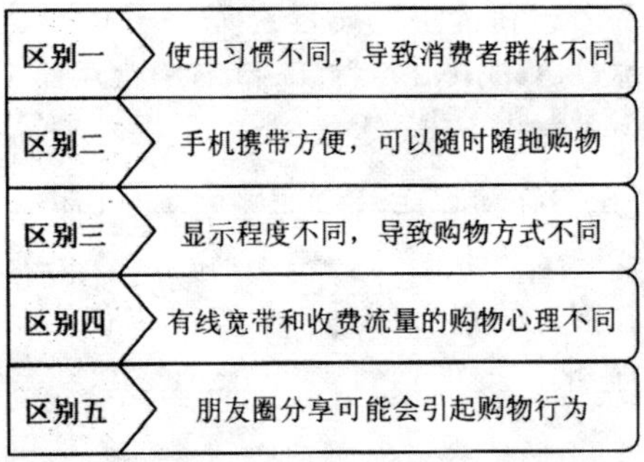

图 1-2　移动互联网和 PC 互联网的区别

在线化已经对传统企业产生天翻地覆的影响，包括工作的在线化，传统的层级信息传递转化为网络状；营销的在线化，冲击了实体销售渠道，社会化营销成为重要的营销方式；技术开发的在线化，众筹、众包等新兴技术开发方式取代实验室开发方式……

因为在线化，你的“互联网＋”战略具备了更多的时空效应、更多的想象空间和更多的施展余地。

二、碎片化

美国西北大学媒体管理中心负责人约翰·拉文说：“在所有媒体平台中，‘碎片化’是最重要的趋势。”的确，随着互联网的高速发展，数字技术、网络技术、传输技术得到了大量的应用，人们所接收到的信息越来越多，这大大强化了人们对于信息的处理能力，于是碎片化现象便随之呈现了，同时也引发了受众个性化的信息需求，使整个网络传播呈现为碎片化语境。概括来说，“碎片化”最重要的特征如图 1-3 所示。

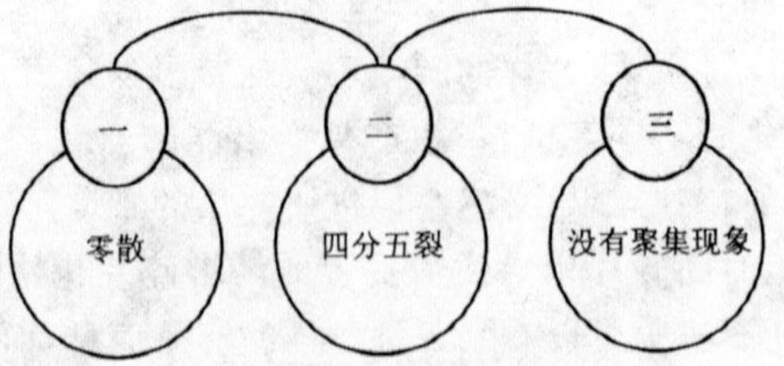

图 1-3 “碎片化”特征

移动互联网时代，随着新兴事物的突然到来和不断衍生，许多传统的东西被击成碎片。而且这些新兴事物不经意间已经打破和改变了人们原有的生活方式与意识形态，使得碎片化无处不在。以下面两个场景为例。

场景 1：一些人在等公交的时候百无聊赖，并且公交说不准什么时候来，可能一分钟，也可能半小时才会来。那么，这些人往往就会使用手机连接移动互联网，发微博、微信，或是玩各种手机游戏，来打发这段无聊与零碎的时间。同样的情形也可能发生在等地铁、等出租、等吃饭的时间里，而这些从几分钟到几十分钟不等的短暂时间，人们可以统称为碎片化时间。

对于企业来说，碎片化时间的好处就是：如果能够抢占用户的碎片化时间，就更容易获得成功。诸如“天天爱消除”这种休闲小游戏，在等公交、等出租车的时候都可以玩；再如微博、微信这类信息分享及获取工具，坐车、吃饭时都可以登录，不必花费太多时间与精力，却能够及时地把信息以简洁的文字或配图的方式传播给用户，同时也可以随时随地关注各种时事热点等分类信息。

场景 2：一些人很痛苦，虽然身处信息爆炸的移动互联网时代，面对浩如烟海的碎片化信息海洋，却极少有让他们感兴趣或需求的信息。信息碎片化所产生的结果是，信息的总量在不断增加，但对这些人有价值的信息却可能越来越难以捕获。

鉴于以上情景，越来越多的以人际关系或兴趣细分为节点的全新传播体系应运而生，如 SNS、轻博客等。

从“碎片化”的角度来看，无论是碎片化时间，还是碎片化信息，都如前边提到的场景 1 和场景 2，它们都是人们碎片化生活的缩影。场景 1 和场景 2 分别代表了移动互联网蓬勃发展的两个方面：一方面是简洁、迅速并且能够满足广大用户的需求；另一方面是根据人际关系或兴趣的细分进行各类信息的分类、整合，且兼具精美与深度的内容。关键的问题是，碎片化到底能带给人们什么？

举例来说，碎片化时间是一种不长而且不完整的时间类型，这种类型的时间不足以让人们完成一些工序繁多且耗时的事情，却足以支撑人们用手机玩一局游戏。反过来说，这样的游戏不会耗费多少脑力，却通常能够占据人们大量的碎片化时间。可见，一款产品如果能够简约有效且精准地切中用户在特定场景的特殊需求，必然会促进用户量的激增。

信息碎片化、时间碎片化导致消费者的需求碎片化。人们无论是打开计算机，还是打开手机都可以看到各种各样的产品信息，而且那些信息诱导人们去购买，可能这些东西并不是自己所需要的，但是一些营销信息打动了自己的内心，诱导自己去买一些商品。

比如，消费者可能因为朋友微信群里对小米盒子的评价，而改变去买电视机顶盒的决策，也可能会因为微博中间的一个读书笔记而冲动去买一本书，还可能因为在大众点评上的一个差评而放弃去一家餐馆就餐。可见，人们的消费需求不再是以前的清单式购买，而是被拆解得七零八落。于是，消费者的需求变得碎片化了。

这无数的碎片化内容沿着"时光机"，虽然散落在浩瀚的社交信息的海洋里，却暗藏着每个消费者个性化需求的蛛丝马迹。

碎片时间成为赢得消费者的黄金窗口，如何建立起碎片化思维，从看似碎片的世界中汇聚商业的力量？不妨从以下六个方面进行思考：

①如何让消费者在碎片时间主动选择你；

②如何让消费者在一分钟内爱上你；

③如何在一小段时间里与消费者建立起互信的对话；

④如何在一个碎片的时间窗口提供令消费者尖叫的商品和服务；

⑤如何通过全渠道覆盖消费者更多的碎片时间；

⑥如何在碎片化的时间里给消费者成功传递完信息。

现在的商业模式形态变得碎片化了，"碎片化"无时无刻不在影响着传统公司和 PC 互联网的新兴公司，并使得"互联网＋"战略更具备冲击原有 PC 互联网公司的实力和能力。那么，如何在这个"碎片化"的传播中取胜呢？很多人经过反复实践证明，在碎片化时代，跨界整合营销才是趋势。

三、触动消费的场景化

移动互联网时代，消费者的消费行为不再是完全静止的、规律的和有计划的，因此消费者场景发生了很大的变化。消费者在分散的媒体中不断地接收营销和广告信息，因此会因特定的广告、体验或者场景而触发消费行为。营销如何“场景化”以及如何形成可以谈论的“内容＋场景的匹配”，成为所有品牌都需要面对的问题。场景不仅仅是广告载体的问题，更重要的是品牌要能制造出让消费者关心的话题内容，并通过不同的媒介制造出短时间的话题场景，才能引爆品牌。

例如，小米手机每次在新品发布之后，都会在线上通过微博、微信等社交网络媒体创造可以被传播的话题，然后在线下选择写字楼的楼宇框架媒体予以传播，以此让许多人在互联网观看过小米发布会后，在到办公室和离开办公室的过程中，将社交网络媒体带来的话题落地到真实可感的生活场景中，并转化成实际的购买行为。

举例来说，大家在吃饭这个场景中，能自然而然地想到“大众点评”这个产品；大家在聊天这个场景中，能自然而然地想到“微信”这个产品；大家在开车找路这个场景中，能自然而然地想到“高德地图”这个产品，等等。不难看出，在移动互联网时代，好的产品都是在特定场景中能为用户解决好实际问题的产品，或者说，当用户处在特定场景中时，条件反射式地想起来的产品都属于成功的产品。

“场景”成为一个非常重要的词，产品和营销必须基于具体的、特定的和鲜活的场景。研究消费者场景可以发现新产品机会，制造消费者场景可以开辟新产品空间，展开消费者场景可以驱动消费者购买行为。很多时候营销要触动消费者，一定要有与之相匹配的场景，而新技术的发展让随时捕捉这种场景变得相对容易起来，比如可穿戴市场，比如移动互联网和任意广告屏幕以及终端的链接。

很多时候，消费者并不是排斥广告。在社交网络媒体时代，很多消费者屏蔽广告，根本原因在于广告不仅不能成为可以分享的话题，相反还干扰生活场景。例如，当全家人都在吃饭的时候，突然看到电视上出现一个药品广告，消费者会在潜意识中形成心理的区隔，让广告的说服力下降。再例如，消费者在网页上浏览自己感兴趣的内容时，突然弹出来一个广告，消费者下意识的想法是先关掉再说。因此，营销思路要做出改变，要将广告变成话题性的内容，植入消费者的场景中，而不是生硬地推出广告。

四、需求个性化

互联网已经激发了消费者的各项消费需求，从而导致消费经济从短缺步入了过剩的时代。在消费经济过剩的时代，生产标准化产品的模式终将退出历史舞台，在基本的需求被满足之后，消费者的需求向个性化方向发展是大势所趋，而定制化则是个性化实现的最佳手段。定制化的核心就是需要用户的参与，通过用户体验继而为用户提供符合价值需求的产品。在向尊重人性方向发展的互联网时代，企业应该从以企业为中心的标准化生产转变到以用户为中心的个性化生产，从而实现人性的回归。当今成功的高科技信息产业企业，都能够敏锐、精准地洞悉人性，如苹果、小米都是典型的代表。

企业在为用户提供相应的产品或服务，满足用户个性化需求的同时，也能够为用户制造参与感。

七格格是一个“淘品牌”，每次新款服装上架前，都会把设计图放到店铺和粉丝群组里是七格格的固定程序，让粉丝和网友自由讨论，通过投票评选，最终选择出大家最喜欢的款式，再根据大家的建议进行修改，然后再上传到网站和族群吸取建议，如此反复几次后，七格格的新品才会生产并上架。

一些产品如冰箱、空调等，产品的生产接近模板化，但有许多创意产品是无须按照模板来生产的，如服饰，款式可以千变万化，并不一定需要固定的模式。即使在走量的前提下，要定板也可以先让用户参与并讨论，再最终确定用户真正需要的款式。

在无法让用户参与产品生产的情况下，企业也可以在产品设计图出来的时候，就让用户参与到对设计的讨论和评价的环节中来，在产品上市前，反复多次做问卷调查，引导用户积极地对产品做出评价、投票、提意见并且参与产品的优化过程。当用户看到购买的产品自己也出了一份力时，埋单才会心甘情愿。

2014 年 8 月，电影《小时代 3》的热度就要退去之时，又搞起了全国首次弹幕专场。

所谓的“弹幕”专场，是指观众在影院观看《小时代 3》的同时，只要链接影院的 WiFi，生成弹幕发送的页面，在这个页面通过手机编辑并发送与剧情相关的任何言论，都会在播放电影的大荧幕上显示并飘过。于是，当荧幕上的女主角顾里正在悲伤的音乐气氛的烘托下泪眼婆娑时，她的脸上却突然飘过这样一条条诸如：“这一段焦没对准”“万万没想到，今天的头皮屑这么多”等吐槽的弹幕。

从没上过电影大银幕的观众觉得弹幕十分新奇和有趣，甚至有的观众开始在大荧幕上讨论“好饿啊，要不要一起去吃饭？”

尽管看上去没什么实质性的东西，但观众在一起看电影，一起吐槽的过程变得十分欢乐。

当观众编辑发出的弹幕被影院所有人看到的时候，当自己的言论引起共鸣或是哄堂大笑的时候，这种感觉无疑比坐在家里的计算机前评论更有参与感和成就感。电影好与坏不论，通过弹幕，观众坐在一起吐槽，俨然是一出新戏。

精明的郭敬明不会不知道弹幕电影会引来各种吐槽这个问题。他能够有恃无恐的原因就在于，只要观众能够参与其中，哪怕是吐槽，也是利用“噱头”形成了推广，结果只会使电影票房疯涨。

传统企业要为用户营造参与感，互联网是最佳也是最不可或缺的工具。这是因为，传统企业需要在互联网思维的“运转”下借助互联网平台，让用户在自己的产品设计或其他环节有参与其中的机会。这个机会未必要多么郑重其事，哪怕仅仅是一些吐槽也算是参与其中。

五、去中心化

在互联网出现之前，大家都是白天看报纸，晚上看电视，生活中无论做什么事都会有一个固定的中心，比如，年轻人逛街买衣服，都要坐几个小时的车去市区那几家的商业中心购买。而现在，大家通过网络，不出家门就可以购买到海内外各种各样的商品，因为现在完全没有中心了，完全是去中心化了。

在不远的未来，当有几百亿设备连接到物联网，当未来家里的每一个灯泡、插座都智能地连接到互联网的时候，是否还存在“中心”呢？

在不远的未来，当移动互联网的属性映射到企业内部时，每一个工作群体都能够自我管理、自我成长，每一个创客团队都能够根据市场直接开发，直接对接外部资源，到那时企业还存在“中心”吗？

当你的客户或者消费者，三五成群成为一个个碎片化的社群，品牌的口碑在社群之间流动，节点和节点之间的传播速度加快，影响力趋强，那么，是否还需要品牌的中心呢？

去中心化导致节点比中心更重要，去中心化重新构建产品和消费者的关系，重新构建传统的商业模式、产品战略、传播策略以及企业的组织结构，改变现实的商业规则，驱动商业形态和社会经济的变化。

除了生活方式去中心化外，公司的营销方式也慢慢地“去中心化”了。现在的营销方式主要分为两种：一种是传统营销，是一种自上而下的金字塔模式，如图 1-4 所示；另一种是互联网营销，它是一种将产品直接到达消费者的“去中心化”模式，没有像传统营销那样烦琐的中间环节。可见，互联网大大缩短了产品到达消费者手中的时间。

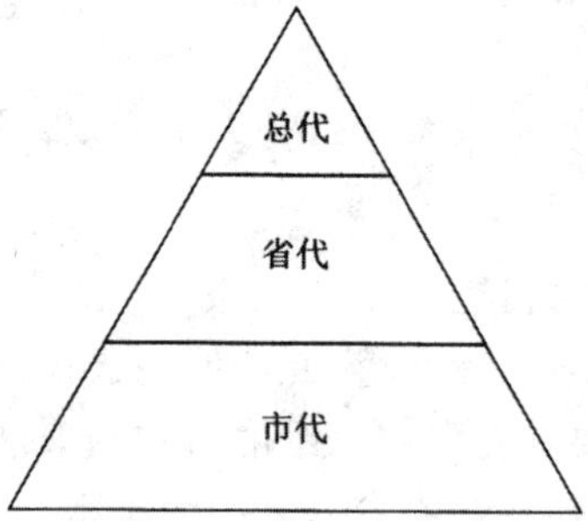

图 1-4　金字塔营销模式

传统金字塔营销模式是一种“中心化”权威式的营销，公司一直处于高高在上的地位，而互联网营销则是一种“去中心化”网状结构的营销，营销人员可以让公司直接与消费者沟通，而且两者的地位是平等的，有时公司还要拉拢消费者，让他们成为自己的粉丝，因为公司现在的消费对象就是粉丝，谁拥有了粉丝，谁就掌握了竞争的主动权。

如今，“去中心化”营销模式已全面开启，社群营销已经悄然兴起，小而美的品牌有了足够的生存空间，更为细分的市场已经出现，新的品牌定位法取代了传统品牌的定位法……

特别是近两年蓬勃发展的微信，所带来的商机不断增加，除了被商界的一些大佬们所青睐，一些草根在微信平台来临之际，也掀起一场微信营销的热潮，依靠微信带来的商机赚了不少钱。

六、去中介化

在传统时代，即使是互联网时代一些工作也需要“中介”（黄牛）才能完成，但移动互联网和社交网络时代，信息的获取不再依赖于广告、宣传、软文或者平台，直接通过社交网络的“推荐”就能完成许多事情。

一个具有特色的小酒店可以通过微信、博客、微博利用各种社会化或移动平台来吸引客户；而经济型酒店可以依赖自己的 APP 与会员进行互动；禅猫龙虾和牛肉酱的销售不再依靠传统的营销传播和分销渠道，几乎完全依靠其构建的网络社群，在“打情骂俏”中完成。

去中介化的趋势和力量深刻地改变了传统的交易模式，当用户和企业之间的沟通愈加便捷、直接和低成本时，营销传播的方式必然发生剧变，企业的生产组织模式也将不再一样。

对消费者来说，去中介化意味着可以使用手机、互联网来缩短传统的配送和零售渠道，直接从工厂或者单一的中间商进行采购。对企业来说，互联网化促使企业逐渐取消组织结构，不再需要各种传统的中间管理环节，从而导致企业结构的扁平化来扩大管理控制范围。

当PC互联网成为中介，剥夺了本属于你的利润，在移动“互联网＋”时代，你就是自己的中介。开始吧，夺回本属于你的地盘。正如德国的每一家出租公司都有自己的APP一样，正如每一家航空公司都能提供信息化＋互联网化的支持，停车场能够为车辆提供及时的信息，这一切随着你的“互联网＋”启动，一切皆有可能，而与其他人无关。

第三节　传统营销面临的挑战和机遇

一、移动互联网时代，传统营销面临的困局与挑战

（一）产品滞销、销售乏力、终端不下货

现在很多传统企业的产品严重滞销，而那些“触网”的品牌，日子要好过得多。比如，做女装的传统企业，敢跟裂帛、茵曼、韩都衣舍等这些互联网时代的新品牌相比吗？后者很多产品能做到零库存。

销售乏力，在线下的KA卖场、专卖店、便利店等终端不下货。每个月、每个终端报上来的销售数据总是那么可怜巴巴。每次报业绩时，终端销售员的压力都无比巨大。以某知名育婴品牌为例，以前特别强势，不管大店小店，凡是要进他们的产品必须得交几千元的保证金，并且每次进货都需要达到一定的数量，还得先款后货来排队。而如今呢？区域经理亲自跑遍辖区内的每一个大大小小的育婴店（以前那些偏远的、小的门店根本看不上），店主还没答应进货，就同意对方赊账将货品发到店里！

究其原因还是跟企业不了解用户、产品体验差和营销模式落后有关。

（二）营销成本居高不下，财务负担重

营销费用支出居高不下，而且是节节攀升，企业难以为继。经过上一轮经济的上涨之后，通货膨胀严重，钱不值钱，还不好挣。尤其是这几年经济形势还不好，高昂的房价与店铺租金，节节攀升的人员工资，企业自身的经营成本下不来。广告媒体费用也是居高不下，总觉得投放不起，贵得要命，不投放又不敢，怕被客户“遗忘”；投放吧，效果又差得可怜。每次一做市场推广宣传，广告费用预算就是一大头，看着都让人害怕。

企业维护各个渠道、线上终端的跨度拉大，服务客户的时间和空间也被拉大，这样企业疲于应对消费者属性变化延伸出的全天候、多渠道、个性化

的特征。销售、推广、沟通和服务顾客的成本都在被迫升高。

传统渠道模式下，进入全国的KA(重点客户)卖场与连锁便利店，至少需要2000万元以上的进场费(注意这还是在没有任何销售承诺下的一次性渠道费用的投入)。如果要实现全国市场的全渠道布局，费用会更加惊人，估计需要上亿元的投入。

市场环境变了，SoLoMoMe(社交化＋本地化＋移动化＋个性化)消费群的出现，接触信息、认知信息的模式改变，显然导致传统的“重公司”在移动互联网时代无法延续旧有的低成本营销模式。

(三)传统渠道受冲击，价格体系几近崩溃

传统单一的线下渠道受到来自电商平台的冲击，导致企业传统渠道效益大大降低。线上新品出得快，推得也快，过不了几天商品就能在电商平台、各种网上小店上架。电商模式比传统的渠道分销成本要低很多，同类产品卖得很便宜。

对传统企业来说，传统渠道冗长的渠道链是将商品通向消费者的必经之路。传统渠道的弊端是渠道链条节点繁多，交易成本居高不下，企业进入和维护渠道要付出巨大的成本，而成本最终将全部转嫁到消费者身上。互联网企业则是通过与用户直接对话沟通，砍掉一切中间渠道环节，从而降低渠道成本，甚至可以说互联网企业不存在渠道问题。

传统企业通过冗长的渠道链条将商品送到消费者手中，商品价格＝成本(生产成本＋渠道成本＋推广成本)＋利润(企业利润＋渠道利润)。从这个公式中可以看出传统渠道的成本有多高，而电商的低价模式直接颠覆了传统企业的价格体系。电商平台和小卖家可用微利、零利润甚至略亏来吸引顾客，而传统企业及渠道商却不可以。电商的售卖价格、营销模式以及营利模式能够直接将原有层层分销、层层加价的利益链条彻底瓦解。

总之，还是传统渠道环节多、层级多、效率低、层层加价、反应慢、服务不够、体验不足，因此在市场竞争中溃不成军，以此构建的渠道利益体系无法支撑，产品售价受到冲击，以致销售乏力。

(四)打出去的广告、推广出去的活动没效果

企业花费高昂的广告费，打出去的广告越来越看不到效果了。电视、报纸、杂志、广播等媒体广告对销量提升作用不大，费尽心思策划设计的营销推广活动也得不到市场预期的响应与回馈。花出去一大把钱，费了那么多人力物力，也不见几个回头钱。投入产出严重失衡，无法形成良性的营销投入产出循环。企业的高空“轰炸”和地面推广受到极大的阻力。做吧，效果

不明显；不做，更怕让对手销量领先。由此，企业陷入两难。

为什么用心制订的广告投放计划与市场推广计划难以收到预期效果呢？为什么终端店面的销量不见起色呢？为什么激发不出消费者的购买欲望呢？为什么消费者不愿意跟自己互动呢？

诸如此类的困惑，究其原因还是在于企业没有意识到社会化自媒体、网络媒体、数字媒体、去中心化之后的媒体特征，不懂也不会用。消费者连接信息的方式，接受信息的方式，阅读信息的方式，搜索信息的方式，购买决策信息的来源都发生了翻天覆地的变化。消费者的生活形态已经发生变化，实时在线，碎片化的时间，以至一部智能手机能解决所有消费者的信息获取与交流问题。

（五）试多买少，大量实体门店遭遇倒闭潮

不知你有没有注意到，每逢节假日商场联合各大品牌，费尽心思策划出各种促销活动，以吸引顾客进场。仔细看过发现，商家真的是非常用心，恨不得把家底都拿出来，折扣优惠、买一送一、买大送小、诱人赠品、满额返现、加送礼品、豪华抽奖、三倍积分、送加油卡、送话费……这些促销活动一时间也会带来一些人气，但实际上，你仔细观察就会发现，尽管光顾门店的顾客很多，但是让他们掏钱真的很难，大部分顾客都是只试不买。

如今消费者的视线被转移到网购平台，习惯于在商场试好款式、颜色、型号，记住品牌和货号然后在网上下单，因为网上更便宜。也许是购买力的原因，也许是这几年经济不景气的原因，也许是在网上购买习惯了，好多人都是把厂家重金投入的终端旗舰店当成了豪华试衣间。

这种现象不仅仅只发生在网购达人身上，对于大众消费者来说也不例外。随着网络的普及，计算机、平板、智能手机、Wi-Fi 覆盖、4G 高速上网，人们网购越来越便捷。只要是能被“装进箱子”的“可邮寄”商品都在很大程度上冲击了线下的销售。网购的品类也从最初的服装扩展到日常生活的方方面面，就连衣柜、沙发、地板、洁具等装修装饰材料也可以在网上购买。尤其是这几年，大家可以看到，大量的中小服装门店在倒闭，它们纷纷挂出清仓转让的牌子，因为它们在网购的冲击下实在不能一直赔钱赚吆喝下去了。就连李宁这样的大品牌也以每天 4 家的速度在关店，还是难挽回一年几乎 20 亿元的亏损。2013 年六大国产运动品牌（安踏、李宁、匹克、动向、特步、361 度）共计关闭 5000 多家店，还是无法抑制营收和净利的高速下滑。

从 2015 年年初就爆出万达陆续关店的消息，在 7 月底这个关店潮愈演愈烈，据媒体报道有 46 家店关闭，大量商户撤柜，而大歌星 KTV 关闭和转让数达 90 多家。连万达这样的实体商业帝国都撑不下去，积极转型，这不得不让人深思。

但不要悲观，凡事总是在进化。需要说明的是：不是门店不需要了，而是单纯展示标准化产品的销售型门店不需要了，因为这部分职能被更高效的互联网平台给替代了，而体验型的门店、便捷性的综合门店依然需要，因为消费者依然有这样的需求。所以，没有地段和经营优势的传统百货大楼是没有前途的，文娱体验门店则可能存在，其布局逻辑一直没有变：围绕用户生活场景展开。

（六）过去三板斧失灵，新营销看不懂、玩不转

移动互联网时代的来临，改变了整个商业生态，大家身处的市场环境也变了。在新的市场环境中，企业陷入了迷茫，发现自己过去的三板斧（砸广告、铺渠道、做推广）失灵了。

传统营销，相对来说比较粗放，只要肯投广告（有钱的再找个品牌形象代言人），把渠道和终端做好，最后做些市场推广活动，就能够拿下了。如今再按照老套路做下来可不行了，不但难以收到预期效果，甚至还会做一次亏一次。这下子企业直呼看不懂，集体陷入沉默……

的确，移动互联网时代的新营销思想、策略、方法和工具，这些企业的营销决策者还没有看清楚、想明白，吃不透、不会玩。固有营销观念的束缚，企业自身的组织架构，过去成功经验的路径依赖，这些都导致了在移动互联网时代，面对新营销，他们看不懂、玩不转。

二、传统企业转型"互联网＋"的四重境界

传统企业多指针对 B2C 端（大众消费人群）的消费品或者服务类的企业，相较 B2B（组织机构客户）的企业，"互联网＋"的出现对传统企业的影响相对来说更加直接。而传统企业转型"互联网＋"大致会经历以下四重境界（如图 1-5 所示）。

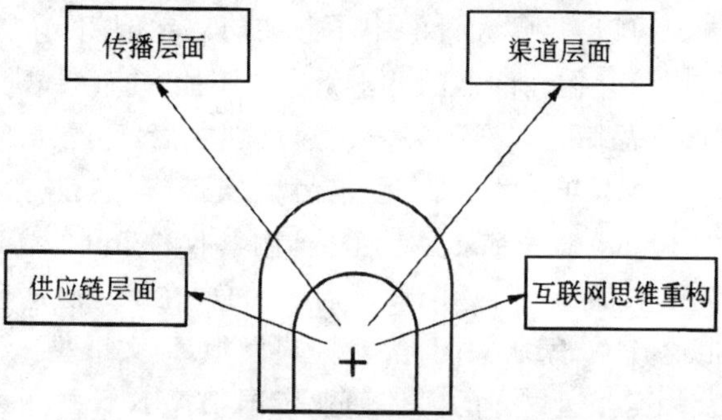

图 1-5　传统企业转型的四重境界

（一）第一重境界——传播层面

互联网出现之后诞生了网络营销，网络营销的广告多出现在门户网站、BBS等互联网平台上，网络营销很好地解决了信息不对称的问题，可以说，网络广告就是最早的互联网商业应用。即使到了“互联网＋”时代，网络广告也依然是被互联网公司看重的盈利模式，同时它也是最容易被“互联网＋”影响的价值链环节，从Web 1.0、Web 2.0到Web 3.0，展示方式在变化；从门户网站到社会化媒体，传播效率由低转高，沟通方式也由单向到双向，始终不变的是营销功能中传播特性的本质。互联网产品的日新月异让传统企业主眼花缭乱，同时各类新名词也层出不穷，如移动营销、新媒体营销、社会化营销，但无论怎么变化，都不能脱离传播层面。

（二）第二重境界——渠道层面

成为全渠道电商是电商的理想状态。全渠道是指通过利用所有的销售渠道，将消费者在各种不同渠道的购物体验完美联结，从而达到最大化消费过程的愉悦性。全渠道既掌握电子商务固有的优势，又具备线下门店的优势，要做到全渠道，传统企业就必须在各个渠道、各个终端，给消费者提供一致的消费体验。

传统企业转型“互联网＋”做电商，内外部都要做到协同。外部协同要求无论客户购买什么，怎样购买或做出何种选择，企业都要在客户面前有一致的表现；内部协同则要求打破职能部门、产品机构、业务单位和地区部门的桎梏，从而建立起一个不分别存放职能部门、产品机构、业务单位和地区部门中的客户和产品信息的统一数据库，来提高企业内的业务协同效率。传统企业要根据客户在全渠道电商形态下的购买行为来改变产品、业务单元和区域导向的组织架构，单一渠道独挑大梁的时代已经成为过去。

（三）第三重境界——供应链层面

“互联网＋”时代的最大优势，就在于这个时代可以支撑大规模、社会化、实时化的分工与协作，并且能够极大地提高消费者、企业和企业之间的协作效率。“互联网＋”将原来产业关系架构的金字塔结构或链状结构压缩成扁平化的平面，从而使个性化需求能够更直接地触发各家企业之间的协同，最终组成高效价值网。当最初的线性供应链被“互联网＋”改造成信息驱动的网状协同的价值网时，一种分工与协作处在全新高度的社会化供应链体系的建立也就呼之欲出，这种情况也可以理解为重构供应链。这里的重构可以理解为在供应链上将原本必需的某个节点去掉，或者颠覆两个或多个节点的位置、顺序。

传统企业只有完成供应链重构，才能成为真正的O2O。早期的O2O是单向的传输，比较简单，实际上就是线上做广告，把消费引导至线下，比如一家公司在门户网站买个广告位，就算O2O了。

现在的O2O则具备两层含义：

①符合传统意义上的电子商务特性，把线下的生意搬到线上去做；

②线上收集并聚合消费者的需求来影响线下的生产和销售，如团购。

在未来最有价值的O2O模式，注定是能够精准聚合消费者个性化需求进而优化供应链端的C2B模式。举例来说，C2B模式既可以大大降低制造业的成本，又可以高效提升服务业的体验价值。

供应链具备天然的社会化协作属性，所以当下的供应链形态正面临着如何转型"互联网+"的巨大挑战。

（四）第四重境界——互联网思维重构

传统零售业巨头苏宁集团董事长张近东有一篇演讲，其中这样写道：

> 苏宁不是一个传统零售公司，而是一家互联网零售商。互联网公司有互联网的玩法，苏宁正在自上而下地适应这种玩法，我们就是一家互联网企业。如果苏宁不融入互联网时代，就一定会被淘汰。向互联网转型就是要做到从骨子里的改变。开放并不是一个简单的课题，必须要从企业根本、企业文化上突破。苏宁一定会开放，但这是一个渐进的过程，需要把握好这个度。我们要从骨子里去改变，去拥抱互联网，而不只是去追求一些表面的东西。苏宁确实真正在从骨子里进行转变，比如组织体系的变革、股权激励、技术研发投入、互联网人才引进、打造开放平台、在硅谷大笔投资研发中心等。我们在改变传统，以开放的心态拥抱最先进的互联网技术和人才，这才是互联网文化的核心。苏宁全面的互联网化，其本质上就是要按照开放平台的方式，把企业资源最大限度地市场化和社会化，从而集聚品牌商、零售商和服务商的资源与智慧，打造一个共赢的平台，为消费者提供最丰富的产品和最优的体验。

苏宁转型互联网的本质，就在于重新打造企业经营价值链的各个环节时能够运用互联网思维——这也是传统企业拥抱"互联网+"思维的最高境界。

互联网思维绝不是产品连上网、具有网络功能那么简单，也不是简单的产品通过互联网渠道销售，互联网思维是一种拥有整套思考方式的体系。

总的来说，传统企业的互联网转型在经历了传播、渠道和供应链互联网化之后，更要经历和完成经营逻辑上的互联网化，才能最终转型成功。

第四节　互联网思维下新营销构建的理论基础

一、移动 4D 营销理论模型

移动互联网经济时代，涵盖 Demand（需求）、Dynamic（动态）、Deliver（传递）、Data（数据）四大关键要素的 4D 营销理论模型，以消费者需求为基础，以互联网思维为灵魂，重新定义企业营销模式。

（一）Demand（需求）——聚焦消费者需求策略

作为市场营销理论的基石，Demand（需求）经历了从产品本位（以“消费者请注意”为宣传理念）、消费者本位（以“请注意消费者”为座右铭）到聚焦用户需求策略（以“我了解消费者”为核心竞争力）的演化。

在 4D 模型下的聚焦用户需求策略中，对于消费者而言，移动互联网时代下获取信息的方式日渐多元化。对于企业而言，它们不再被动地生产过时的产品，而是主动预测消费者将来的需求，创造出消费者尚未意识到需要的产品。而科技的发展为企业获取消费者全方位的信息、分析和预测市场需求提供了条件，获取和掌控消费者需求信息也被视为企业的一种能力。

（二）Dynamic（动态）——企业与消费者动态立体式沟通

随着新技术兴起，尤其是社交网络的出现，企业与消费者的对话已经不再是一对一、点对点的静态沟通机制。通过社交网络传播模式，用户可以看到信息在社交网络上的传播过程。

随着互联网的普及，消费者对于品牌的感知和购买决定逐渐深受网络和社交媒体的影响。用户可以通过网络上的用户评论平台，与其他用户分享他们对于产品、服务和体验的评论，网络口碑逐渐形成。研究发现，网络口碑能够通过消除不一致认知等手段，帮助用户决定购买何种商品，而且用户更容易采纳与自己有相同经历的用户评论，而不是别的一些搜索结果。

口碑营销在低成本下快速传播，也给商家带来了机会。企业在与目标消费者沟通的同时，具体来说，这种沟通有以下几种形式：①线上线下闭环，即统一线下活动和线上宣传，反复推动，由线上发起线下活动，再由线下活动引发线上讨论，形成闭合回路。②多渠道整合传播，即整合多种传播渠道，多管齐下，以一个声音覆盖所有媒介，吸引消费者注意力。③病毒式口碑传播，即通过体验建立口碑，由意见领袖或活跃个人传播，由点及面逐渐引起追捧和发酵，形成如病毒蔓延般的传播趋势。

企业只有转变为立体、动态的沟通机制，才能达到实时响应，全面覆盖。

（三）Deliver（传递）——直接把产品价值传递给消费者

传统的渠道原则和便利策略既无法有效识别消费者的需求，又无法以最快的速度响应消费者的需求。新互联网经济时代，营销渠道向“移动化”升级，把握每一个消费者关注的机会、快速完成交易成为关键。

在价值传递模式中，顾客化定制原则以顾客为中心，企业无须增加任何额外的制造能力，而顾客逐渐参与到越来越多的核心运作过程中，企业运作由顾客订单驱动。顾客化定制比大量定制在营销方面更加个性化，顾客参与的环节和控制权更多，提供了创造更大价值的可能性。

在目前阶段，渠道下沉、O2O 模式以及顾客参与式体验均是这一原则的典型代表。以 O2O 模式为例，它要求企业在零售商品的“五流”（客流、商品流、信息流、资金流、物流）中都积极向客户传递与产品价值有关的信息：从 PC 端到移动端都有产品的图片、其他用户的评价等相关信息传递给消费者；用户付款后可以对产品进行评价；企业也可以及时修改产品设计以满足消费者新的需要；在物流过程中，消费者可以实时跟踪产品的位置，企业还可以中途取消、修改、追加订单。

这种模式的特征是，把渠道简化至“生产商—消费者”模式，或者采取“消费者—定制—生产—消费者”模式，不经过中间更多环节，直接把产品的价值传递给消费者。随着购物时间扩展到了全天候，购物空间大大延伸，价值传递过程的渠道更加丰富，销售量增长，产业链优化，消费者个性化需求得到满足。

（四）Data（数据）——精准定位个性化营销

随着搜索引擎、社交网络的普及以及“人手一机”的智能移动终端应用，移动互联网时代信息承载的方式日趋丰富。人们的地理位置、年龄、社交活跃度、购物记录、性格特征等都可以通过网络数据获得。

维度众多、动态变化的数据首先为企业分析消费者的行为和特征提供了基础。随着企业发展从粗放型向集约型转变，经营管理决策也向着精细化管理的方向过渡。离开了精确的、具有前瞻性的数据分析工作，企业的精细化管理、正确的经营管理决策以及快速的降本增效也就无从谈起。

数据分析工作的下一步就是精准定位，而精准定位的结果就是个性化营销。在这一过程中，企业以数据为基础，通过进一步的挖掘和分析，找到这些数据相对应的人群，再针对这些群体进行个性化的对比，以此展开"一对一"的服务，令顾客的个性化需求得到满足。

传统的营销模型在互联网思维的冲击下已不能很好地指导当前企业的营销实践，4D模型契合了移动互联网时代背景，以消费者需求为基础，以互联网思维为灵魂，重新回归商业的本质，让电子商务真正发生于生产者和消费者之间，促进双方的良性互动。

二、AISAS模型

在移动互联网时代，营销模式正从传统的AIDMA营销模式（Attention注意、Interest兴趣、Desire欲望、Memory记忆、Action行动）逐渐向含有网络特质的AISAS（Attention、Interest、Search、Action、Share）模式发展。

AISAS模式是由电通公司针对互联网与无线应用时代消费者生活形态的变化而提出的一种全新的消费者行为分析模型。强调各个环节的切入，紧扣用户体验。AISAS模型的具体含义如下。

Attention——创意引发受众兴趣/注意力；

Interest——创意的互动性让受众产生参与的兴趣；

Search——用户开始思考/搜索/寻找/诉求相关的信息，包括搜索引擎、品牌官网、购物网站站内搜索，如淘宝、京东、一淘（购物搜索、比价）、导购媒体等；

Action——在对品牌、诉求有足够了解后，产生互动参与行为和购买行动；

Share——最后分享产品的消费体验，形成口碑。可以以Share出发做体验和互动设计，吸引媒体以新闻、事件的方式报道，形成媒体与消费者个人交换传播。

在全新的营销法则中，两个具备网络特质的"S"——Search（搜索）和Share（分享）的出现，指出了互联网时代下搜索和分享的重要性，而不是一味地向用户进行单向的理念灌输，充分体现了互联网对于人们生活方式和消费行为的影响与改变。

AISAS模型中的A+I代表从兴趣/注意力开始的心理变化（以内容创意为主，碎片、事件、故事等，内容形式包括视频、图片、文字），SAS是行为互动的过程，"接触即购买"，利用互联网和移动技术，如二维码、APP等。引发"A+I"的内容，会影响到SAS的每一个行为，形成循环，S（Share）行为所产生的内容又将进行二次或多次传播，产生口碑，形成闭合循环（如图1-6所示）。而且可以特意设计，或者利用某种技术创造一个技术产品体验或活动事件，比如可口可乐的埃菲尔铁塔、拥抱送可乐等营销活动，雀巢在电影院设计星空体验，让消费者体验后，特别惊讶，而在现场会用手机分享，或者之后口碑传播，还会吸引各大媒体报道。Share 的量化后，就形成了导购的属性，这也是美丽说、蘑菇街兴起和流行的原因。

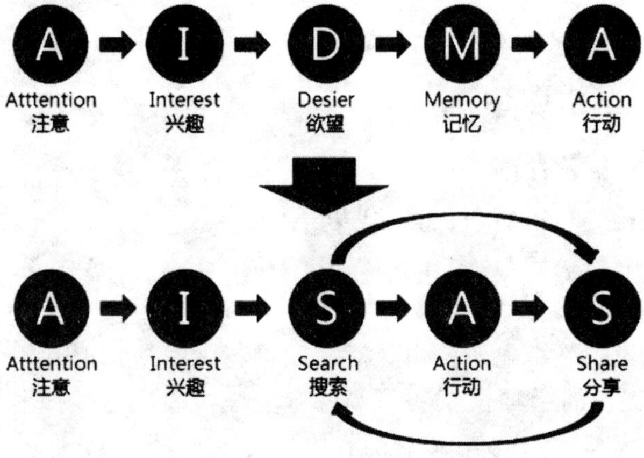

图 1-6 AISAS 模式的转变

下面通过小米手机案例进一步理解 AISAS 模型。

消费者通过电视、报纸、杂志、户外、互联网等媒体或智能终端传播、口碑传播等方式接触小米的产品信息，通过全方位的传播引起潜在的消费者的注意(A)，也实现普通大众与潜在消费者的分流。热衷于使用智能手机以及想要使用智能手机，但又考虑现有智能手机市场价格太贵的那部分消费者，这个群体无疑是广泛的。以“专为手机发烧友研发”的手机身份出现赢得“专业人士”的好感，继而形成消费。而借手机发烧友的“专业身份”以口碑形式向其他目标消费者宣传。一次次的发售吊足了消费者的胃口，网上排队抢号、排队抢机，让购买不到的消费者的购买欲望不断升级，同时也增加了旁观消费者的注意。在引起注意的前提下，普通大众对品牌营销传播信息的接触“点到而止”，而品牌真正的潜在消费者的兴趣(I)将被激发，在告知的基础上产生进一步了解品牌信息的需求，从而卷入品牌营销传播。潜在的消费者通过搜索(S)小米官网、小米社区、门户网站、微博等进一步了解产品信息。之后消费者采取行动(A)注册小米账号，拿到预约号在指定当天“抢购”。当消费者真正通过各种排号，“艰难”地抢号拿到手机的时候，他们买到的已经不是一部纯粹意义上的手机。最后这批消费者通过口碑、微博、论坛等分享(S)评价、体验等影响其他消费者。

三、4I 模式

营销理论从 4P 到 4C，再到 4R，发展到现在的 4I 理论，如图 1-7～1-10 所示。

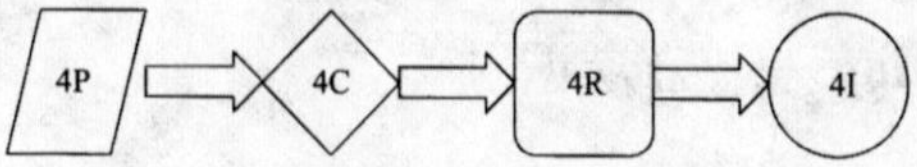

图 1-7　营销理论的变迁路径

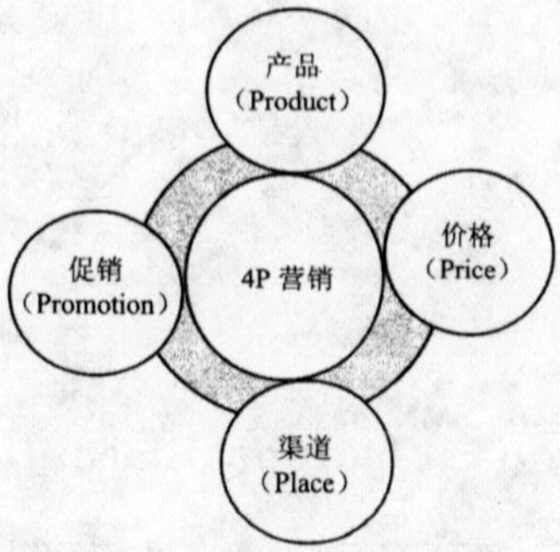

图 1-8　4P 营销组合策略

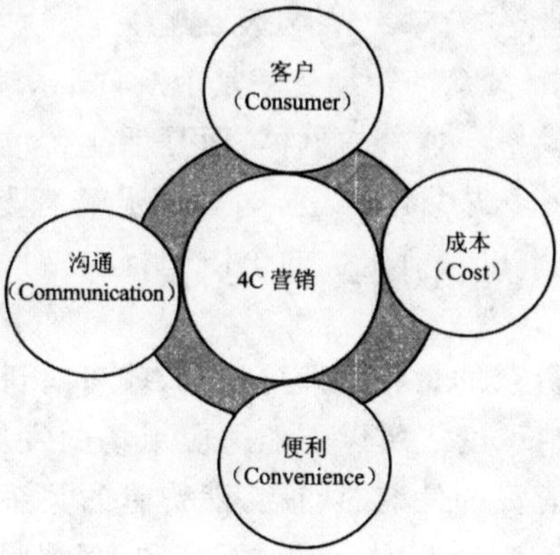

图 1-9　4C 营销组合策略

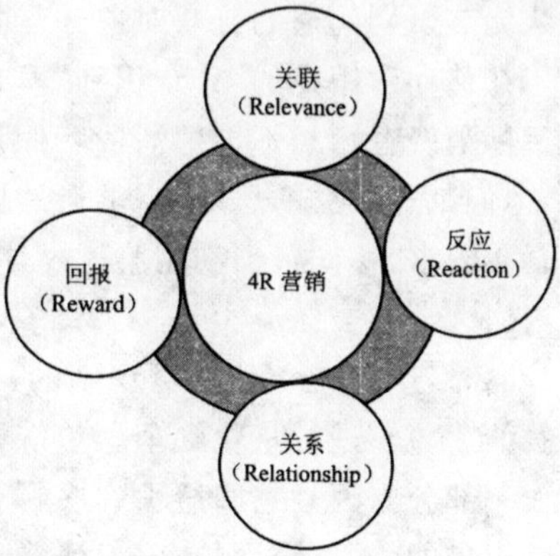

图 1-10　4R 营销组合策略

随着“第五媒体”的出现，营销对“一对一”的“精细”化程度的要求越来越高，很多广告公司便开始摒弃原来的营销理论，努力探索新的营销模式，例如，奥美集团开发出网络整合营销 4I 原则，即 Interesting（趣味原则）、Interests（利益原则）、Interaction（互动原则）、Individuality（个性原则）。对移动营销来说，其营销组合：“4I 模式”，下面通过“4I 模型”（如图 1-11 所示）来探讨“精细化”的关系营销。

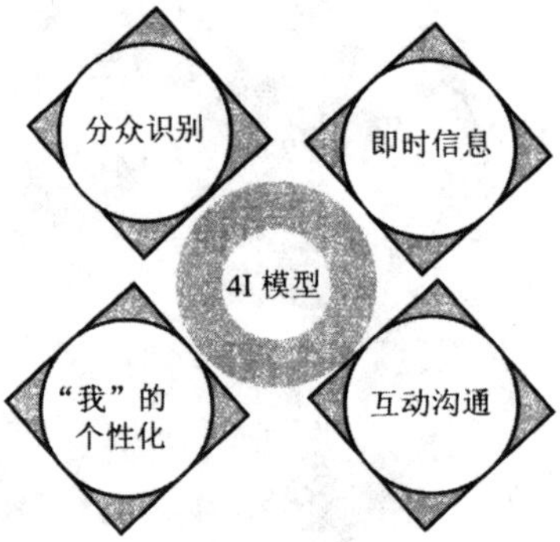

图 1-11　4I 模式

(一)IndividuaI identification——分众识别

每一部手机、平板电脑及其使用者的身份都具有唯一的对应关系，并且可以利用技术手段识别出消费者是谁、在哪里、进行了哪些动作等问题。而移动营销是基于手机、平板电脑等移动端进行的营销活动，因此，这种营销方法能够识别沟通的分众对象并与其建立"一对一"的互动交流关系。

在移动营销中的"分众识别"模式中，分众的精细化就是个众，"个众"是指目标消费者已经不再把消费者假设成一个抽象的群体，而是活生生的个体，他们都有独立的思维，需求自然也多多少少有些差异。为了了解消费者的真实需求，移动营销利用第五媒体的手机与活生生的个体进行"一对一"的沟通。

同时，这种"个众"是可识别的，即分众的量化。即可识别，就可对目标消费的"个众"进行量化管理。传统营销理论之所以不能适应市场的发展，很大一部分原因是它回避了到底哪个消费者是谁的问题，消费者的关系建立是模糊的，不可识别的，因为消费者有需求，但是"谁"的需求，"他"到底在哪里，却不能回答。所以，传统营销理论对消费者根本做不到精细化、精准化管理。而移动营销的"一对一"性，使得营销的客户关系发生了量化的改变，"一对一"的关系营销使客户关系管理与维护变得更加精细化了。

而且在传统营销理论下，其消费者是"见利忘义"的，比如，某品牌通过一些促销活动就可以轻易地使消费者转移，这种消费者的品牌忠诚度更难把握和琢磨，所以移动营销的优点就是可做到分众识别，个众锁定，定向发布消费者想看到的广告。这种营销方式使得消费者的品牌忠诚度很高，一旦他们认准了某品牌，就很难向其他品牌转移。

（二）Instantmessage——即时信息

智能移动终端拥有接入互联网的能力，使得传递信息的时效性加强，基本做到了即时通信。这里的即时通信并不仅指打电话、发短信，它可以通过各种 APP 软件的推送功能，使得持有智能终端的人能在第一时间获悉相关信息。比如微信朋友圈，微博的@功能可以让其他人知道自己这一刻在做什么、想什么。

移动营销把智能移动终端作为传播媒介，自然也使得移动营销的广告信息能够即时传递，这为公司获得消费者的动态反馈和互动跟踪提供了可能。当公司对消费者的消费习惯有所掌握时，可以在消费者最有可能产生购买行为的时间发布“引诱”他们购买的产品信息。但这需要对消费者的消费行为有量化的跟踪和调查，同时在技术上也有所要求，以便公司可以随时随地地发布即时信息。

移动营销的即时性可快速提高市场反应速度。在万物互联、没有界限的市场中，对公司来说，做营销最现实的问题不在于如何控制、制订和实施计划，而在于如何站在消费者的角度及时地倾听消费者的心声，并及时答复和迅速做出反应，只有及时地满足了消费者的需求，交易才能轻轻松松地完成。

（三）Interactive communication——互动沟通

很多时候，消费者的忠诚度是不断变化的，移动营销采取“一对一”的互动沟通，可以使公司与消费者形成一种互动、互求、互需的关系，进而使消费者保持忠诚度，赢得长期而稳定的市场。而且移动营销的互动特性还可以甄别关系营销的深度和层次，针对不同需求识别出不同的分众，使公司的营销资源有的放矢，让互动成为公司与消费者相互了解的有效方式。

互动性也是网络媒体区别于传统媒体的重要特征之一，互动中要注意的问题及如何才能有效互动在前面已经做了详细介绍，在此不再赘述。

总之，公司要把消费者当作一个主体，发起其与品牌之间的平等互动交流，这可以为营销带来独特的竞争优势。而且未来的品牌将由消费者体验、参与来确定，公司更要抓住机遇，从现在开始就与消费者建立互动关系，赢得消费者的信赖，这对公司未来的发展是百利而无一害的。

（四）I——我的个性化

新一代的消费者是一群有个性的群体，要想赢得这群消费者的青睐，公司的营销活动也要极具个性化。对比“优秀的人都在穿”“全北京独此一件，专属于你!”两种营销广告,你就明白专属、个性显然更容易俘获消费者的心。因为个性,所以精准;因为独一无二,所以诱人。

个性化营销让消费者产生“焦点关注”的满足感,个性化营销更能投消费者所好,更容易引发互动与购买行动。在传统营销的环境中,要做到“个性化营销”的成本是很高的,这便让很多公司望而却步,因此个性化营销只是极少数品牌品尝极少次的豪门盛宴。但在网络媒体中,数字流的特征让这一切变得简单、便宜,特别是作为移动营销的重要媒介——智能手机,其个性化、私人化、功能复合化和时尚化的属性可以很容易将要传递的信息赋予个性化色彩,让所传递的信息具有鲜明的个性化,这正好能满足新时代消费者的心理需求。

在移动营销的“4I 模式”中,“一对一”则是移动营销的内在特点,互动是移动营销的核心,及时性和个性化则是移动营销的外在显著表现。移动营销在“4I 模式”下的传播策略应该是什么样的呢?

策略一:在数据库营销的基础上,对目标消费群体根据营销需求进行分众识别。

策略二:向可识别的分众定向传播个性化信息。

策略三:通过互动跟踪,监控传播效果并随时进行动态调整。

策略四:通过“一对一”的沟通,最大限度地达成传播目标。

“4I 模式”作为一种新的营销理论,其传播特点和营销策略更符合当前市场的发展需要,公司在做移动营销时,必须吸收此模式的精华,才能达到预想的营销效果。

四、跨界融合——以数字为始、经济为主的“互联网+”的转型融合之道

2015 年德国汉诺威 CEBIT 电子信息展的主题口号是:D! conomy,即“数字为始,经济为主”,而曾经时尚、新潮的互联网思维等都没有出现。

这才是比特世界真正的为实体经济服务,这意味着互联网必须深入实体经济内部,这才是真正的“互联网+”。

任何传统产业如果“+”上移动互联网,就会发生很多大家都难以预测的“化学反应”,但“互联网+”的真谛依然是“数字为始,经济为主”。

“移动互联网+”通信的最直接例子是产生了微信;移动互联+媒体,产生了乐视;移动互联+电子产品,产生了小米;移动互联+游戏,产生了手游;互联+商业,产生了电商;互联网+金融,产生了互联网金融。

纵然如此多的变化,真正最有潜力的还是传统产业+互联网产业,“互

联网＋”是传统行业与互联网的融合与重构。制造、广告、新闻、通信、物流、医疗、教育、旅游、餐饮……几乎所有的传统行业、传统应用与服务都在被互联网所改变。传统行业向互联网的迁移，带来资金流、信息流、物流的整合，将形成新的平台，产生新的应用，带来产业或服务的转型升级。

“互联网＋”模式将给各行业带来创新与发展的机会。

越来越多的传统企业已经不敢轻视互联网这个话题了。传统行业的每一个细分领域的力量仍然是无比强大的，如果把互联网作为一个工具、一个革命性的生产力，将两者相加就是一个全新的世界。

大家看到，一个较为成熟的传统企业会建立 CRM 系统、网上交易的处理、参与到电商、拓展自己的数字化应用；也会使用微博、微信等工具，聚合大数据对消费者群体进行分析，为企业带来更多的优势；会使用移动设备或者构建一些扩大与消费者的接触面，提升消费者的体验。通过与数字化信息之间的互动，产生新的来源等。

但这一切是远远不够的，这仅仅是传统企业加上数字互联网。互联网化并非只是“比特世界”对“原子世界”的替代，也不是简单的传统企业在某些地方引入一些电商职能，而是使用社会化媒体策略、互动性交互工具与数字化的客服系统提升体验。

大家需要理解如何将“比特世界”与“原子世界”有机融合，以创新的方式整合和重新配置，从而产生新的价值、形成新的模式及新的产业结构，并创造竞争对手难以复制的核心价值、核心商业模式和发展的机会。

工业时代讲究的是精准、严密、有组织性和可操控性。互联网的本质是由无数节点组成的去中心化、无边缘的网状结构。传统企业向互联网化的迈进意味着从线性到混沌、从因果到相关的变化，这就意味着传统企业要将转型作为一个重要的战略进行部署。“比特世界”和“原子世界”这两个不同世界融合的过程，也是传统企业向移动互联网转型的过程。

今天，互联网可以通过“＋通信”“＋媒体”“＋娱乐”等，将越来越多的“线下”传统行业植入互联网中。互联网与传统行业的结合，从产品形态、销售渠道、服务方式、盈利模式、主营业务等多个方面打破传统行业原有的业态，衍生出很多新商业模式。

明天，如何把这些跨界的思维、方法做到与互联网融合呢？实现跨界是一个让人纠结、头疼、找不到方向的变革，就像个刺猬一样让人不知如何下手。

正如苹果公司创始人兼 CEO 史蒂夫·乔布斯所说：创造，就是把事物联系起来；跨界，就是跳出传统思维的惯性与路径依赖、跨越知识领域的限制、跨越传统产业和互联网的边界、跨越产业之间的区别，为传统企业抵抗互联网企业的侵蚀、为传统企业互联网化做出创新组合。

(一)“单打独斗”,不如“抱团取暖”

1.“抱团”原则

在“互联网+”的趋势下,跨界成为商界最好的竞争模式。也许你正在做一项收费的主营业务,这时一个跨界者进来了,推出“免费”模式,因为人家根本不靠这个赚钱,最终导致你的主营业务无法收费,何谈盈利?

毋庸置疑,现在的很多公司都在努力地打破传统思维,跨界经营,例如,阿里巴巴跨界经营月报、百度跨界联姻万科、腾讯跨界搅局车联网、京东跨界做物流……跨界经营传统公司已然成为一种趋势。

在营销界里,“抱团取暖”也成为现在非常流行的一个词,几乎随处可见。例如,前面小节中所说的带护照的橙汁,也是“抱团取暖”的营销案例。还有E票网,它是一家以提供电子影票为专业的互联网公司,致力于为广大电影观众提供最便利、最快速的观影引导、院线选择及订票服务,促成其最佳的观影体验,成立3年便正式做了一门基于电影票电子售卖的跨界整合交叉营销生意。

目前,经营票务的网站有很多,无论是格瓦拉等票务网站,还是美团、猫眼等团购网,以及微信电影票等BAT公司都已经进入了电影领域,且收获了大量消费者。E票网要想与这些强大的竞争对手一样局限于垂直领域获取消费者是很难的。

有人说,最傻的创业者,就是找竞争对手去比较,然后一起去竞争,最终的结果只会是价格取胜。创业就应该找到自己的独特价值,避开强大对手,提升消费者价值。而E票网的CEO高华是聪明的,她选择了差异化的生存策略,强调行业整合与合作。通过产品整合,E票网整合了大量的互联网和移动互联网的平台渠道,形成规模效应。高华说:“与更多、更大的平台合作,让电影和品牌共享线上消费者是一个好的办法。”

E票网除了为消费者提供包括购票、订座、影评等观影服务,还提出了“观影+”的概念,为消费者源源不断地获得电影本身的优惠及与电影相关的优惠。

CEO高华表示,E票网除了整合平台消费者外,还提出了影片合作品牌的概念。电影+和电影相关的品牌产品共同推出票务补贴和产品补贴,在平台上整合推广。但互相并不给广告费,所有的补贴都让利给平台消费者。这样平台方、品牌方、电影制片方和E票网这四方完全可以互相复用消费者进行交叉营销。电影方和品牌方也获得了平台消费者,这形成了一个完整的消费者复用闭环,四方都是受益者,从而形成了“抱团取暖”的现象。下面以一个合作案例为例。

当时的制片方是《触不可及》，平台方是京东，品牌方是一家生态农业公司，这三方在E票网的模式下，为消费者提供网上购票，而且消费者还可以以较少的代价获得《触不可及》电影票、明星签名等周边产品及生态农业产品。在此营销模式下，《触不可及》的制片方获得了京东的大量观影消费者，生态农业公司获得了京东平台上的品牌曝光。如此一来，影片和商家以影票票补的方式赞助活动，达成广告促销和品牌曝光。

E票网发展到现在，国内与其合作的电影发行公司有华谊、博纳等六大民营公司，国外与其合作的主要是迪斯尼。此外，E票网还和BAT、京东、小米、爱奇艺、360、UC、电信运营商、银行等平台和机构达成合作，覆盖的消费者规模上亿。到目前为止，E票网在全国签约的影院已经达到800多家，该数字还在不断扩展。E票网的成功，很大原因在于其"抱团取暖"的互联网营销策略。

美团网CEO王兴也说："互联网对电影不是颠覆和取代，而是为其服务，与之融合，给电影带来更多的增值空间。在电子电影票对柜台电影票已有超越趋势之时，电影票作为一种高频刚需应用，基于电影上的互联网＋服务，及整合营销也有了更多的空间。"

不仅是电影行业需要与其他行业进行"抱团取暖"，各行各业都需要通过整合实现共赢。如今，"单打独斗"的传统营销模式在互联网营销时代已经没有什么竞争力了，很多公司都开始进行跨界营销，让其他公司帮助自己做营销，从而实现互利共赢。

既然公司之间"抱团取暖"可以实现共赢，那么公司应与什么样的公司"抱"在一起做营销才能实现互利共赢呢？

两个或者两个以上的公司"抱团"之前要先考虑以下几个方面：一是战略目标是否有契合点，二是价值观是否趋同，三是公司之间、产品之间、品牌之间是否能够产生共性，四是公司之间是否有共同语言。这四个方面直接决定着公司之间的合作前景。概括来说，"抱团"公司之间的合作要遵循"匹配"原则，其具体体现如下（见图1-12）。

（1）目标市场一致

"抱团"的公司在考虑品牌合作时，要先弄清楚这些共有的目标市场应具有怎样的承受能力，然后再把一些合适的产品和服务向"抱团"公司靠近，并且进一步考虑合适的营销整合手法，使得这些公司间能够获得最大的利益价值。

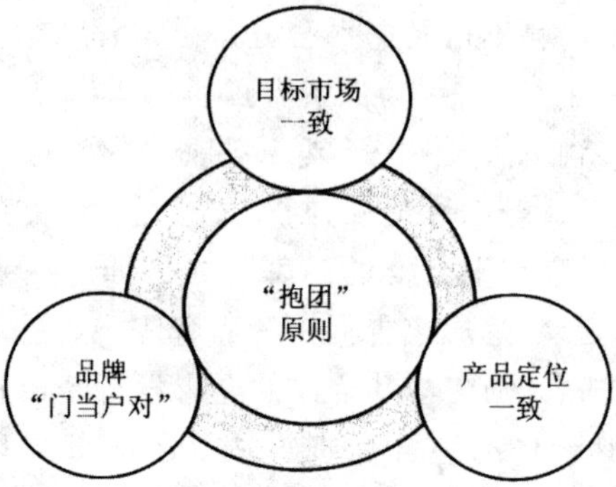

图 1-12 “抱团”原则

(2)产品定位一致

要想做好“抱团”营销，公司间的产品定位必须一致，比如 NBA 与动感地带合作时，这两个公司就把爱好篮球者与 M－ZONE(动感地带推出的“我的地盘我做主”)的人相同的内在精神作为产品定位，因为他们的内在精神有着高度的共通性，带给社会大众的直接感受也是相同的——酷炫、潮流、活力，所以，NBA 与动感地带的合作可以说是品牌联盟合作、资源整合、协同营销的典范。

(3)品牌“门当户对”

“门当户对”的品牌是“抱团”公司的一个显性的合作原则，这也是市场的“潜规则”，市场上的领导品牌当然不可能跟一个边缘品牌联手。各行业中的领导品牌“抱团”的对象也应是行业里的佼佼者，以达到强强联合的结果，而不是强弱联合。比如中石化和麦当劳，一个是快餐大佬，另一个是石油巨头，它们在品牌含金量上同属于一个等级，因此它们很容易就能达成协议；小天鹅和宝洁在这方面的合作也是比较成功的，双方都是各自行业里的领军者。

2.“抱团”合作原则

随着“抱团”营销趋势的不断上涨，消费者逐渐把高质量伙伴品牌的情感向联合品牌转移。所以，“抱团”合作之前，合作方一定要自愿平等地权衡好这其中的关系。

公司在选择好“抱团”公司后，接下来就要说一下应该怎么“抱”才有效？下面提供几种最常见的“抱团”营销合作方式(见图 1-13)。

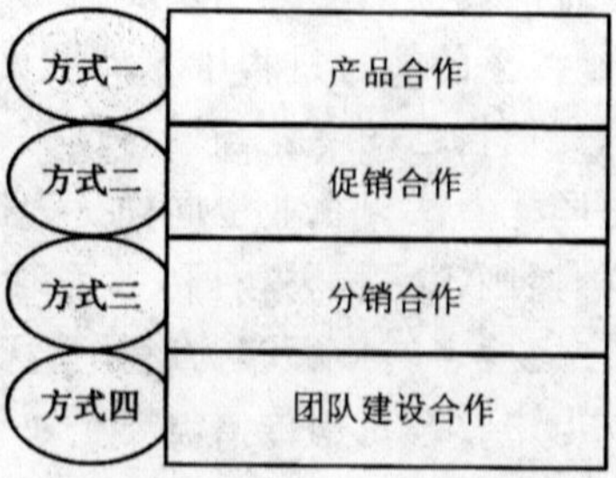

图 1-13 "抱团"合作方式

(1) 产品合作

通过产品合作"抱团"的公司,就是在同一市场上推出组合型的产品搭档,其中,产品之间的功能组合或品牌组合是最为普遍的。例如,百事可乐与雅虎的在线与离线联合促销计划、雀巢咖啡与三花奶共饮的功能组合、泡面与火腿肠的捆绑销售等。对中小型公司来说,通过圈子内部的品牌合作提高品牌集中度是现阶段最适合的方式。

(2)促销合作

通过促销合作进行"抱团"营销的公司要有一个前提,即公司间的商品应面对共同的目标市场,且具有相同的消费者,这样才能获得联合的契机。例如,在家装市场上,雷士照明、大自然家具、索菲亚衣柜、美的厨房电器等几大家装品牌的合作,通过"冠军联盟"的促销组合方式,为公司和消费者均带来了利益。

(3)分销合作

公司通过"抱团"进行的分销合作方式主要有渠道建设合作、实体流通合作及顾客服务合作等。分销合作对强化渠道管理、降低配送和流通成本等方面很有好处,能够将利益更多地投入产品开发和服务建设方面,从而使公司更好地获得消费者的认可。

(4)团队建设合作

好的团队是公司正常运转、向前发展的最大动力,公司与公司之间"抱团取暖"壮大队伍可谓是明智之举。"抱团"公司还可以进行团队建设合作,包括联合起来进行营销人员的招聘、考核、培训等,从而全面提高公司的营销能力与营销水平。在团队建设合作过程中,公司间的营销人员可以互相照应,进而壮大公司营销团队的气势。

(二)整合营销传播流程:五个步骤

深入理解了以驱动价值为导向的整合营销传播的八项原则之后,让我们将注意力转向充分整合的传播活动赖以发展的完整流程。正如大家早已注意到的那样，以往营销传播的执行过程中充满了互不关联、通常毫无关系的各种活动。广告代理商把自己的专业领域看作一个独立的单位。直复营销公司和公关公司均是同样看法。企业也同样认为这些都是有区别的专业领域。但是，整合营销传播则不一样，这种传播采取多种传播方法，以顾客为重心，以获取、维护、发展或者转换顾客为整体目标，致力于为公司创造更多更恒久的销售收入。由于整合营销传播需要企业在思维方式方面进行变革，因此，如果能够遵循一个更清晰、更一致的流程，那么其执行会是最有效果的。在这里，向大家介绍一个由五个步骤构成的整合营销传播流程，这一流程在过去几年里被全球各地许多公司的实践证明是卓有成效的。这一流程是一系列内在关联的、以顾客为中心的管理步骤，企业通过这些步骤能够完成完全整合的营销传播活动的策划和执行。

图 1-14 对这一流程进行了简单明了的总结。它包括五个独立但又相互关联的活动或者步骤，其中涉及许多传统的营销和传播的职能领域。但是，这些职能通过一种更有效果且更有效率的新方法结合在一起，使得总体效果远远超过了各个部分的加总。这五个步骤所构成的流程，其设计原则就是为了促进对上述增量进行短期和长期的追踪和评估。

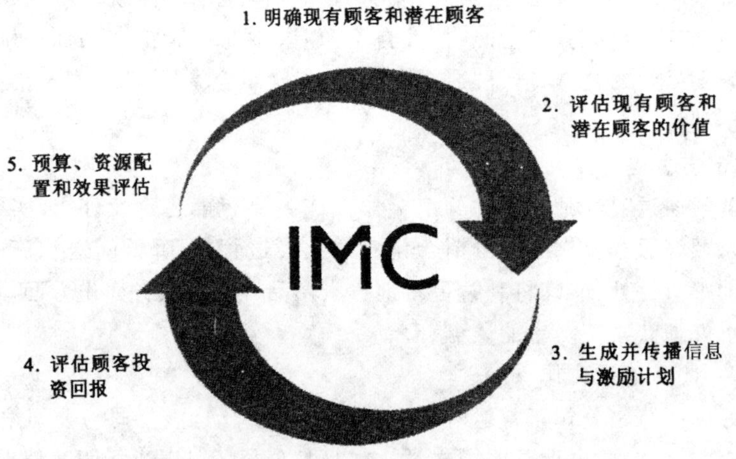

图 1-14　由五个步骤构成的整合营销传播计划流程

图 1-15 更全面地展示了每一个步骤的具体组成部分，是按流程图的方式来展示的。不过，该流程是一个闭合的系统，一个阶段的输出结果会用作下一个计划周期的输入。

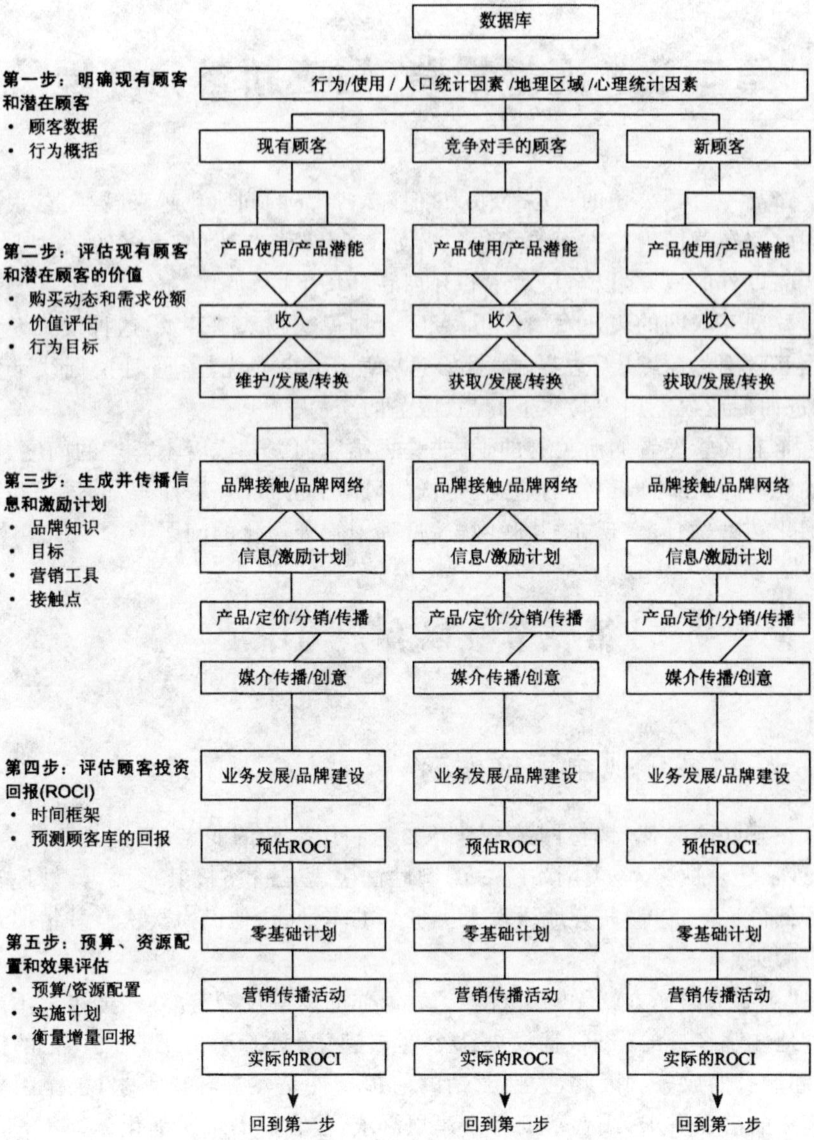

图 1-15 五步骤整合营销传播规划过程的具体细节

第二章　变换思路，适应新营销环境

产品一直是公司的核心竞争力，但随着产品的同质化越来越严重，很多公司之间在营销内容方面的竞争也开始有所转移，它们把更多的关注点放在产品以外的地方，以客户为中心开展新环境下的营销。

移动互联网的飞速发展使得 O2O 营销模式越来越普及，这种模式充分利用互联网跨地域、无边界、海量信息、海量用户的优势，同时挖掘线下资源，进而促成线上用户与线下商品、服务的交易。

企业的管理者们所关心的，并非是思维层面"＋"或者不"＋"的问题，而是如何实施，如何以更快的速度、更低的风险去完成"互联网＋"的进程和互联网化转型，如何实现在"互联网＋"过程中管理深化的问题。

第一节　以客户为中心

一、用客户视角定位需求

在互联网时代，销售网站常常巧妙地利用人性的弱点，无论是团购、点购、秒杀还是抽奖，该类网站统一的制胜法宝就是价格极其低廉，巧妙地运用了低价这一特点，充分地激发人类贪婪的本性，让他们一次次心甘情愿地点击购买。

"无需求的地方就无购买行为。"无论你的销售技巧有多好，如果你不能清楚地知晓客户的需求，就没办法令客户满意；只有明确了客户真正的需求，才能有的放矢。因此，人性营销的前提条件是发掘客户需求，甚至引导出客户的潜在需求，或者帮助客户建立需求，使客户需求明确化。

对于精准营销，第一步就是要找到目标客户的需求点。只有在客户需要和欲望的基础上生产出客户需求的产品的营销才有针对性，不至于一阵狂射，浪费了子弹和体力，最终什么都没得到。

无论互联网如何颠覆传统，但核心还是"以人为本"，以用户思维为核心，其他所有的互联网思维都是围绕用户思维在不同层面的展开，没有这个用户思维，其他一切都是假大空。这个"以顾客为主导"的用户思维是需要在价值链各个环节中，都要"以人为本，以用户为中心"去考虑问题。不仅仅是体现在战略层面，还要落实在整个营销链条的全过程。新形势下要求企业在更高层面上实现“以顾客为主导”，而不是简单地听取顾客需求、解决顾客问题，更重要的是让用户参与从需求收集、产品构思到产品设计、研发、测试、生产、营销和服务等商业链条的每一个环节。

基于强势厂家和信息不对称的传统营销思维已不适应这个时代，企业的营销思维必须进行彻底的升级与进化，在以用户为主导的品牌建设前提下，利用互联网技术与客户建立链接，及时沟通，了解用户需求，与每一位用户成为朋友，以实现潜在用户的转化和口碑营销。

以“用户为主导”不是互联网企业特有的标签，在移动互联网时代已经成为所有企业新营销体系的标配。互联网的分散处理机制使得人人都是网络中的一个信息对称、互相平等的中心，产品主导的垄断性被打破了，消费者同时成为媒体内容的生产者和传播者，这时就需要把“以顾客为主导”的思想，实实在在地落实到整个营销链条的每个环节、每个细节，建立以顾客为主导的新营销体系。

(一)需要、欲望和需求

在营销学中，需要、欲望和需求是三个经常涉及的词语。要想成功实现精准营销，这三个词是必须要掌握的基本知识。

1. 需要、欲望和需求的基本概念

(1)需要

“需要”这个词在人们的话语中主要是以动词形式存在。大家经常会说：“我需要××。”这种需要是基于欠缺的基础之上的，强调的是一种心理状态，因为缺少某种东西导致内心的不能满足。因为缺少，所以需要。

人类的需要比较集中普遍，比较社会化。但是，人类的需要又比较单一，不外乎以下两种：物质需要和精神需要。

(2)欲望

相对于需要，欲望则是希望得到需要的东西，并且渴望能从得到的东西身上获得一种满足感，可看成想要，是基于“想”的层面上。

可以这样说，食物、衣服是需要的东西。人们可以通过馒头稀饭、粗布衣服来填补这种需要，却无法完全填补人们内心的缺失，也就是在不挨饿、不受冻的情况下，从饱腹的食物中获得口感上的满足，穿上衣服后得到别人的赞美。这个时候，需要就被提升到了欲望的阶段。为了填饱肚子，馒头稀饭可以，却想吃鲍鱼熊掌；为了不受冻，粗布衣服可以，却想穿名牌衣服。这些，就是欲望。

(3)需求

为了便于理解,可以分开来看,就是"需要+求取"。

需要和欲望都是想要,可是有没有条件要得到就不知道了。而需求同需要和欲望的区别也就在此。它不单单是需要或者想要得到某种东西,而且还要有能力将这种东西为我所有(见图 2-1 所示)。

图 2-1　需要、欲望、需求

2.营销学中的需要、欲望和需求

需要,是消费者对产品的缺失,这种缺失有刚性和弹性之分。刚性的需要就是没有这类产品消费者就无法生活。而弹性的需要就是可有可无的东西。这对于企业营销者来说,就要深度地挖掘消费者的需要,不仅要看到消费者的刚性需要,更要看到消费者的弹性需要,并将其放大,提醒消费者:满足了这个需要,你的生活会更加美好!

相比较需要而言,欲望则更强烈,是更高层次的需要。对于营销者来说,就是要激起消费者更高更强烈的需要,这比简单地满足他们低层次的需要得来的利润要高得多。

"需求"这个词是营销者最为喜欢的一个词。因为它不仅有需要、欲望,还有购买能力。这是潜在的客户,购买是很简单的事情。

对于需求,不同的企业所采取的措施往往不一样。

一流的企业会积极地引领客户的需求,这个需求可能连客户自己都不知道。等到被企业挖掘出来的时候,客户的需求得到大爆发,企业获得了高额的利润。二流的企业是跟随客户的需求。根据客户的需求点,满足或者超额满足,以此获取高于同类产品的毛利润。三流的企业是追随客户需求。这样只能从表面上满足客户较为基本的需求,却无法超越客户的期望值,企业只能通过价格大战与同类产品竞争。

不需要不代表没有欲望,可是需求一定有欲望,只不过还要有购买的能力。所以说，需求是需要、欲望和购买能力这三个条件都满足的情况下才出现的。对于需求来说，需要和欲望是血肉，购买能力是支撑血肉使其成为生命的骨骼。三者缺一都无法构成需求（如图 2-2 所示）。

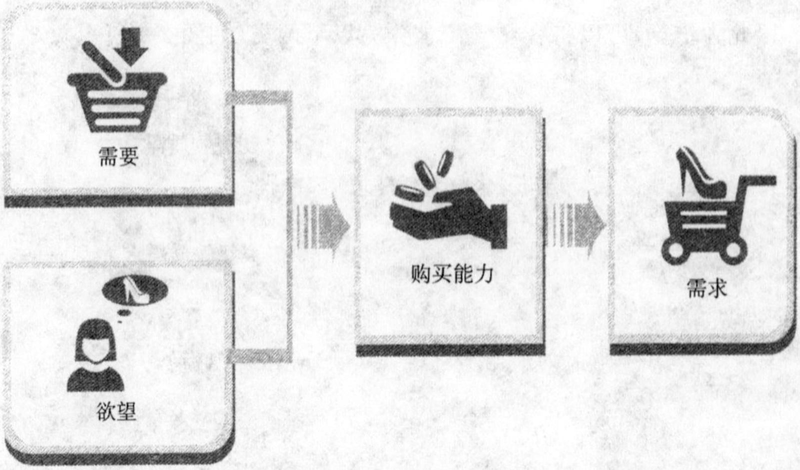

图 2-2　需要、欲望和需求三者之间的关系

需要、欲望和需求对于精准营销很重要，而且要了解客户的需要点，激起客户的欲望，积极地制定营销策略引导客户的需求，个个都要对准客户的需求。

（二）不同层面的需求划分

马斯洛将人的需求由低级到高级细化为五个层次，即生理需求、安全需求、归属需求、尊重需求和自我实现的需求（如图 2-3 所示）。

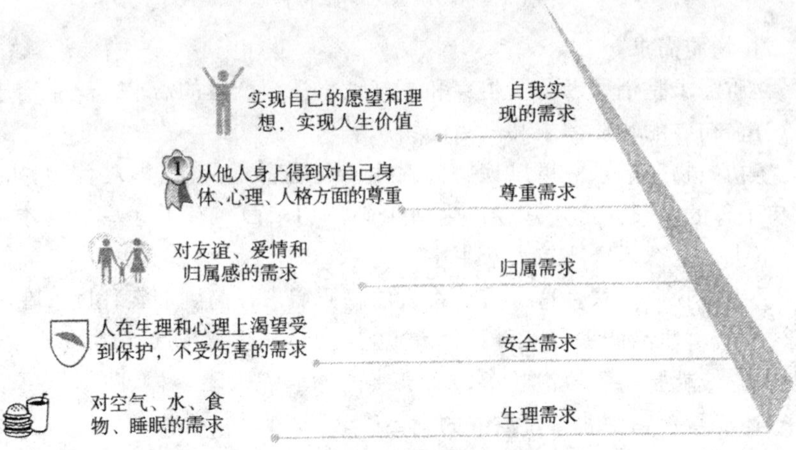

图 2-3　马斯洛的需求层次理论

根据马斯洛的这种需求层次理论，在营销中可以将客户的需求分为物质和精神两个方面。

1. 物质需求和精神需求

以此为依据，可以将客户的需求分为以下两类（如图 2-4 所示）。

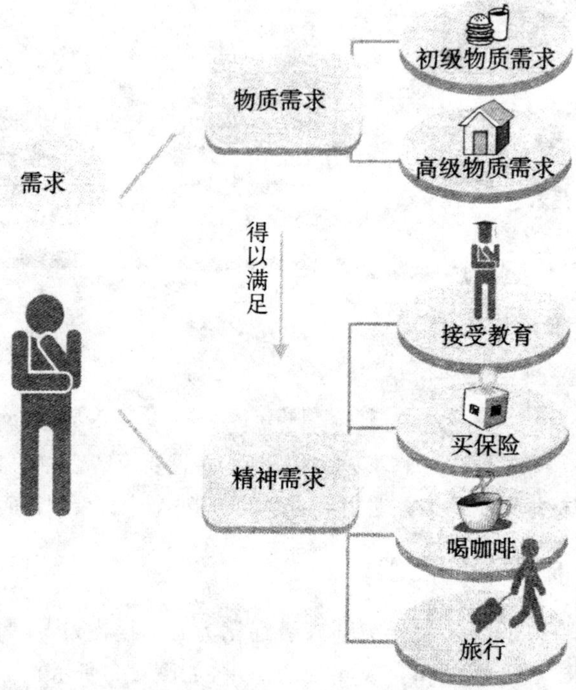

图 2-4　物质需求和精神需求

(1)物质需求

物质需求是消费者为了生存和更好地生活而产生的需求。这个需求还可以分为初级的物质需求和高级的物质需求。

①初级物质需求。可以理解为对生活必需品的需求，即对食物、水、衣物、房子等的需求。这些是客户生活中必需的东西。有了这些东西才可以生存下去。这个需求比较大众集中。

②高级物质需求。这个需求将人的物质需求提高到一定程度。在客户看来，高级物质品的需求不再只是满足需要的阶段。在初级物质需求上，人们每天吃饭就是为了填饱肚子。而高级的物质需求不一样，即不仅要填饱肚子，还要从食物中获得口欲上的满足感。

(2)精神需求

客户精神方面的需求是在初级的物质需求基本满足的情况下产生的一种需求心理。随着物质生活水平的提高，人们对产品的消费不再只停留在简单的需要层面上。

比如，当人们衣不蔽体、食不果腹的时候，人们的要求很简单，即一件简单的衣服，一碗简单的饭，是馊的有时也无所谓。可是，当人们不再挨饿受冻的时候，人们就想从食物和衣物上面得到一种精神上的满足感。想在穿上舒适漂亮的衣服后得到别人的赞赏，想在购买食品时有安全的保障。这些从生活必需品上面提升出来的精神方面的满足感就是人们的精神需求。

2. 互联网时代需求的变化

(1)性价比需求

网上的产品一般会比实体店内的商品便宜，如果再碰上个节假日，更是超低价格。这个时候，客户就会动用他们的火眼金睛，从产品的外观、质量，到其他客户对产品的评价，再到这家店铺的等级，货比三家，比对出价格最公道最好的商品。

于是，在这种影响之下，客户更加注重产品的质量，注重产品的价格。这个时候，就要求企业在生产产品的时候，既能满足客户的求廉心理，又能满足客户对产品质量的要求。

(2)个性化需求

“80后”、“90后”甚至于“00后”们，已成为现今消费的主体。由于互联网影响下接受的教育同传统的教育不一样，眼界也发生了变化，这些消费主体自我意识不断加强，喜欢追求新鲜刺激。这些因素促使他们个性化需求的增加，喜欢独特可以代表自我个性的产品。

(3)参与需求

在传统的消费中，客户充当产品的购买者和产品的使用者，他们并不能直接接触生产者，对产品的生产过程一无所知。互联网的发展方便了人们的远距离沟通，让人们可以通过网络搜索到厂家。这时，客户便不再是传统意义上被动的消费者，他们希望能够参与到产品的生产活动中去。

在互联网时代，企业听员工的，员工听用户的。用户不再是被动意义上产品的消费者，他们往往绕过商家直接同产品的生产者进行交流，这样会对产品有更清晰的认识。遇到不满意的产品，也可以直接将信息反馈到生产者那里。生产者再根据客户的需求进行产品的改动，以生产出让客户满意的产品。基于这样的模式，客户愿意更多地参与到产品的生产中去，充当另类的生产者。

（三）了解客户的需求及渴望

1. 见微知著，找准客户需求点

营销关注的主体是客户，客户的需求往往是多方面的、不确定的，需要营销人员去分析和引导。客户的需求是指通过买卖双方的长期沟通，营销人员对客户购买产品的欲望、用途、功能、款式进行逐步发掘，将客户心中模糊的认识，以精确的方式描述并展示出来的过程。

无论做什么样的买卖，只要人们肯在细节上下工夫，就能形成与竞争对手的差异化，从而形成竞争优势。

人们可以通过差异化的手段来细分市场，形成竞争优势，但是必须考虑现实情况才行，差异化不是说到就能做到的，它有不少限制条件。创业者和企业经营者在实行差异化战略的时候，必须充分照顾到现实的资源。资源必须具备这样的条件才能形成差异化，即消费者在乎的、竞争对手没有的和自己所擅长的。这些条件缺一不可，如果你的差异化消费者不“感冒”，也就失去了任何意义。

客户的需求和想法有时候非常难以琢磨，这就需要自己先融入他们的状态之中，聆听他们的想法和需求，然后进行分析，释疑，才能去影响客户。客户的“杯子”倒空了，才有可能装入自己的东西。

2. 抛砖引玉，寻找客户利益点

销售人员若要将产品顺利销售出去，就要寻找到客户的利益点，以此作为销售工作的关键点，从而获得更多的客户。事实上，每一种产品都有它独具的特性，这些特性就是产品的优点，也是客户的某一利益点。

销售人员应将产品的特点和优点最大限度地发掘出来，使之为客户带来更多、更大的利益，客户得到的利益越多，对产品的需求就会越大，客户的利益也就越能得到满足。

（四）发掘客户需求的调研分析法

企业营销者如何才能真正准确地洞察到客户的需求，制定出正确的营销策略呢？答案如图 2-5 所示。

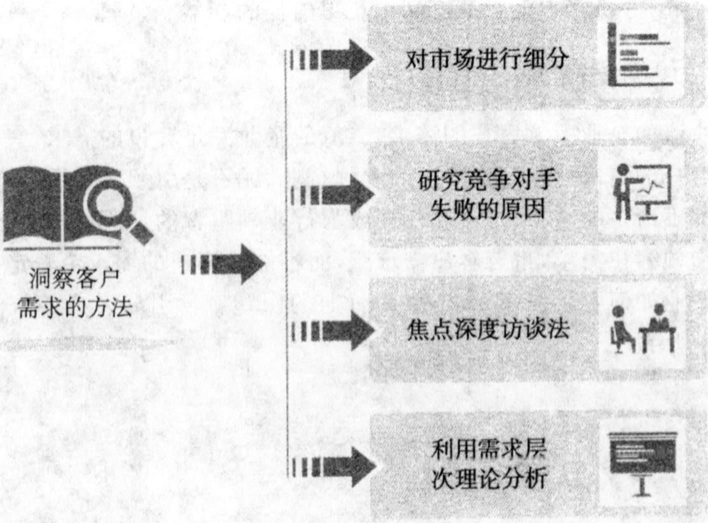

图 2-5　洞察客户需求的方法

1. 对市场进行细分

细分市场是洞察客户需求的一个好方法。通过对地理、人口、消费心理、消费行为等的细分，找出市场空缺，挖掘市场机会，满足消费者还未被或未全被满足的需求。

2. 研究竞争对手失败的原因

在洞察客户需求的时候，企业可以从失败的竞争对手入手，分析它们为什么失败，为什么会惨遭客户的抛弃，是产品质量有问题，还是没有达到客户要求？便可以找到答案。

3. 焦点深度访谈法

使用这种方法时需要确定产品的目标客户群。然后，同具有代表性的目标客户进行面对面的交流，通过深度沟通的谈话方式来判断他们内心的真实需求。

4. 利用需求层次理论分析

根据马斯洛需求理论，人类的需求分为五个层次，即生理需求、安全需求、归属需求、尊重需求和自我实现的需求。营销者在洞察客户需求的时候，就可以从这五点出发，对目标客户进行问卷调查，将调查得来的信息整合在一起，分析客户最想从产品中获得怎样的利益。

（五）创造需求，引导客户

一流的企业引领客户的需求，二流的企业满足客户的需求，三流的企业追随客户的需求。综观世界上的大牌企业，无不是引领客户需求，挖掘客户自己都不清楚的需求，抢占先机而成为行业领跑者的。所以，企业营销者要学会引领客户需求，带着客户需求跑，而不能让客户的需求牵着走。

企业如何引领客户需求，成为行业的领跑者？引导客户需求的方法如图 2-6 所示。

图 2-6　引导客户需求的方法

1. 打好“提前量”

在很多情况下，客户的需求并不明确，由于零散不集中，市场也没有发现。而有些企业在同客户接触时，或者市场调研时发现了客户在这方面有一定的需求，只是需求量较少，针对这种需求推出产品的时机又不对。这个时候，企业就要做好准备，打好“提前量”，一旦时机成熟，客户的需求明确，及时发出攻击，去满足客户的缺失，就很容易进入客户的心中。

2. 转移客户需求

有时候，消费者的需求在特定的产品上会形成特定的认知。此时，企业就要想办法改变消费者的认知，将消费者的需求点从特定的产品中转移出来。

激发消费者需求要么开发出一款新产品，满足消费者未曾被满足的需求领域；要么通过创新，使得新产品不断升级，满足消费者还未被完全满足的需求；要么改变认知，变相创造消费者的需求。

3. 打造品牌

仅仅发现消费者的需求还不够，你把不为消费者所知的需求给激发出来了，却不注重打造品牌，就是为他人做嫁衣裳，一样无法引领客户的需求。所以，企业营销者要致力于产品的品牌建设，让好的品牌成为引领客户需求的有力武器。

二、找准客户群选对路

(一)客户群体分类

1. 传统划分客户群的方法

传统划分客户群的方法主要是通过分析客户与企业的关系，以客户对企业利润做出的贡献为标准进行分类。

很多企业通用的客户分类模型是“金字塔”模式(如图 2-7 所示)。

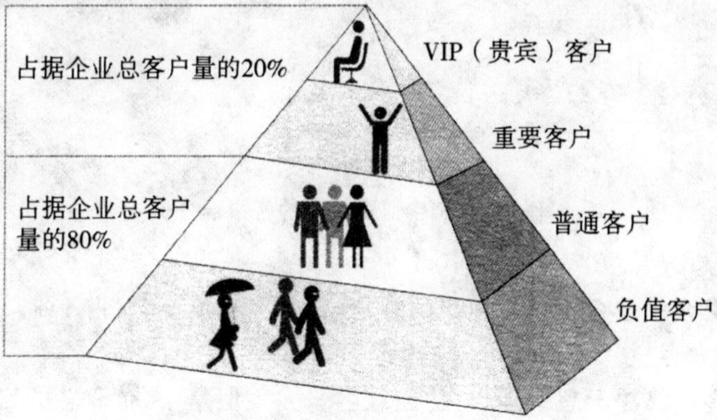

图 2-7　金字塔模式

根据“金字塔”模式，可将客户分为四种类型。

第一层是塔尖位置的客户。这个位置的客户对企业的贡献最大，对企业而言最具有价值。因而，这类客户应受到企业更多的关注，享受更多的优惠政策。

第二层是最具有增长性即最具有潜力的客户。

第三层的客户对企业的贡献比较少。

第四层，也就是处于最底层的客户，他们对企业来说是负值客户。这类客户在大多数情况下对企业不仅没有贡献，还会影响企业利润的获得。

2.传统意义上的客户群分类

依据“金字塔”模式，营销者对总的客户群在一段时间内给企业带来的利润的比例多少进行排名。基于这种比例排名，将客户分为以下群体(如图2-8所示)。

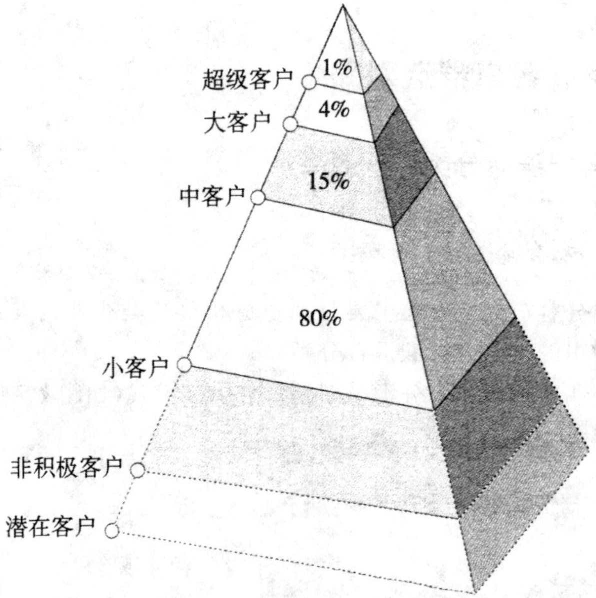

图 2-8　金字塔模式下的客户群分类

(1)超级客户

这类客户是企业最为顶级的客户，比例客户最小，仅占1%。

(2)大客户

大客户仅次于超级客户，比超级客户多。但是，在企业总的目标客户群中占有的比例也比较小，仅占4%。

(3)中客户

这类客户给企业带来的利润很高，对企业的价值虽然不如超级客户和大客户，但是贡献力量也不小。这类客户占15%。

(4)小客户

小客户虽然小，但是占了企业客户群的80%，是企业的主体消费人群。

(5)非积极的客户

顾名思义，这类客户对产品或服务的购买并不积极。可能在一段时间并没有对你的产品或服务有过购买行为，没有给你带来利润。但是，作为曾经的客户，他们就像休眠火山，你不知道在哪个时候他们会喷涌而出，给你带来大的利润。

(6)潜在客户

这类客户并没有购买过你的产品或者服务。但是，他曾经向你询问过有关的产品或者服务，并将之纳入了可能消费的行列。对于这类客户，不要因为他处于潜水阶段就放弃。有时候，只要这类客户对产品或服务了解清晰之后，就会进行消费，有可能会成为那1%的超级客户。

(二)从消费心理角度划分客户群

营销者在锁定客户群的时候，要摸清客户的消费心理。从客户的消费心理出发，更能生产出满足客户需求的产品。

依据客户的消费心理，具体可以把客户群分为下面5种类型(如图2-9所示)。

客户分类
- 发烧型
- 先锋型
- 实用型
- 保守型
- 怀疑型

图2-9　5种客户群

1. 发烧型

发烧型客户痴爱最新技术和最新产品，这类产品数量不多，技术方面可能不太成熟。但是，这恰恰是吸引那些发烧友的原因。发烧型客户对新发明、新创造有着极大的兴趣，敢于尝试不太成熟的新产品和新技术，也常常积极地参与到产品的开发和创造当中。

2. 先锋型

先锋型的客户比较有远见卓识，对技术和产品有一定的敏感度。他们愿意采用已经成熟的技术和产品来提高工作效率和生活质量。这类客户走在大多数人的前面，也敢于尝试。

3. 实用型

实用型客户比较讲究实际，注重价格也强调质量。他们多喜欢从多家知名的大公司中选择实惠有保障的知名产品，以期寻求更好的价格和安全感。

4. 保守型

保守型客户较为传统，他们不愿接受同现代的生活方式和工作方式不相同的新产品和新技术，同时也不愿花时间学习新产品和新技术。

5. 怀疑型

怀疑型的客户群非常固执，他们常常会对某类产品和技术抱有怀疑的态度，即使周围人接受了某类产品，他们仍旧无法相信。怀疑型的客户较为麻烦，他们在购买产品时，会挑出产品的各种毛病，即使是大品牌，在他们眼中也有缺陷。没有下决心之前，这类客户是不会购买产品的。

对于这五类客户群，企业营销者要根据客户的不同特点划分自己的产品，看看产品具体属于哪一个客户群，哪些产品可以发展，可以成功地进入下一个消费群体。以此可以制定长期的营销目标，更能促进产品的发展。

三、争夺客户从“心”开始

企业的竞争，既是产品竞争，也是市场竞争。然而，决定企业之间胜败的关键因素不在产品也不在市场，而是在于赢得客户的心。将产品灌输到客户的大脑深处，从“心”赢得战争，这才是胜利。

以平等、开放、共享作为根基的互联网，为整个商业世界带来了巨大的颠覆性变化。

（一）做懂客户的产品

消费者成为市场的主导者，成为企业战略的“指南针”，企业要想在竞争中立足，必须去主动满足消费者的需求。不过，仅仅满足表层的需求还远远不够，因为这样仍然会面临大规模竞争。因此，企业必须更进一步地深入发掘消费者的需求，找出消费者心中想到却说不出口的“痛点”，去彻底击破，这样的产品才是真正“懂”客户的产品。

在小米刚刚推出第一款产品并大获成功后，很多人都不明白，为何这样一款处处散发着“苹果味”的手机，能在 iPhone（苹果手机）最为强盛的时期占据一席之地。但随着小米随后几款产品的成功，小米的“秘密”逐渐为大家所知。如今，就算忠实的“果粉”也不得不承认，小米的成功确实有其独到之处，而非只是简单地模仿。

即便是一款口碑与销量双赢的产品，也无法满足所有消费者的需求。消费者的需求不同，因此没有完美的产品，iPhone 亦是如此，而小米瞄准的正是这一点。对小米提出产品参数要求的客户，必定是对 iPhone 某方面的配置或价格不满意，小米要做的就是根据他们的要求做出一款适合他们的手机。然后，再借助互联网渠道开展销售，贴合了作为主流消费群体的年轻人的需求。而在限量销售下，最终"抢"到手机的客户也会感觉产品的价值倍增，从而成为忠实的粉丝。

互联网下的市场，不会被某几个行业巨头长期垄断。消费者需求正在以前所未有的速度不断翻新，企业必须能够始终追随消费者的需求潮流，先人一步推出解决消费者痛点的产品，才能在每一个阶段的竞争中不落下风。

（二）做懂客户的品牌

由于产品更新换代速度的提升，仅靠一款产品或一系列产品就牢牢把握主动权已经不太现实。这就需要企业打造出一个强大的品牌，将品牌推向消费者，从而拉动产品需求的增长。

做出一个醒目的品牌，是从同质化产品竞争中脱颖而出的捷径。但是，在这个巨头品牌遍布的商业世界中，想成为消费者钟爱的品牌并不容易。仅仅依靠铺天盖地的大力宣传，也许能让品牌的知名度得到提升，但未必就会因此给消费者留下特殊的品牌印象。打造一个强有力的品牌，同样需要读懂客户思维，用独辟蹊径的手法占据客户的大脑。

无论是个体的产品还是整体的品牌，在当前的互联网时代想要脱颖而出，必须要从消费者的角度出发，满足客户的深层次需求，这样才能受到认可和追捧。推出"懂"客户的产品，营造一个"懂"客户的品牌，真正做到与客户心意相通，让产品和品牌牢牢扎根于客户心中，营销自然会水到渠成。

第二节　线上线下立体切入

随着科技水平的不断发展，互联网逐渐成为人们日常生活离不开的重要工具。现实生活对虚拟网络的依存度越来越大，从 PC 端到移动端，衣食住行样样都开始触网，O2O 营销正在紧密联系着线下与线上活动。

一、初识 O2O 营销

（一）O2O 的概念

O2O(online to offline)中的 2 取 to 的谐音。O2O 是指将线下的商务机会与互联网结合，让互联网成为线下交易的前台。这个概念最早来源于美国，涉及范围非常广泛，只要产业链中既可涉及线上，又可涉及线下，就可通称为 O2O。

O2O 营销模式的四大要素是:独立网上商城、国家级权威行业可信网站认证、在线网络广告营销推广、全面社交媒体与客户在线互动。一个标准的 O2O 营销模式的流程如图 2-10 所示。

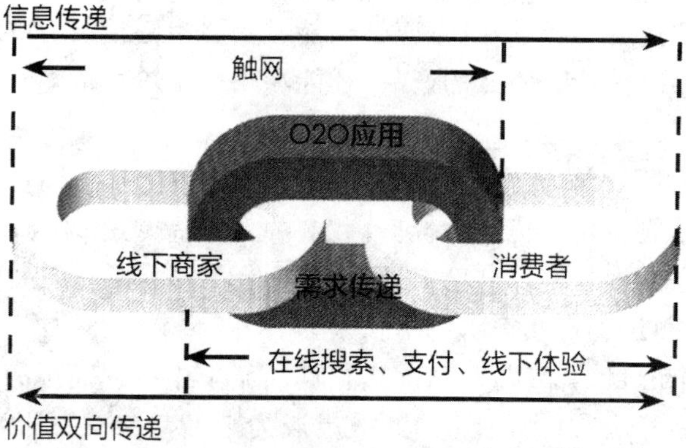

图 2-10 O2O 营销模式

①线上平台(网站、APP 应用等)通过与线下商家洽谈,就活动时间、折扣、人 数等达成协议。

②线上平台通过各种渠道向自身用户推荐该项活动,用户在线付款到平台,获得平台提供的"凭证"。

③用户持凭证到线下商家直接享受相关服务。

④服务完毕后,线上平台与线下商家进行结算,同时保留一定比例作为服务佣金(一般不低于 10%)。

O2O 与 B2C、C2C 的区别在于,B2C、C2C 是在线支付,购买的商品通过物流公司送到用户手中,而同样是在线支付,O2O 购买的商品、服务,要到线下去享受服务,如图 2-11 所示。例如,机票类、旅游类都可以在线上进行消费,而在线下进行服务。

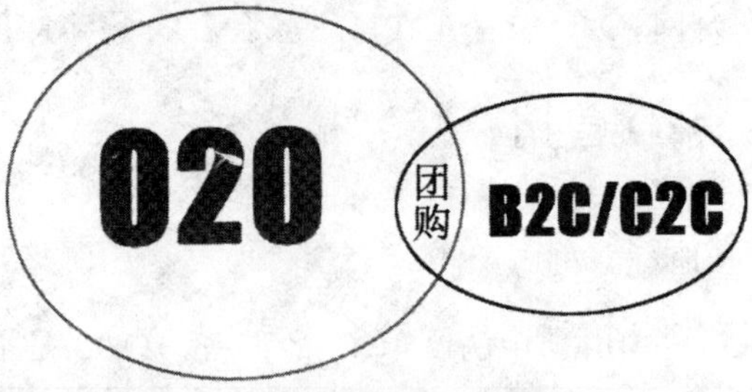

图 2-11 O2O 与 B2C、C2C 的范围比较

（二）O2O 营销的优势

O2O 营销的优势在于它能够把线上与线下的优点完美地结合在一起。通过网购导购机，将互联网与实体店完美对接，实现互联网落地，让消费者在享受线上优惠价格的同时，又可享受线下超值贴心服务。

①O2O 营销充分利用了互联网跨地域、无边界、海量信息、海量用户的优势，同时充分挖掘线下资源，进而促成线上用户与线下商品与服务的交易，团购就是 O2O 的典型代表。

②O2O 营销将线上订单和线下消费相结合，所有的消费行为均可以准确统计，进而吸引更多的商家进来，为消费者提供更多优质的产品和服务。

③O2O 营销模式打通了线上线下的信息和体验环节，让线下消费者避免了因信息不对称而遭受的“价格蒙蔽”，同时实现线上消费者的“售前体验”。

④O2O 营销在服务业中具有较为明显的优势：价格便宜、购买方便，且折扣信息等能及时获知。

⑤O2O 营销拓宽了网络营销的发展方向，由规模化走向多元化。

众多形式的 O2O 营销模式在市场中出现。除去既有的 OTA 模式，还出现了团购优惠券平台、移动支付等模式。由此可见，O2O 服务呈现多元化、全方位发展的趋势。

（三）O2O 营销模式的多元化

移动互联网的快速发展让线上和线下的连接从来没有像今天这样紧密。“本地”已成互联网，尤其是移动互联网最重要的下一站，O2O 成为让所有互联网公司都虎视眈眈的新市场，如图 2-12 所示。

1. 团购

团购是从电商市场中细分出来的，其主要经营范围是本地生活类服务。随着人们对生活质量要求日益提高，团购正好可以满足人们减少支出成本的愿望，使得团购模式日渐成熟稳定了起来，从而，团购被认为是 O2O 代表性营销模式。若不考虑模式细节，只看经营范围，团购基本上涵盖了本地生活服务的所有主要项目。

2. 优惠券

手机优惠券是结合了移动互联网的最为基础的 O2O 营销模式，用户只需在就餐时向商家出示手机上的优惠券即可。商家利用优惠券做营销吸引消费者光顾，比如麦当劳、肯德基、真功夫、一茶一坐等利用优惠券向本地生活市场全面扩展，并结合 LBS 功能，根据用户位置即时推送周边的相关服务。

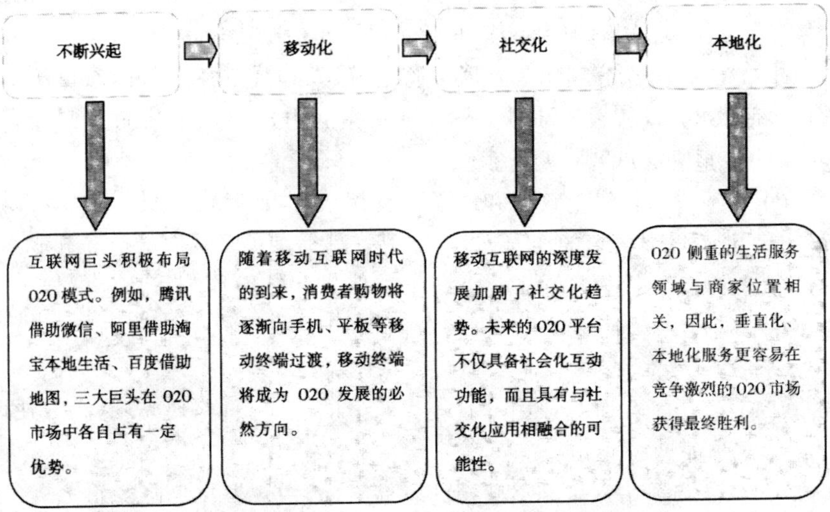

图 2-12　O2O 商业模式的发展机会

3. 移动支付

在移动互联网时代，O2O 已经成为一种主要的消费形式。移动互联网是 O2O 营销模式的主要载体，由于本地生活服务与移动互联网紧密结合，移动支付则担负着结合后的资金流通重任，如图 2-13 所示，移动支付对 O2O 市场的重要性可想而知。

图 2-13　O2O 移动支付

（四）线上“待命”，线下“服务”

以前的线下与线上是隔离的，传统企业在线下的实体渠道具有多年沉淀的众多优势，也是其长袖善舞的地方。

O2O 可以把拥有众多线下优势资源的传统厂家，与拥有大量客流、流量和购买量的线上网络平台打通对接起来。可以说，O2O 是为传统“线下资源找到了线上出路”。传统厂家和渠道商一方面必然要向电商化发展，另一方面却面临着传统渠道资产的处置问题。B2C 平台的特性使其无法彻底抽身，而 O2O 模式不只为厂商提供电商化路径，也为处置传统渠道资产提供了方向。

O2O 对传统产业的渗透、改变乃至颠覆比预想的来得更快、更猛烈，正在对传统行业的日常运营产生着广泛而深刻的影响。随着网民数量的大幅增加以及 WiFi、3G/4G 等移动互联网的普及，又进一步加快了 O2O 使用场景的快速扩张。消费者的实际需求和商家营销策略的转变为 O2O 未来对传统企业的颠覆奠定了环境基础。

O2O 模式全行业渗透的特点不仅吸引酒店、餐饮、旅游等行业尝试，几乎所有行业都在往 O2O 的路线发展。的确，这种 Online（线上）与 Offline（线下）模式的结合创造了许多新的消费方式、商业模式，为传统行业带来了融合网上网下销售模式的新气象。

目前 O2O 可谓是不少传统企业转型互联网的首选模式。其实，在电子商务快速发展的冲击之下，传统消费市场整体表现疲软，如今传统企业纷纷试水 O2O 模式转型升级。

（五）传统企业 O2O 转型的四大模式

O2O 模式的基本商业逻辑是用户在线上平台预先支付，然后到线下消费体验，商家实时追踪其营销效果，由此形成闭环的商业服务和体验过程。与其他电子商务模式不同的是 O2O 采用“电子市场＋到店消费”模式，而不是“电子市场＋物流配送”模式。有人认为，O2O 模式是 B2C 模式的升级版，更强调消费体验（见图 2-14）。

O2O 模式要符合三个特征：具备完全打通的线上和线下平台的能力，用互联网的思维方式运营这两个平台以及一切以用户为中心。信息流与资金流通过线上实现，商业流与服务流则在线下实现。

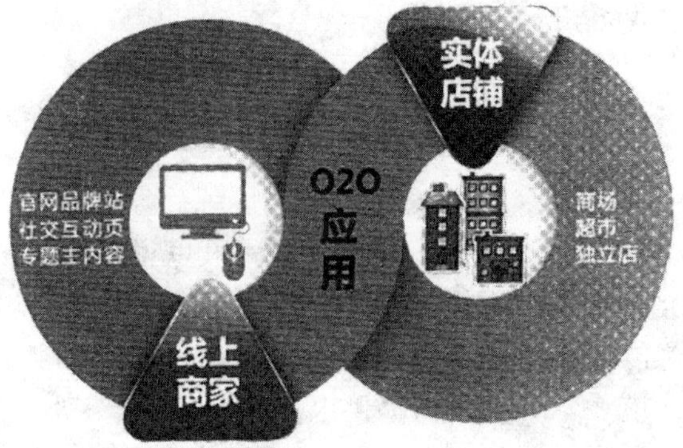

图 2-14　O2O 模式

O2O 模式存在两种基本的实施方式和路径：Online to Offline（线上营销和交易到线下体验）和 Offline to Online（线下营销到线上完成交易），分别简称为先线上后线下模式、先线下后线上模式。在此基础上，衍生出另外两种实施方式和路径：Online to Offline to Online（线上营销到线下体验，再到线上交易）和 Offline to Online to Offline（线下营销到线上交易，再到线下体验）。

1. 先线上后线下模式

所谓先线上后线下模式就是企业先搭建起一个线上平台，以这个平台为依托和入口，将线下商业流导入线上进行营销和交易；同时，用户借此又到线下享受相应的服务体验。这个平台是 O2O 运转的基础，具有强大的资源流转化能力和促使其线上线下互动的能力。

2. 先线下后线上模式

所谓先线下后线上模式就是企业先搭建起线下平台（往线上导流、二维码、产品打通、前后台系统打通、流程匹配改造），以这个平台为依托进行线下营销，让用户享受相应的服务体验，同时将线下商业流导入线上平台，在线上进行交易，由此抢夺习惯线上购物的大量客户，促使线上线下互动并形成闭环。在这种 O2O 模式中，企业需自建两个平台，即线下实体平台和线上互联网平台。其基本结构是：先开实体店铺，后自建网上商城，再实现线下实体店与线上网络商城同步运行。

3. 先线上后线下再线上模式

所谓先线上后线下再线上模式就是先搭建起线上平台进行营销，然后将线上商业流导入线下让用户享受服务体验，再让用户到线上进行交易或消费体验。在现实中，很多团购、电商等企业都采用了这种O2O模式，比如京东商城。

京东的O2O生态链条是：先自建线上京东商城，以其为平台进行营销，线下自营物流系统和与实体店企业合作，让用户享受其线下服务体验，再让用户到线上京东商城进行交易。

4. 先线下后线上再线下模式

所谓先线下后线上再线下模式就是先搭建起线下平台进行营销，然后将线下商业流导入或借力全国布局的第三方网上平台进行线上交易，再让用户到线下享受消费体验。这种O2O模式中，所选择的第三方平台一般是现成的、颇具影响力的社会化平台，比如微信、微淘、大众点评网等，且可同时借用多个第三方平台，这样就可以借力第三方平台进行引流，从而实现自己的商业目标。

二、O2O营销的4种方法

O2O营销的好处在于，订单在线上产生，每笔交易可追踪，展开推广效果透明度高，能让消费者在线上选择心仪的服务后再到线下享受服务。O2O营销有以下4种方法。

（一）体验营销

在O2O营销中，体验营销是用得最多的一种方法。体验营销是主要通过“看”“听”“用”“参与”的手段，充分刺激和调动消费者的“感官”“情感”“思考”“行动”“联想”等感性因素和理性因素的一种营销方法。

这种体验挪移到APP上，使用户在APP通过某种形式实现虚拟体验，刺激消费者的购买欲望，从而带动线下的直接购买行为。

（二）直复营销

直复营销(Direct marketing)即“直接回应的营销”，简称直销。美国直复营销协会将直销定义为：运用一种或多种广告媒介在任意地点产生可衡量的反应或交易。直复营销是个性化需求的产物，是传播个性化产品和服务的最佳渠道。

直复营销分为直接邮购营销、目录营销、电话营销、电视营销、计算机网络营销等。随着电子商务的蓬勃发展，前几种已逐渐式微，APP已经成为一种新的直复营销渠道。直复营销的关键点是受众的精准性。在移动互联网时代，以 LBS 为基础，“任意地点”不再任意，而是变为有针对性的地点，商家完全可以通过消费者手机中的 APP，实现在特定地点向消费者发出“购买邀约”。

（三）情感营销

情感营销就是把消费者个人情感差异和需求作为企业品牌营销战略的核心，通过借助情感包装、情感名字、情感品味、情感香味、情感故事等策略来实现企业的经营目标。如图 2-15 所示。

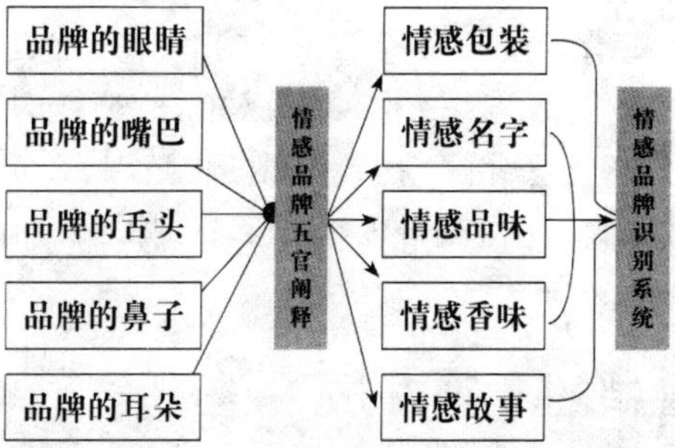

图 2-15 情感品牌的五官要素模型

（四）数据库营销

数据库营销就是企业通过搜集和积累会员（用户或消费者）信息，经过分析筛选后，有针对性地使用电子邮件、短信、电话、邮件等方式进行客户深度挖掘和关系维护的营销方式。如图 2-16 所示。

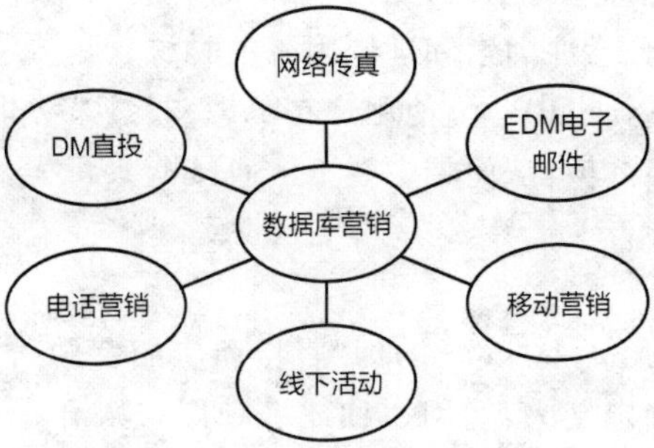

图 2-16 数据库营销

三、O2O 营销秘籍

企业在运行 O2O 营销之前，应该考虑自身是否适合做 O2O 营销，所营销的产品是否适合 O2O 营销，内容如何定制。

（一）O2O 营销模式的企业

O2O 营销模式的诞生，会促使很多网络公司提供该服务，尤其是团购类网站以及本地信息生活服务类平台。对于传统企业来说，究竟什么样的企业适合利用 O2O 营销模式呢？

①企业产品要有足够高的客单价，因为没有足够高的客单价，用户就很容易失去耐性。

②企业品牌要有特色，包括品牌的服务特色和产品特色两方面。

③企业要有独立的 O2O 经营平台，如独立官网、独立 APP、独立的天猫和京东店等，避免和现有的 B2C 模式混合在一起。

下列行业在 O2O 营销模式方面有着得天独厚的优势。

1. 连锁加盟型的零售企业

连锁加盟型的零售企业，如流行美、卡顿、哎呀呀或者大型渠道流通品牌商，因为加盟门店分布广，并且有线下服务优势等各种原因，其实并不适合做 B2C，这时借助 O2O 营销，能迅速促进门店销售，进一步扩大连锁加盟商数量。

2. 连锁类餐饮公司

连锁类餐饮公司，如小肥羊、真功夫、嘉旺之类，因为产品无法快递，只能在线下体验服务，所以可以通过线上下单，线下体验服务的方式抢占更多消费者。

3. 本地生活服务企业

本地生活服务企业，如酒吧、会所、餐饮、电影等，通过 O2O 营销进行电子商务，事实上很多企业就是这么做的。目前，整合线上、线下双重资源为电影做宣传，已经成为当下电影营销的新趋势。

（二）适合 O2O 营销模式的产品

1. 产品本身适合在线上展示

O2O 营销平台上的产品大都归类到了生活服务类的同城团购当中，这些商品在实体线下的展示中很单一，多是实体店面展示，如果店铺陈列吸引人，就会有顾客上门，反之则门可罗雀。

这些上门的顾客，根据店铺的优惠政策和促销信息，再挑选适合自己的产品，如果这家店面不合适又要走街串巷地去另一家查看。如此循环既浪费时间，效率也不高，而O2O营销平台将这些信息资源整合到一起，消费不需要一家家地到店面查看，这是O2O营销为消费者带来的便利。但也正是因为这样，线上的产品整合完毕后，消费者更容易直观地看到价格和店铺陈列，也就要求这些同类竞争的商家的商品必须符合第一个条件：提交的商品本身适合在线上展示。

2. 产品在消费完后的回头率越高越好

产品消费完后的回头率是指商家在参与O2O营销活动后，有大约30%顾客还会第二次光顾该商家店铺，这样的产品在O2O营销市场体制中就被称为长线资源。

这种商品可以使之慢慢成为平台的一个特色：如武汉某家O2O公司将一种绿壳鸡蛋作为当日营销的产品，由于市场反响很好，于是就被设置成为每周必上且限量出售的产品。

3. 产品具有线下和线上的结合性

所谓线上和线下的结合性，就是商品本身的消费需要在线下实体店进行，而线上是作为商品的宣传阵地。

这样的产品有实体店的消费券，包括餐饮美食、美容美发；时尚品牌服饰类产品的折扣券、优惠券。这些券类的产品几乎都是以二维码或者短信的方式发送。

（三）O2O营销内容的定制

O2O营销应该以图片、文字、动画等介质向客户传达有关企业的相关内容。促进销售。它们所依附的载体，可以是企业的Logo（VI）、画册、网站、广告，甚至是T恤、纸杯、手提袋等。

那么在O2O营销中，究竟要采取怎样的策略来制定营销内容呢？下面将从7个方面简单说明制定O2O营销内容的策略。

1. 热点性

企业合理利用热门事件能够迅速提升网站流量。企业可以借助平台通过数据进行热点词语的查找，如百度搜索风云榜、搜狗热搜榜等都是不错的工具。当然热点性内容可以根据自身网站权重而定，了解企业之间竞争力大小，是否符合O2O营销主题，这非常重要。

2. 时效性

所发生的事和物都具备一定的时效性，在特定的时间段拥有一定的人气关注度。企业要定制好的 O2O 营销内容，就必须合理把握以及利用该时间段，创造丰富的主题内容。百度搜索引擎十分重视时效性内容，搜索结果页面中也充分利用了时效性。

3. 持续性

持续性内容带来的价值是连续持久的，它已经作为丰富网站内容的主要因素，在众多不同类型的内容中占据一定比例。就百度搜索引擎而言，内容越具有历史性，获得的排名效果就越好，带来的流量也不可估量，因此企业越来越关注 O2O 营销内容的持续性发展策略。

4. 方案性

定制 O2O 营销内容方案需要考虑很多因素，其中受众人群的定位、目标的把握、主题的确定、营销平台、预期效果等都必须在方案中有所体现。然而这些因素必须通过市场调查、对比分析数据，并且需要依靠丰富的经验。

O2O 营销内容的方案性对于消费者来说含金量非常高，消费者能够从中学习经验，充实自我，提升自身行业综合竞争力。

5. 即时性

O2O 营销的内容应该即时展现出当下所发生的事和物。如果发生的事和物具有记录的价值，必须第一时间完成内容的写作。O2O 营销内容的即时性比较容易得到用户的认可与支持。

6. 促销性

O2O 营销的促销性内容主要是营销者利用人们需求心理而制定的方案内容，内容中能够充分体现优惠活动，利用人们普遍贪便宜的心理做好促销活动，如果促销性内容价值提高，会使企业快速促销产品，提升企业形象。

7. 实战性

O2O 营销内容的实战性是指通过不断实践积累的丰富经验而产生的内容。具有丰富经验的营销人员才能够做到真实性，内容中能够充分展现实践过程中遇到的问题，实战性内容能够获得更多用户的关注，因为这是实践者的真实经历，是真正的经验之谈，对于用户来说价值较高。

第三节　企业管理深化

一、高度扁平、节点相连的网状结构

著名管理学家德鲁克认为：当前所有企业的问题，都在于企业整个组织流程过长。导致决策效率太低。请千万不要让传统组织结构毁掉移动互联网时代的企业。互联网世界每一天都在发生巨大变革，传统组织形式难以适应快速变化的市场环境，为了不被淘汰，必须实行扁平化和交叉管理。

（一）消失的企业边界

在无界的组织中，企业的内部资源成为一个个节点，呈现网状结构与外部相连，通过连接人才和市场直接刺激内部全员创新，通过内部市场化和市场内部化寻求外部资源的吸纳和平衡。

互联网让人们具有了合作完成许多复杂工作的能力，这些复杂任务对企业组织的依赖度越来越小。移动互联网时代正在逐步地大幅度降低"交易成本"，大企业是否依然有存在的理由？

调研成本在降低——在微信朋友圈（社会化媒体）里就能看到朋友推荐的商品和店铺。打开手机看看大众点评对餐馆的评价就不会误入黑店或者被宰。

信息成本在降低——打开网页就能看到亚马逊根据你的购买和阅读所推荐的新书，打开团购 APP 就能找到大家认为物超所值的商品，打开导航和 GPS 定位就能找到车位。搜索航班信息就能找到最便宜的机票，还能同时了解准点率。

成交成本在降低——淘宝上有标准的销售、购买、索赔协议，亚马逊上有非常方便的一键下单。

监督成本在降低——支付宝已经为你随时随地准备就绪，出现问题可以帮助你保证权益。

执行成本在降低——在购买之前，软件提供同款商品比质、比价功能，避免买后后悔。

自由市场中的"交易成本"趋近于零，如果出现绝对的情况，即没有交易成本，那么大公司也就没有存在的理由。

这一切都得益于互联网的力量，特别是移动互联网的力量，让跨地区、跨距离的联系变得更加容易，让大规模远程协作，特别是性能越来越高的智能手机随时随地协作变成了可能。

随着互联网时代特别是移动互联网时代的到来，已经出现了基本接近于零交易成本的各种新兴商业模式和管理模式，突破了企业的边界，形成自主组织、进化协作的方式，进而改变了管理的原则和前提。

当"交易成本"不断降低的时候，大企业赖以生存的根基开始动摇。小型企业、小型组织、小型团队开始借助互联网和移动互联网与全球用户共享资源和知识，产生了极大的生产力。

企业边界可能会慢慢消失，根据科斯的理论，企业这种组织形式之所以存在，是因为它能够降低纯粹市场交易带来的成本，使得交易更加经济和高效。

（二）崛起的小型组织

优秀的人会聚集在所感兴趣的社群中，关注出色的项目和聪明的人群，尽管他们可能属于不同的公司，但他们乐于为同一个没有边界的组织贡献智慧。

未来，企业边界或许会消失，在组织形式上也越来越趋于小型化。而今天，小公司、小团队能够获得过去只有老大哥们才享有的专属资源。随着规模经济所带来的优势逐步消失，科层体系愈发官僚化，无法吸纳创新人才，创新行为也无法开展。

要应对越来越复杂的高度不确定性，"互联网＋"创新越来越多地要自下而上产生，企业需要更快地适应市场变化。大型恐龙可能不太适合在这种时代生存，而"阿米巴"这种单细胞变形虫却能从远古时代一直生存到现在。

小型化的网络组织、内部市场化组织、阿米巴组织、模块化组织更能应对移动互联网时代急剧变化的环境，更能激励企业中的每个小单位更积极、更大胆、更有创造性地工作。

传统企业如不转型，依然用庞大、臃肿、官僚、迟缓的身躯对抗高度敏捷、灵活的互联网基因企业或者正在转型路上的企业，想成功地实施"互联网＋"，简直是神话。

在自主经营主体的情况下，大型企业也要面对不确定性，有必要成立模块化的特别团队，即在组织内部充分利用为实现某项特别目标而组建的规模较小、专业多样、自主决策的团队，如同海豹突击队。比如，雀巢公司有专门团队负责加速公司内部数字化技术的应用。

(三)扁平的网状结构

时至今日,用瞬息万变、天翻地覆等词汇都不足以形容移动互联网所造成的外部环境变化。因此,在移动互联网时代,企业战略的快速变化导致组织结构必须快速适应,而这也是互联网化进程中最大的阻力之一。

平等、开放、协作原本就是互联网的本质,使得“无组织的组织”“无界的组织”“高度扁平化组织”等管理进化形式出现。什么是扁平化?当用户能够使用互联网和所有产品对接的时候,企业的所有部门都必须直接对接市场、对接用户,必须“由听得见炮声的人和靠近战场的人做决定”。

当与市场直接对接、与互联网无限接近时,你会发觉互联网冲击了原有的支持流程,也帮助完善了新的业务支持流程。直接与市场相连接的好处就是反应更快,扁平化的结构使得市场的推力以最短路径传递到每一个神经末梢。

当高度灵活、自由组合的小团队成为组织结构的主要组成方式,当组织结构趋向于极度扁平的时候,企业就成为一个网状的组织结构,自上而下的科层体系也会自然而然地消失。理论上,科层结构是从上至下传递信息,层级之间没有过多的联系和交流,相对于网状结构而言,效率和灵活性都不可相提并论。

互联网本身就是由一个个节点组成的,而网状结构就是互联网化企业的对应结构——网中的每一个节点可以与其他节点随时紧密相连。信息自由流动,无须中间层过滤,也避免失真,协作自由产生,平等、公平地相互连接。

(四)管理的中心渐去

迄今为止,很多中国企业管理者还深深受到这种专制主义观念的影响,长期实行的是高度集权的专制型管理方式。但是,在移动互联网时代,管理的问题就出在这里,不要一厢情愿、自作多情地认为这是管理风格所决定的,这其实是由移动互联网的属性所决定的。

移动互联网的属性决定了节点与节点能够顺畅地互动和沟通,企业内部的节点和外部的节点能够紧密相连,网状结构与倒金字塔结构逐步取代了传统的金字塔结构,中心也自然不再存在。

不仅仅中心不再存在,管理的中层也逐渐失去效能。

互联网结构决定了企业结构,互联网时代必须网络化每家企业,当企业整个组织架构都呈现出网状结构时,每一个节点都直接连接用户和外部资源,每个节点之间能够相互沟通,相互之间也存在标准契约,用户直接驱动每一个节点的运作，中层还有什么存在的理由呢？

过去层级分明、流程僵化、管理官僚化、决策专制、自上而下要求价值观统一的管理方式已经不再适合，无法应对信息高速流动的互联网化浪潮。

（五）标准组织的变化

传统企业大多数是金字塔式的，每一层的目的就是把所有信息集中起来，然后分析并做出决策，一级级贯彻下去。现在，因为互联网的改变，导致信息对称，最基层的人得到的信息和上层得到的一样多，甚至比上层还多，而且能够直接面对用户。如果沿用传统架构和流程，等做出决策时，黄花菜都凉了。

金字塔管理体系轰然倒塌，高度扁平化并非是传统企业的领导所决定的，而是由互联网的倒逼机制决定的。当信息不只是领导拥有时，基层拥有了更多获取信息的权利，因此只能扁平化。

（六）直连节点的协作

在传统企业内部，虽然存在会议、邮件等多种沟通方式，但是真实的意见经常“被消失”，具有创意的想法“被遗忘”，整个体制已经把协作和沟通演化为一场人与人之间相敬如宾的大形式主义游戏。

要具备高度灵活性、容错性，要适应高度不确定性，开放、快捷的内部协作和沟通已经成为充要条件。小团队、扁平化、平等、协作是避免官僚主义和僵化体制的基础。

互联网“平等、协作、共享”的精神不可避免地映射到企业内部，互联网带来的经济模式的变化也改变了企业的内外部协作方式，企业内部节点和外部节点通过协作一一相连。

交流和制定决策同样重要。和决策一样，大多数领导者都认为自己很擅长交流，当然，他们大多数都错了。

这时候，节点与节点的协作、节点与用户的联系、节点与市场的直连协作就非常重要。或者说，传统企业转型中需要更为广泛、更大规模、更加公开、更加透明的节点与节点之间的水平信息沟通、交流和协作。

二、组织变革：组织结构、考核方式、激励措施

企业只有在不断变化的市场中保持变革才能生存和发展下去，但是变革并非易事，企业中有多个个体，谁也不能保证每个员工和领导都能保持步调一致，要消除员工的疑虑，增强员工变革的欲望，就需要充足的动力，而这种动力最好从以下三个方面来发起，如图 2-17 所示。

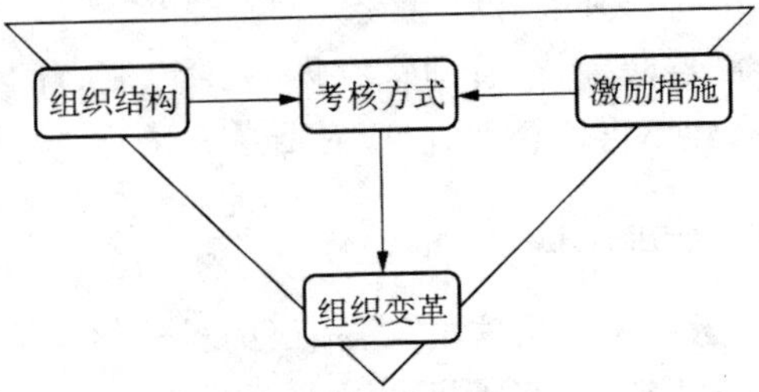

图 2-17　组织变革的三个方面

(一)组织结构

企业以组织创新为核心来进行变革,比任何产品和形式上的创新都更加有效,对一家企业来说,重中之重就是组织的优化。

企业发展越快就越会像年纪大的人一样容易患病,可以称之为"企业病",年纪大的人容易因为缺乏运动而身体发福,活力也会随之丧失,企业也是如此。随着规模的发展壮大,组织也随之膨胀乃至臃肿,最终导致企业内部运作的低效率。那么,如何治愈"企业病",重新获得组织的活力?

杰克·韦尔奇给出了答案:企业要形成独特的文化,就要重新设计组织结构,去掉企业过多的层级,最终改善企业的反应能力,恢复企业的活力,彻底灭绝企业内部的官僚主义、人浮于事,从而使企业始终能够对变化产生最快速机敏的反应。

(二)考核方式

考核过程是一个可以使企业运作更正规化、标准化、高效化的过程。

公司如果缺乏对员工的考核,员工就容易出现工作随意性强的状况,更容易导致公司管理的混乱和制度权威的丧失。

公司制定考核标准应该与公共标准和部门标准相结合,这样公司内每个员工既受到公共标准的考核,同时也受到本部门标准的考核。

考试机制可以通过以下四个步骤来实现:

①建立公共和部门考核体系;

②颁布实施考核,颁布即实施;

③统计应用考核结果,确保公平、公正;

④评估结果,持续改进。

(三)激励措施

如何激励员工,让员工努力工作,认真提升自己并且在工作中消除懈怠是管理者的一个难题。怎样保障自己与其他员工拿薪水的公平性，怎样努力才能获得预期的薪水和回报，怎样保障自己可以无后顾之忧地工作，是员工的难题。

解决这些难题最好的办法就是有效的激励措施。有效的激励系统需要通过合理的薪酬结构设计、科学的绩效考核制度、符合企业现状的分红制度、完善的福利保障制度和标准的考核制度来构建。一个有效的激励系统完全能够实现企业效益最大化和企业与员工双赢的目标。

为了更好地留住和激励人才，企业的付薪理念是必不可少的：不同的岗位和部门需要选择不同的薪酬结构类型，同时，薪酬结构也需要合理配比比例。

薪酬结构配比比例指的是在员工的薪水中，固定工资和变动工资的比例，以及短期薪酬和长期薪酬的比例。当然，不同层级的员工适用的薪酬结构比例也不同。

1. 比例 1：固定工资和变动工资比

固定工资在能够保障员工日常生活的同时，也能给员工带来很大的安全感，不过如果员工的固定工资过高，就容易没有危机感而变得懈怠、不思进取。而固定工资不多，即使变动工资诱人，也会造成部分员工缺失安全感、离职率增高的情况。

2. 比例 2：短期薪酬和长期薪酬

随着企业发展阶段的不同，短期和长期薪酬比例也不同。事实上，大多数企业的基层员工更适合大比例的短期薪酬，如月薪；而新兴行业或者新成立的公司，往往为了更好地激励和留住员工，会承诺更高和更多比例的长期薪酬，如年薪。

具体的薪酬结构比例制定见表 2-1。

表 2-1　不同层级员工的薪酬结构比例

不同层级员工的薪酬结构比例		
基层员工	比例 1：固定工资和变动工资比	固定工资应该占大部分，以此来增加基层员工的安全感和稳定性
	比例 2：短期薪酬和长期薪酬	短期薪酬占绝大部分

续表

不同层级员工的薪酬结构比例		
中层管理	比例1:固定工资和变动工资比	相对基层员工来说固定工资比有所降低,但仍然占全部薪酬的大部分
	比例2:短期薪酬和长期薪酬	长期薪酬比例提高,短期薪酬比例下降,而短期薪酬仍然是工资中的最重要组成部分
高层管理人员	比例1:固定工资和变动工资比	固定工资比例在总收入中是最低的
	比例2:短期薪酬和长期薪酬	长期薪酬比例进一步提高,短期薪酬进一步下降。长期薪酬所在的收入比例有可能高于短期薪酬

三、富有激情、励志创新的机制设计

传统企业所中意的是高度专业化的员工和高度执行力的团队,但是,在移动互联网时代,真正需要的人才应该具有高度创新性而非执行力,高度学习敏锐度而非高技能、高专业,尤其需要具备创新能力和变革能力的人才。善于总结教训、不断试错并灵活调整策略的管理者,敢于做出决策并具备英勇无畏的管理勇气的领导者,在高度不确定性的环境中,往往会为企业所需要。

(一)知识资本成为增值主要力量

过去,人们只需要在生产线上培养数量众多的劳动力,不管其是否受过教育。而在移动互联网时代,随着竞争的焦点转化为创造力,取而代之的是一大批接受过高等教育,在创造力和开拓性上具有强大能力的知识分子。

今天,知识工作者和其所具备的创造力已经成为移动互联网时代的主流,成为经济增长的驱动力。以苹果、IBM、谷歌等为代表的知识型企业已经取代了通用、福特等体力密集型企业,成为互联网化的明显标志。

特别是具有信息吸收能力的员工,如果不是被传统企业的科层组织和过细的分工屏蔽了与用户的直接联系、屏蔽了与最终产品的沟通、屏蔽了与同事之间的水平交流,这些极具智慧的员工一样能够如同谷歌公司的每一位精英一样,创造神奇的创新成果。

信息经济崛起,以新的创意为代表的新生产力,正在以前所未有的速度进入产业的各个领域。其主要源于以前自上而下的创新体系，逐渐被高度互联网化、高度开放化、高度用户推动的、自下而上的创新所代替，而承载这种生产力的是移动互联网背景之下的知识工作者。

互联网时代推动知识管理经济时代的到来，知识已经站在了所有资源的前面，如何管理知识工作者，或许是互联网时代最重要的课题，或许是一片孕育新一代伟大企业的土壤。

互联网时代，企业转型与创新的最大资源并非来自于厂房、设备、资金等有形资产，最大的动力和未来的生产力也不是来自于资产负债表，而是来自于企业中最优秀员工的头脑，这种知识资本将散落在各处的创新资源和元素连接起来，将推动企业在移动互联网时代再次崛起。

（二）管理难以驾驭的知识原住民

不管如何，传统企业的管理者都非常清晰地认识到，管理知识工作者、激励知识工作者的创新理念，应该比组织流水线生产要困难得多！

而且另外一群人更难以伺候，他们是网络的原住民，互联网世界从他们一出生就存在，他们崇尚自由、民主、开放、平等。

当承载了创新和发展的知识工作者和网络原住民综合在一起时，就会成为整个世界上最难管理的人群，问题是，我们需要他们。

千万不要如同第二次工业革命时代那样，用管理体力劳动者的方法——当作机器的一部分——来管理和控制知识人才，而是要把他们当成一群早熟的孩子。当然，没有严格的纪律和控制，任何公司都不可能长足发展，但是如何把握控制的度，成为传统企业互联网化转型的重要课题。

适当宽松、平等和更加民主的环境。由于员工做什么都是由自己决定，所以谷歌每年的新产品中竟然有一半是在20%的完全自主时间内诞生。这个时代不需要更好的管理，而需要自我管理的复兴。互联网的员工天生就是玩家，而不是小兵；互联网的原住民天生就是自主的个体，而不是机器人。

激发自我、贡献比资历更重要的意识。互联网的原住民员工会把想做的事情做得越来越好。以前在办公室里，我们服从太多，投入太少。控制带来的是服从，自主带来的则是投入。控制得越多，就失去越多。他们的身体在办公室，心则不一定在办公室，如果有了自主做好事情的欲望，那么驱动力将不是难题。

找到激情的支点。互联网的原住民员工有超越自身的渴望。“效率”“利益”“价值”“优势”“焦点”“差异”这样的词语缺乏唤醒人类心灵的能力。而新的激情却是强调目的最大化：如果一个人感觉不到自己属于更伟大、更长久的事物，他就无法过上真正出色的生活。寻找目的是互联网原住民员工的天性。

混合型的知识结构。他们不同于生产线的工人，知识工作者是知识、经验、创意的流动载体，会根据知识的体系拉帮结派，体系之间也会吹胡子瞪眼。这就是为什么谷歌在招收MBA以及程序员的时候，也会招聘一些艺术学、社会学甚至医学专业的学生，以将知识工作者整合在一起。

当你没有做到这些时，当你发现员工中只有很少一部分人热爱他们的工作时，真正的问题不在于工作本身，而是因为传统管理模式倾向于控制，倾向于剥夺员工的权利和激情。虽然企业并非不珍视员工，但是在互联网时代，不释放员工的激情和动力，就意味着浪费了公司95%的想象力。

（三）推动跨越领域的人与人合作

互联网化的工作日益复杂化，已非单一学科能够解决，过去强调的专业分工细化将会被多学科协作所替代。而且这种协作不是简单的多专业组合，而是要求每个人都具备一定的跨专业能力，即一专多能。

互联网化的多学科综合性和相互边缘的交叉性，决定了多职能和多领域的融合，决定了要靠协作来解决互联网化进程中的各种问题。跨部门、跨职能的融合，就是放手让员工主动、积极地通过相互合作来排除困难。

当跨界存在的时候，才会出现专业能力与专业能力的交融，在最容易产生创新的边缘地带出现最为活跃的经济行为。

（四）重新审视梳理绩效管理体系

在移动互联网时代，绩效考核继续存在，不过也产生了一些新的变化。谷歌没有KPI，但是谷歌有OKR这个先进工具，这个来源于英特尔的制度从谷歌诞生后一年一直沿用到今天。其主要核心是：目标和主要成果(Objective and Key Result)。每一个员工设定自己的目标(Objective)，并设定一系列的主要结果(Key Result)。

用一句话概括此工具就是：为确保达成企业目标的关键结果分解与实施。

每个谷歌的员工、团队或项目都会自主地提出自己的OKR，制定大目标之后，所有的团队成员分解成子目标，并设置优先级，了解主要和关键任务。

在每个季度结束之后，同事之间需要进行相互评价。评分高低并不与薪酬或晋升直接挂钩，更多的是给员工一个反思的机会，权衡自己的工作是否偏离了当初的目标。

所以，在高度自由的谷歌，这种方式能够保证员工相互协作，共同向着一致的目标前进。OKR 没有 KPI 那么具体的考核数字，所以不会产生巨大的压力。目标的设定也并非是自上而下的，而是由团队自行设定，减少了流于形式的情况。同时，相对于 KPI 的高执行性而言，OKR 具有高度的灵活性，主要是鼓励员工运用创造性的方法达到目标。

一个传统企业如果能够借助移动互联网与消费群体产生更多的接触面，从产品开发到发布、从销售到改进，形成一个消费者参与的闭环，将绩效考核面向消费者，那么便能够很成功地扩大消费者的体验面，从实体产品上升到服务产品，从服务产品提升到体验产品，从盈利导向改变为成长导向。

四、因趣而生、内外链接的工作社群

在传统企业，充满变革意识的边缘人物往往是没有立足之地的，这些“捣蛋鬼”经常会被雪藏或者排挤。在互联网上，即使边缘的人物也能找到自己的归属。

互联网化时代，当互联网的精神渗透到企业内部的时候，网状的组织势必要推进人与人之间的平等关系，推动节点与节点之间的迅速沟通和交流。

通过互联网的协作沟通，完全可以将对某个事业充满热情、对某项工作充满兴趣的人聚合成一个社群。众所周知，热情和兴趣，能起到事半功倍的强大作用。

当想法一致的内部员工和外部消费者为一项有价值的事业、工作或者产品聚合在一起的时候，而且这个自组织所产生的成就能够分配给每一个参与者的时候，热情会蓬勃而出。

于是，以自组织为基础，以自主选择为导向，给予相同兴趣、共同价值取向的人更高的成就感，将企业的员工和外部的消费者聚合在一起，共同确定方向，激情就会充满一个个的“工作社群”，直至充盈整个企业。

（一）工作社群的产生

依托网络成立了各种文化、娱乐、工作相关的社区或者社群，同时延伸到市场、用户、消费者，形成一个个新的自组织社群——将社交工具上所特有的微信社群、明道外部资源群、小米论坛等，移植到企业内外部节点联系上，不失为一种进化的方向和方式。

带有非正式组织性质的工作社群，实际上代替了传统企业所固有的、典型的自我管理型组织，面对互联网化转型的过程，会产生大量的创新项目，究竟是自上至下地安排创新，还是创造一种机制去引导创新呢？无论哪种情况，工作社群都是一种好的选择。

（二）工作社群的领导

工作社群不管是松散的非正式组织还是自组织，都需要领导人。工作社群是基于互联网精神成立的，其民主、自由和平等的文化已经注入社群的灵魂深处。社群的领导根本不可能自上至下安排产生。

社群由公司内部员工基于问题而自由发起，团队根据领导的魅力、威望、项目的吸引力以及初始团队的感召力而聚合，并非由上级领导安排产生；工作社群的活跃依靠信息的共享、各自提供的价值而产生；最终的成果是靠集体智慧、众志成城、人人共享而产生。

商业社群、工作社群与以学校、亲缘、地缘所构成的其他非商业领域的社群一样，可以借助人类组织研究中的成果来推动其发展。

以社群成员之间的真诚友善促进社交性，有助于激发士气和团队精神，发挥员工的创造力和创新力，产生跨界的美第奇效应。

以追求共同目标的能力促进团结性，有助于更加专注于一线炮火、环境变化，快速做出反应，促进整个工作群组的绩效上升。

在非正式组织中，领导是天然形成的，无须通过选举、授权、安排产生。这些领导人即使缺乏上级安排职位赋予的权力，他们依然能够依靠天然的领导力，指挥和安排其他人。

非正式组织从互联网的论坛、豆瓣群组、QQ 群、微信群映射到企业，也就成为一个个自组织的雏形。而这些领导，理所当然不同于传统意义上的领导，其影响力取决于其能力以及对工作社群的贡献，而不是自上而下的委派。他们更像是能力的导师、社交组织的建筑师、团队的建设者、领路人甚至合伙人。

去营造一个个共同目标和价值观之下的合作、创新、联系的环境，去协调人与人之间的关系，去促进节点与节点的协作，去调动每一个人的创造力和创新力。

（三）工作社群的外延

当消费者被赋权，产生“产销”消费者时，消费者势必涉入企业的设计、生产甚至是销售、传播环节。在互联网时代，这是一种最为宝贵、最为难得的资源，也是传统企业互联网化转型所需要关注的最重要内容之一。

如果企业的组织变化和管理进化能够符合这种互联网的大势，企业组织战略就变成分布式、扁平化、网络化，若干个单元分布式存在，每个人都可以面对市场，每个人都可以发挥自己的价值，每个人都可以拥有自主权。

于是形成新的分工理论和企业边界，一个个自组织也应运而生，更重要的是，这种带有强烈兴趣符号的自组织社群，是直接与外部的消费者节点相连，并且作为最重要的资源引入企业内部。

当基于企业的资源平台是一个紧密联系消费者的架构，又是一个开放性创新的系统时，企业的互联网化转型就具备了组织上的基础。

第三章　选择工具，奠定成功营销基础

通过网络技术和营销管理的方法对企业、网站、商品、服务甚至个人进行的宣传和推广，可以提高从网络展示到网络成交的转化率，特别是对于那些应用互联网发布信息公司。而在整个营销过程中，正确的选择工具是至关重要的，它关系到营销的效果能否达到满意。

第一节　企业网站

企业网站是企业在互联网上展示的一个窗口和平台，而网站建设是开展网站推广网络营销最基础的一步。但网站建设不是和网站推广完全割裂开来的，网站建设、网站推广、网络营销是环环相扣的，网络营销、网站推广工作在网站建设阶段就应该开始考虑。

一、企业网站的本质与特点

从企业营销策略来看，企业网站是一个开展网络营销的综合性工具，只不过这个工具具有一定的特殊性。企业网站完全是根据企业本身需要建立的，并非由其他网络服务商经营，在功能上有很大的自主性和灵活性。企业网站通过自己的网站可以主动发布信息，这是企业网站主动性的一面，从网络营销信息的传递方式来看，搜索引擎则是完全被动的。

企业网站的网络营销价值是通过网站的各种功能以及各种网络营销手段体现出来的，网站的信息和功能是基础，网络营销方法的应用是条件。企业网站功能相对稳定，其稳定性主要有两方面：一方面，一旦网站的结构和功能被设计完成并正式开始运作，在一定时期内将基本稳定，只有在运行一个阶段后进行功能升级的情况下，才能拥有新的功能，网站功能的相对稳定性无论是对于网站的运营维护还是对于一些常规网络营销方法的应用都很有必要，一个不断变化的企业网站是不利于网络营销的。另一方面，功能的相对稳定性也意味着如果存在某些功能方面的缺陷，在下次升级前的一段时间内，将影响网络营销效果的发挥。

企业网站是一个综合性的网络营销工具，这也就决定了企业网站在网络营销中的作用不是孤立的，不仅与其他营销方法具有直接的关系，也构成了开展网络营销的基础。因此,企业网站在设计和开发时,应使其具有可扩展性、合理性、先进性、安全性、易维护性以及用户友好性。企业网站系统应当符合电子商务网站的实际情况,同时又采用具有较高性价比的配置,采用国际先进的、成熟的计算机及网络技术、数据库及管理技术。作为一个营销活动平台,它的直接使用者是各个与营销相关部门的管理人员,网站系统应该确保系统简单易用,提供给客户友好的交互界面,而且使得操作方便,系统响应要快。企业网站在系统逻辑上要分为若干功能模块,各模块都具有相对的独立性,且在开发过程中要充分考虑到其安全性。

二、企业网站建设的原则及其重要性

(一)企业网站建设的原则

企业建立自己的网站应当遵循一定的原则,有利于企业自身目的和目标的实现。Web 站点的设计时展现企业形象、介绍产品和服务、体现企业发展战略的重要途径,因此必须明确设计站点的目的和结构化需求,从而做出切实可行的设计计划。在目标明确的基础上,完成网站建设的构思创意,对网站建设的整体风格和特色做定位,规划网站建设的组织结构。

Web 站点主页应具备的基本成分应包括版权信息、联系信息,页头要有准确无误的标识站点和企业标志,要有用来接收用户垂询的 E-mail 地址,注意重复利用已有信息,如用户手册、技术手册等。网站建设设计作为一种视觉语言,要讲究编排和布局,虽然主页的设计不等同于平面设计,但它们有许多相近之处,应充分加以利用和借鉴。

色彩是艺术表现的要素之一,在网页设计中,根据和谐、均衡和重点突出的原则,将不同的色彩进行组合、搭配来构成美丽的页面。多页面站点的设计要把页面之间的有机联系反映出来,特别要处理好页面之间和页面内秩序与内容的关系。按照色彩的记忆性原则,一般暖色较冷色的记忆性强。而且色彩具联想与象征的物质,如蓝色象征大海、天空和水面等。网页的颜色应用并没有数量的限制,但不能毫无节制地运用多种颜色,一般情况下,先根据总体风格的要求定出一两种主色调,有 CIS 的更应该按照其中的 VI 进行色彩运用。需要注意的是,在运用过程中,应考虑到读者群的背景和构成。

企业网站的页面要将丰富的意义和多样的形式组织成统一的页面结构,形式语言必须符合页面的内容,体现内容的丰富含义,通过空间、文字、图形之间的相互关系建立整体的均衡状态,产生和谐的美感。网络上的三维空间是一个假象空间,这种空间关系须借助动静变化、图像比例关系等空间因素表现出来。企业 Web 站点建立后，要不断更新内容，让浏览者了解企业的发展动态和网上事务等，同时帮助企业建立良好的形象。

新的网站建设制作技术几乎每天都会出现，如果不是介绍网络技术的专业站点，一定要合理地运用网页制作的新技术。对于网站建设设计者来说，必须学习跟踪掌握网页设计的新技术，从而根据网站建设内容和形式的需要合理地应用到设计中去。

（二）企业网站的重要性

作为第四媒体的互联网，其特点是可以跨越时空。企业网站可以利用互联网的优势，拥有自己的域名，建立自己的网站，树立企业的完美形象。通过企业网站，用户可以跨越时空了解企业，利用多媒体技术企业可以向用户展示产品、技术、经营理念、企业文化、企业形象，树立现代企业形象，使企业的无形资产增值。

企业网站还可以宣传企业，创造销售机会，加强客户沟通，宣传企业产品。网络科技足以使产品与品牌形象更加立体地呈现在用户面前，就算企业仅仅把网站当成电子宣传册来使用，也较传统的宣传模式更加多姿多彩，更易于发布与传播信息，更为经济与环保。另外企业网站还可以满足一部分客户网上查询与采购的需要，抓住网络商机，提高营销效率。

企业网站的特点在于突破时空限制。一个网站能同时服务于世界各地的用户，同时网络无休息日，可以一天 24 小时服务于所有客户，有利于了解顾客的意见，掌握顾客的需求，从而改善服务，提高企业服务质量。企业网站的在线功能是传统的沟通方式所无法比拟的，通过网站的交互服务可以使被动提供和主动获得统一起来，从而实现售前、售中、售后全过程和全方位的服务。

三、企业网站建设流程

（一）网站规划

企业网站建设是一个系统工程，在工程实施之前需要有充分的论证和规划。网站规划阶段的工作包括市场调研、功能定位、网站域名选择以及内容方面的规划等。

1. 市场调研

企业网站的设计目标是吸引潜在的客户、向客户提供信息服务以及促使交易的达成等。因此，网站在设计之前需要进行充分的市场调研。市场调研要结合公司的业务开展市场需求分析、客户需求分析和竞争对手分析。要充分了解企业所在的行业中有哪些网站具有较强的优势和吸引力，了解竞争对手网站的功能设计和用户体验，还可以通过“百度指数”等工具分析客户的搜索偏好，以了解潜在客户的时域分布、地域分布甚至年龄、职业、文化程度等特征。

2. 功能定位

在了解企业网站的目标和业内同类网站的建设模式的前提下，确定企业网站的功能定位。企业网站的功能可以偏重信息发布或产品销售，也可以二者兼顾。对于信息发布型网站，企业新闻动态、产品展示、在线客服等内容是开发的重点工作；对于产品销售型网站，产品分类查询、促销信息发布、已购买客户的评价的展示、多种在线支付方式以及物流跟踪信息等内容则成为重点建设的内容。

3. 网站域名选择

互联网是依靠 IP 地址来区分主机的，但纯数字的 IP 地址非常难以记忆。IPv4 由 32 位二进制数组成，IPv6 则由 128 位二进制数组成。为了方便记忆，网站需要一个主要由字母组成的名称，而这个名称可以通过域名服务器(DNS)系统进行转换，即用户输入域名，而 DNS 将其转换为 IP 地址进行网站的访问。

网站的域名是层次结构的，顶级域名是由互联网管理机构制定的，包括. tom、. edu 等表示网站类型的，也包括. cn、. uk 等表示国家或地区的。为了便于记忆，网站的域名选取要简单、切题、易记。可以直接使用企业的名称简写为域名，也可以同时申请多种便于记忆的域名作为网站。需要注意的是，互联网中的域名不可以购买，只可以租用，且每次租用通常不超过 2 年。这就意味着一旦企业网站的域名租约到期，其他企业或个人就可以自由租用。不过，互联网管理部门也规定，之前租用域名的企业或个人拥有优先的续租权，只要在租约到期之前续租就可以长期持续地拥有该域名。

4. 内容规划

网站的内容要符合网站的定位、行业的惯例和用户的使用习惯。通常，网站的内容可以通过精心设计的导航条和大量的超链接串联起来。导航条和超链接的设计要遵循“三次点击”原则：即网站的任何信息都应在最多三次点击之内得到，以防止有价值信息被埋在层层链接之后让客户失去耐心。针对移动互联网用户的网站还要注意尽可能减少图片、动画等多媒体元素，或者可以通过降低这些元素的精度和文件大小以提高客户的访问速度。

(二)网站的设计开发

网站的设计开发是对规划的执行,其中网络技术解决方案的选择、网页设计与开发、网站功能与性能测试都要围绕网站的目标来开展工作。

1. 网站技术解决方案的选择

一个企业网站要能够正常运行,至少包括服务器、网络接入设备、操作系统、Web 服务器软件及其 Web 资源等技术要素。对于有一定规模的、7×24 小时运行的、专业的企业网站,还需要大型存储设备、数据库存储及检索系统、E-mail 服务器、FTP 服务器、应用服务器及其应用程序、控制系统、群集系统、安全系统、备份系统及维护系统等各类可扩充设施设备。根据预算的不同,企业可以将网站部署在低成本的虚拟空间中,也可以构建在独立的主机中并将主机进行托管,还可以直接用光纤等高速接入方式将整个机房接入互联网中。

2. 网页设计与开发

网页是网站的组成元素。网页的设计要遵循软件工程的原则,即要有协调一致的网页颜色和布局风格,要将静态页面和动态页面有机结合。在进行网页设计时,需要设计合理的网页结构,提供清晰的漫游指示,同时页面的设计也要简明扼要,具有个性化。

好的网页应该做到结构简单,层次清楚,客户可以从主页的目录中得知自己查询的方向,应避免结构重叠与模糊。与此同时,还应做到内容全面,尽量涵盖顾客普遍所需的信息。同时,设计页面需要尽量让使用规则简单化,以至于任何人都能驾驭它。

网页设计者的重要任务之一是帮助浏览者在网页之间自由移动。如果客户在漫游过程中难以发现有趣的信息,他们会变得不知所措或失去兴趣。而明确的通路线索将帮助他们找到期望得到的信息,以及你希望他们阅读的信息。网页设计在注重行业惯例和客户使用习惯的同时,并不排斥创意的空间,让访问者感觉到站点的独特风格。如果网页在形式上过于雷同、千篇一律,则难以吸引顾客注意力,企业网站的设计必须注重公司个性。

3. 网站功能与性能测试

系统的测试包括功能和性能两个主要方面。功能测试主要是检查是否达成企业的信息发布和交流的目标,是否具有友好的用户界面和良好的用户体验，是否能够兼容多种浏览器和应用环境；性能测试主要是检查网页的打开速度是否符合要求、允许同时在线的用户数是否满足业务的要求，服务器的工作是否稳定和安全等。

（三）网站的测试与维护

1. 网站测试

网站测试主要包括对功能、性能、可用性、兼容性以及安全性方面的测试。其中，网站功能测试又包括链接、表单、Cookies、设计语言以及数据库的测试。

链接是 Web 应用系统的一个主要特征，它是在页面之间切换和指导用户查找一些不知道地址页面的主要手段。链接测试可分为三个方面：一是测试所有链接是否按指示的那样确实链接到应该链接的页面；二是测试所链接的页面是否存在；三是保证 Web 应用系统上没有孤立页面，即只有知道正确的 URL 才能访问的页面。链接测试可以自动进行，现在很多工具都可以采用。

当用户给 Web 应用系统管理员提交信息时，就需要使用表单操作，这就必须测试提交操作的完整性，以检验提交给服务器的信息的正确性。Cookies 通常用来存储用户信息和用户在某应用系统的操作，当一个用户使用 Cookies 访问一个应用系统时，Web 服务器将发送关于用户的信息，把该信息以 Cookies 形式存储在客户端的计算机上，这可用来创建动态和自定义页面或者存储登录等信息。如果使用了 Cookies，就必须对 Cookies 是否能正常工作进行测试。测试的内容包括是否起作用、是否按预定的时间进行保存、刷新和对其有什么影响等。

Web 设计语言版本的差异可以引起客户端或者服务器端严重的问题，所以应对 HTML 的版本以及不同的脚本语言如 Java、JavaScript、ActiveX 等也要进行验证。在使用数据库的 Web 应用系统中，一般情况下可能发生两种错误：数据一致性错误和输出错误。数据一致性错误主要是由于用户提交的表单信息不正确造成的；而输出错误主要是由于网络速度或者程序设计问题等引起的，这两种情况可分别测试。

网站性能的测试包括连接速度测试、负载测试和压力测试三方面。用户上网的方式不同，如果连接时间过长，用户会因没有耐心而离开。另外还有页面超时的限制，如果响应太慢，用户就可能还没有来得及浏览，就需要重新登录。此外，连接速度太慢还可能造成数据丢失。负载测试是为了测量 Web 系统在某一负载级别上的性能，以保证 Web 系统需求范围内能够正常工作。负载测试应安排在Web系统发布以后，在实际的网络环境中测试。压力测试是指实际破坏一个Web应用系统的反应，包括表单、登录和其他信息传输页面等。

可用性测试主要包括导航测试、图形测试、内容测试、整体界面测试等。导航描述了用户在一个页面内的操作方式，它可以在不同的用户接口控制之间，如按钮、对话框、列表和窗口等，也可以在不同的链接页面之间。在一个页面上放太多的信息往往会起到相反的效果，因此，Web应用系统导航往往要尽可能准确。Web应用系统的层次一旦确定，就要着手测试用户导航功能，让最终用户参与这种测试，效果将更加明显。

在Web应用系统中，适当的图片和动画应用既能起到广告宣传的作用，又能起到美化页面的功能。图形测试的内容包括：要确保图像有明确的用途，图片或动画不要胡乱地放在一起，以免浪费传输时间；图片尺寸要尽量小，并且能清楚地说明某件事情。验证所有页面字体的风格是否一致。内容测试用来检验Web应用系统提供信息的正确性、准确性和相关性。信息的正确性是指信息是可靠的还是误传的。信息的准确性是指是否有语法或者拼写错误，这种测试可以用一些文字处理软件来进行。

兼容性测试包括平台测试和浏览器测试两方面。对于平台测试，由于市场上有许多不同的操作系统类型，Web应用系统的最终用户究竟使用哪一种操作系统，取决于用户系统的配置，这就可能发生兼容性问题，统一应用可能在某些操作系统下能正常运行，而在另外的操作系统下可能会运行失败。因此，在Web系统发布之前，须在各种操作系统下对Web系统进行兼容性测试。对于浏览器测试，由于浏览器是Web客户端最核心的构件，来自不同厂商的浏览器对JAVA或不同的HTML规格有不同的支持。另外框架的层次结构风格在不同的浏览器中也会有不同的显示，甚至根本不显示。不同的浏览器对安全性及其设置都是不一样的，测试浏览器的一个方法是创建一个兼容性矩阵，在这个矩阵中，测试不同厂商、不同版本的浏览器对某些构件和设置的适用性。

现有的Web应用系统基本上是采用先注册、后登录的方式，因此，必须测试有效和无效的用户名和密码，要注意是否有大小写敏感、可以试多少次的限制、是否可以不登录而直接浏览某个页面等。另外，用户登录后在一定时间内没有任何点击，是否需要重新登录才能正常使用，即需要测试Web应用系统是否有超时限制。为了保证Web应用系统的安全性，日志文件是至关重要的，需要测试相关信息是否写进了日志文件，是否可以追踪。当使用了安全套接字时，还需要测试加密是否正确，检查信息的完整性。服务端脚本常常构成安全漏洞，这些漏洞又常常被黑客利用，所以还要测试没有经过授权，就能在服务器端放置和编辑脚本的问题。

2. 网站维护

作为企业，建立安全管理和系统使用管理制度尤为重要，到目前为止，大多数网站事故不是由于技术不成熟，而是因为工作人员在意识上没有重视网站维护的重要性造成的。网站的维护主要从以下几个方面努力。

①数据备份。现代企业对数据的依赖性越来越强，一旦发生大规模的信息丢失或者泄露，会对企业造成致命的打击，所以备份是企业抵御风险的一个必备措施。

②网站优化。如果企业已经有了网站，但是网站没有达到预期的效果，就应当定期进行网站优化，使网站结构和内容在面向浏览者和搜索引擎时更友好，从而达到目的。

③网站改造。随着网络技术的发展以及网站服务器环境的改变，企业原有网站可能会出现兼容性、整体浏览、功能实现等方面的缺陷，网站改造将迅速弥补以上不足。

④企业信息更新。网站应该成为企业的信息发布平台，利用这个已经建立的工具为自身树立良好而持续的互联网形象，从而也提高自身在互联网用户心中的可信度。

⑤产品与服务更新。在企业的运营中，总会有产品或者服务更新、价格及其他变动情况，将这些信息及时发布在自己的网站上，创造和把握更多的互联网商机。

⑥日常数据监控。针对在线交互性的企业网站，要定期监控站点论坛、留言板以及专题社区等区域的信息回馈，及时删除无用信息。

四、网站推广

网站推广是网络营销的基本职能之一，也是网络营销工作的主要内容，网站推广的基本思想就是利用各种可能的方法为用户发现网站建立广泛的途径，也就是建立尽可能多的网络营销传递渠道，为用户发现网站并吸引用户进入网站提供方便。网站推广通常在网站正式发布之后进行，但网站推广方法并不是待网站建设完成之后才去考虑的问题，在网站建设过程中就需要考虑到将要应用的推广方法，并为网站推广提供技术和设计等各方面的支持，否则将影响网站推广的效果。

作为一种新兴的媒体，与传统媒体相比，互联网有 5 个特点：①主动与互动；②信息无限延伸；③降低成本；④全面的功能；⑤广告优势独特。

目前，企业网站应用过程中一个最大的弊端就是不知道如何宣传自己的网站。一般来说，网站推广计划至少应包含下列主要内容。

①确定网站推广的阶段目标。如在发布后一年内实现每天独立访问用户数量、与竞争者相比的相对排名、在主要搜索引擎的表现、网站被链接的数量、注册用户数量等。

②在网站发布运营的不同阶段所采取的网站推广方法。最好能详细列出各个阶段的具体网站推广方法，如登录搜索引擎的名称、网络广告的主要形式和媒体选择、需要投入的费用等。

③网站推广策略的控制和效果评价。如阶段推广目标的控制、推广效果评价等。对网站推广计划的控制和评价时为了及时发现网络营销过程中的问题，保证网络营销活动的顺利进行。

第二节　搜索引擎

一、搜索引擎概述

（一）搜索引擎的发展状况

随着互联网的迅速发展，网上信息不断丰富和发展起来。当越来越多的人习惯在网上发布和获取信息的时候，互联网上大量的信息为人们提供了丰富的信息资源。然而这些信息却是以各种形式庞杂无序地散布在无数的服务器上，且质量不一，更新变化快，用户要得到真正有价值的东西很难，人们需要一种工具，使信息资源得到有效的利用。以互联网上的信息为主要处理对象，根据不同的需求检索出有用的信息，因此网络搜索引擎应运而生。

1994 年，互联网上诞生了第一个搜索引擎 WebCrawler，它通过对网页做索引来提供检索服务。它的出现对网络的发展产生了极大的促进作用，自此，搜索引擎进入了快速发展阶段。2000 年 Google 的出现为搜索引擎行业注入了新鲜的血液。2008 年 6 月，Google 占美国搜索请求量市场份额的 69.2%，占应该、发过搜索请求量市场份额分别为 74.2%和 71.3%，彻底确立了它在搜索引擎行业中的霸主地位。

随着网络技术在中国的推广和使用，中文网站和网上中文信息资源的数量急剧增大，而且国内的用户大多数还是以访问中文信息为主，于是，中文搜索网站应运而生。到 2007 年底，中国互联网用户人数达到 2.1 亿，搜索引擎用户数量占互联网用户数量的比例已经达到 81.7%，到 2010 年用户覆盖率已经达到90%以上。

在中国总体经济环境的快速发展、网站和网页数量猛增的刺激下，中国的搜索引擎市场也处于高速发展阶段，加上广告主对于搜索引擎营销的日益熟悉以及搜索引擎营销手段的日趋完善，2010年中国搜索引擎市场规模突破了100亿元，如图3-1所示。

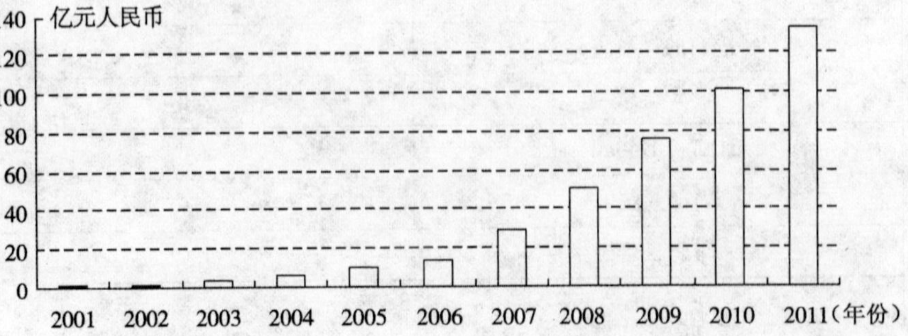

图 3-1　中国搜索引擎市场规模的发展

（二）搜索引擎的功能

对于企业和经营管理人员来说，搜索引擎的主要功能和作用主要有以下两个方面。

(1)市场信息发现的工具

从营销和信息查询的角度看，搜索引擎是一种重要的市场信息发现工具，企业对搜索引擎的利用能力决定了企业发现信息和市场运用的能力，所以对企业来说搜索能力就是市场、就是利润、就是生产力。从信息查询的角度来看，企业对搜索引擎的利用主要表现在以下几个方面：

①搜索供货商和原材料货源信息；

②搜索市场供需信息、会展信息、相关的商务信息；

③搜索设备、技术、知识等信息；

④搜索企业、人员、机构、咨询等相关信息。

(2)营销信息传播的工具

从营销的角度来看，企业开展搜索引擎营销的目的主要有两个：

①引导潜在客户主动来找企业；

②利用网络技术来整合多种媒体的营销传播过程。

美国GlabalSpec的调查显示，美国工业企业在寻找供货商时，52.5%会选择使用搜索引擎去寻找新的货源，见表3-1。

表 3-1　美国工业企业寻找供货商的渠道

采购渠道	被调查者百分比/%
搜索引擎	52.5
行业在线分类目录	21.0
同事介绍	14.0
制造商的销售电话	5.0
贸易杂志	3.0
直邮或 E-mail	2.0
内部系统	2.0
印刷目录	1.0

表 3-1 表明，搜索引擎已经成为企业进行市场信息发现的一项重要工具，因此，企业做好搜索引擎营销是确保有需求的客户能主动上门的重要渠道。

（三）搜索引擎原理

搜索引擎是指自动从互联网收集信息，经过加工整理后，提供给用户进行查询的系统。互联网上的信息浩如烟海，毫无秩序，是典型的复杂网络。搜索引擎则为网络用户绘制了一幅一目了然的信息地图，供用户随时查阅。

搜索引擎的工作大致可以分为三个环节：

①利用网络蜘蛛获取网络资源；

②利用索引器从搜索器获取的资源中抽取信息，并建立利于索引的索引表；

③检索及用户交互。

(1)搜集网页信息

搜索引擎的网页信息搜集是自动完成的。搜索引擎利用被称为搜索机器人(或称为网络蜘蛛)的程序来抓取网页，这个动作对于网站来说就像是有用户浏览网站一样。网络蜘蛛还会根据每一个网页上的超链接自动抓取其他网页。就这样，可以从网站的一个网页开始(通常是首页面)，逐渐抓取到网站的全部页面。理论上，若网页上有适当的超链接，机器人便可以遍历绝大部分网页。为了体现“搜索引擎友好性”，很多网站还在根目录中放置专门供搜索引擎机器人阅读的文件，通常是 robots. txt，以告知该网站中哪些页面允许被抓取、哪些页面不允许被抓取。

(2)整理网页信息

搜索引擎整理网页信息的过程实际上是建立全文索引的过程。搜索引擎不仅要保存所抓取的网页信息，还要将它们按照一定的规则进行编排，制作全文索引。

全文索引的原理是先定义一个词库(比如所有的英文单词)，然后在网页中查找每个单词出现的频率和位置，把这样的频率和位置信息按照词库的顺序归纳，这样就相当于对所有网页都建立了一个以单词为目录的索引，这样查找某个单词的时候就能很快地定位到该单词出现在哪些网页中，以及在不同网页中该单词出现的频率。当然，包括英文在内的很多语言中，词是被空格自然分割的，这样的全文索引库相对较好处理(当然，很多语言还要考虑词性的变化等问题)。但是亚洲文字因为没有空格作为断词标志，所以就很难判断哪些字组成一个词，故“分词”技术就是中文搜索引擎中不可缺少的一个技术环节。

(3)查询与排序

网络用户向搜索引擎发出查询要求，搜索引擎接受查询并向用户返回相关的网页链接。通过这些链接，用户便能到达包含自己所需资料的网页。通常搜索引擎会在这些链接下提供一段摘要信息以帮助用户判断此网页是否含有自己需要的内容。一个搜索引擎的有用性也依赖于它的搜索结果排名的相关性，因此，大部分搜索引擎会采用一些方法对检索结果进行排序，从而优先提供最好结果。除了付费排名外，网站搜索结果的排名方式取决于搜索引擎的排名算法，该算法也会随着时间、互联网的使用、新技术的应用而改变。

早期的搜索引擎往往根据关键词在网页中的出现频率来判断用户的检索与网页之间的相关性。但这类排名算法虽然能够满足用户的查询需求，但也很容易被网站恶意利用。比如，有的网站管理者故意在网页中增加一些关键词的出现频率，力图将混淆的信息强塞给搜索引擎，从而为网站提高曝光机会。SEO 实践者大量采用门户网页(Doorway Page)、重复网站(Duplicate Website)、伪装网页(Cloaked Page)、隐藏链接(Hidden Link)等来试图欺骗搜索引擎。SEO 技术的滥用不仅破坏了搜索的排名结果，更严重的是影响到搜索引擎对用户的体验，因此搜索引擎也在不断地开发新的、更好的搜索排名模式，其中 Google 的 PageRank(网页级别)方法较为成功地改善了这一问题。PageRank 技术使用网上反馈的综合信息来确定某个网页的重要性，搜索结果比较难以进行人工干预或操纵，这也使得 Google 很快超越 Yahoo 等搜索引擎而成为一个广受用户信赖且公正客观的信息来源。

(四)搜索引擎营销

搜索引擎是互联网获取信息的主要方式之一,常被用作网站推广的工具,为网站带来潜在用户是搜索引擎营销的主要目的之一。不过,搜索引擎对网络营销的价值远不止网站推广这一个方面,除此之外,搜索引擎在网络营销中的作用还表现在产品促销、品牌推广、网上市场调研、抵御性策略、网站优化的检查工具等方面。

搜索引擎营销追求最高的性价比,以最小的投入,获得最大的来自搜索引擎的访问量,并产生商业价值。但有必要说明的是,搜索引擎不是“活雷锋”,搜索引擎本身的盈利模式决定了网站可以通过购买关键词的方式来提高排名结果。客观上讲,希望以单纯的“免费”技术方式的搜索引擎营销效果是有限的。这种以付费的方式来取得较好的搜寻排名也是搜索引擎营销的一环,可用来弥补因同类网站的竞争激烈而无法在某些关键词上取得较好排名的方法。搜索引擎在网络营销中的作用主要有以下几方面。

(1)搜索引擎对网站推广的价值

网站推广是为用户发现网站信息并来到网站创造机会。在互联网用户获得信息的所有方式中,搜索引擎是最重要的信息获取渠道。这就意味着搜索引擎是网站推广的最有效工具。一个设计专业的网站通过搜索引擎自然检索获得的访问量占网站总访问量的60%是很正常的现象,有些网站甚至80%以上的访问者来自搜索引擎。一些网站采用自然检索与付费搜索引擎关键词广告相结合的方式,获得了更好的效果。当然并不是每个网站设计对搜索引擎都足够友好。因此,搜索引擎对网站的推广价值和网站建设的专业性有很大的关系。

(2)搜索引擎对产品促销的作用

除了在企业网站上充分体现出产品推广意识之外,合理利用搜索引擎可以实现良好的产品推广目的。一般来说,用户以“产品名称”“品牌名称+产品名称”或“品牌名称+产品名称+购买方式”等关键词进行检索时,往往表明了用户已经产生对该产品的购买意向,也就意味着通过搜索引擎检索结果页面发挥了良好的推广效果。在用户购买产品前,尤其是汽车、住房、电器和数码产品等高价值商品,通过互联网获取产品信息已经成为普遍现象,在这个过程中搜索引擎发挥了至关重要的作用。

(3)搜索引擎对网络品牌的价值

网络品牌是企业网络营销活动的综合体现,如企业域名选择的合理性,企业网站建设的专业性、网站的各种网络推广活动等。在网络品牌的建设当中,搜索引擎的作用是不可忽视的。企业的网站信息应该被主要搜索引擎收录，从而获得被用户发现的机会，否则再精美的网站也体现不了企业的品牌形象。可见，与企业网站设计、网络广告、网络公关等活动产生的品牌效应不同，搜索引擎对网络品牌的价值体现不仅仅取决于营销人员的策划，也取决于搜索引擎的信息处理方式及用户信息检索的方式。因此，实现搜索引擎营销的品牌价值，是一个综合性的活动。

(4)搜索引擎对网络市场调研的价值

无论是获取行业资讯、了解国际市场动态，还是进行竞争者分析，搜索引擎都是非常有价值的市场调研工具。通过搜索引擎，可以方便地了解竞争者的市场动向，对于竞争者的产品信息、用户反馈、市场网络等公开信息均可以方便地获得最新信息。通过搜索引擎获得的初步信息，加之专业的网站分析和跟踪，还可以对行业竞争状况做出合理的判断。

(5)搜索引擎营销的抵御性策略

搜索引擎可以为用户带来丰富的信息，但是用户对检索结果信息的关注度是很有限的，通常在检索结果出现的前三页才有被用户发现的可能。这就意味着同样一个关键词在检索结果中被用户发现的机会是很有限的，即搜索引擎推广资源的相对稀缺性。利用这一特点，可以设计合理的抵御性策略，避免让竞争者获得更多的推广机会，如搜索引擎检索页面固定位置的广告，同一企业的多产品广告及同一公司的多网站策略等。

(6)搜索引擎是网站优化的检测工具

网站优化分析往往要用到一些搜索引擎优化检测工具来获得网站在搜索引擎检索结果中的表现，如检查网站链接数量、网站被搜索引擎收录网页的数量、网站的 PR 值等。但是，任何一种搜索引擎优化工具都不能完全反映所有的搜索引擎优化问题，只能在一定范围内反映某些指标状况。其实搜索引擎才是最直接、最全面的网站优化工具。因为任何一个搜索引擎优化工具都不能像搜索引擎本身那样提供更加详细、更加直接的信息。对搜索引擎检索结果的分析是研究网站搜索优化状况的有效方法之一。

二、搜索引擎营销

(一)搜索引擎营销概述

搜索引擎营销是随着搜索引擎技术的发展而逐渐产生和发展的，从国外的发展状况来看，搜索引擎营销模式经历了四个发展阶段：第一阶段是将网站免费提交到主要搜索引擎；第二阶段是搜索型搜索引擎崛起引发的搜索引擎优化策略；第三阶段是搜索引擎营销从免费向付费模式转变；第四阶段从关键词定位到网页内容定位的搜索引擎营销方式。

与其他网络营销方法相比，搜索引擎营销具有自身的特点，充分了解这些特点是有效地应用搜索引擎开展企业网络营销的基础。总的来说，搜索引擎营销有以下 6 个特点：

①搜索引擎营销方法与企业网站密不可分；

②搜索引擎传递的信息只发挥向导作用；

③搜索引擎营销是用户主导的网络营销模式；

④搜索引擎营销可以实现较高程度的定位；

⑤搜索引擎营销的效果表现为网站访问量的增加而不是直接销售；

⑥搜索引擎营销需要适应网络服务环境的发展变化。

（二）搜索引擎营销原理

搜索引擎的应用很简单，绝大多数网上用户都有过用搜索引擎检索信息的经历，搜索引擎营销的基本原理也不复杂，只要对用户利用搜索引擎进行检索的过程进行简单的分析并进行推广即可发现其一般规律。

搜索引擎得以实现的基本过程是：企业将信息发布在网站上成为以网页形式存在的信息源；搜索引擎将网页信息收录到索引数据库；用户利用关键词进行检索；检索结果中罗列相关的索引信息及其链接 URL；根据用户对检索结果的判断，选择有兴趣的信息并点击 URL 进入信息源所在的网页，这样便完成了企业从发布信息到用户获取信息的整个过程。这个过程也说明了搜索引擎营销的基本原理，如图 3-2 所示。

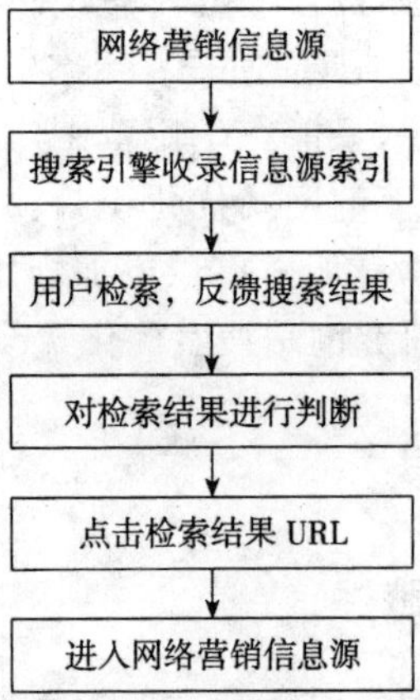

图 3-2　搜索引擎营销的信息传递过程

在上述搜索引擎营销过程中，包含了 5 个基本要素：信息源、搜索引擎信息索引数据库、用户的检索行为和检索结果、用户对检索结果的分析判断、对选中检索结果的点击。对这些基本要素及搜索引擎营销信息传递过程的研究和有效实现就构成了搜索引擎营销的基本内容。根据搜索引擎营销的基本原理可以看出，实现搜索引擎营销的任务有以下几个：

①构造合适搜索引擎检索的信息源；

②创造网页被搜索引擎收录的机会；

③让网页信息出现在搜索结果中的靠前位置；

④以搜索结果中优先的信息获得用户关注；

⑤为用户获得信息提供方便。

（三）搜索引擎营销的主要模式

虽然搜索引擎营销从1994年产生到现在只有二十几年的历史，但是它的技术已经相对成熟，模式也由免费发展到今天的几乎全面收费，但是每一种模式几乎都是在前一种模式的基础上发展而来的，从而更适应了商业发展的需要。搜索引擎营销的方法归纳起来有三种基本形式：搜索引擎登录、搜索引擎优化和搜索引擎广告，每一种方法都具有鲜明的特点。

登录搜索引擎的方式相当简单，一般是根据搜索引擎上的提示一步一步填写即可。一般来说，搜索引擎要求的内容有网站的名称、网址、关键词、网站描述、联系人信息等内容。搜索引擎优化是通过对网站本身的优化而符合搜索引擎的搜索习惯，从而获得比较好的搜索引擎排名。通过搜索引擎优化不仅要使网站获得好的搜索引擎排名，更应该使网站可以获得更多的业务机会和效益。搜索引擎广告的常见形式包括百度关键词竞价排名、Google关键词广告以及部分搜索引擎在搜索结果页面的定位广告等。

三、搜索引擎优化方法

（一）搜索引擎优化概述

搜索引擎优化的主要工作是通过了解各类搜索引擎如何抓取互联网页面、如何进行索引以及如何确定其对某一特定关键词的搜索结果排名等技术，来对网页内容进行相关的优化，使其符合用户的浏览习惯，在不损害用户体验的情况下提高搜索引擎排名，从而提高网站访问量，最终提升网站的销售能力或宣传能力的技术。

作为网络营销的一种手段，搜索引擎优化的根本目的是为了让用户利用搜索引擎这种互联网工具获取有效的信息。搜索引擎优化是网站优化的组成部分，是通过对网站栏目结构、网站内容、网站功能和服务、网页布局等网站基本要素的合理设计，使用户能更加方便地通过搜索引擎获得有效的信息。如果一个网站对用户获取信息非常方便，并且可以为用户不断提供有价值的信息，这样的网站在搜索引擎中的表现自然也就好，这表明收取引擎优化是以用户为导向的网站优化效果的自然体现，这与搜索引擎优化的目的是一致的。

对搜索引擎友好是网站搜索引擎优化的基本表现。一个搜索引擎有好的网站应该方便搜索引擎检索信息，这样才能达到搜索引擎营销的目的。搜索引擎不友好网站的特征主要有以下几方面：

①网页中大量采用图片或者 Flash 等富媒体形式，没有可以检索的文本信息；

②网页没有标题，或者标题中没有包含有效的关键词；

③网页正文中有效关键词比较少；

④网站导航系统让搜索引擎“看不懂”；

⑤大量动态网页让搜索引擎无法检索；

⑥没有其他已经被搜索引擎收录网站提供的链接；

⑦网站中充斥大量欺骗搜索引擎的垃圾信息；

⑧网站中含有许多错误的链接；

⑨网站内容长期没有更新。

对搜索引擎友好的网站正好与上述特征相反，是依靠适合搜索引擎的方式来设计网站，注重每个细节问题的专业性，以真实的信息和有效的表达方式赢得搜索引擎的青睐，从而获得更好的搜索引擎营销效果。一些在网站优化方面领先的网站已经从中获得了极大的收益，由此也吸引了更多的网站对搜索引擎优化工作的重视。

（二）搜索引擎优化的基本内容和方法

通过一些合理的设计，改善一个对搜索引擎不友好网站在搜索引擎检索中的表现往往涉及多方面的问题，因此搜索引擎优化的内容变得比较复杂。网站栏目结构和导航奠定了网站的基本框架，决定了用户是否可以通过网站方便地获取信息，也决定了搜索引擎是否可以顺利地为网站的每个网页建立索引，因此网站栏目结构被认为是网站优化的基本要素之一，网站栏目结构对网站推广运营发挥了至关重要的作用。

当建立起合理的网站栏目结构和网站导航系统之后，对网站搜索引擎的优化影响最大的就是网站的内容了。由于网站结构相对稳定，一旦设计完成则很少改动，而网站内容则是网站中最活跃的因素，不同的网站内容设计方法也就成为网站收取引擎优化的关键因素了。

在浏览一个网页时，通过浏览器顶端的蓝色显示条出现的信息就是“网页标题”。网页标题是对一个网页的高度概括，一般来说，网站首页的标题就是网站的正式名称，而网站中文章内容页面的标题就是文章的题目，栏目首页的标题通常是栏目名称。当然这种一般原则并不是固定不变的，在实际工作中可能会有一定的变化，但无论如何变化，总体上仍然会遵照这种规律。

从网络营销的角度来讲，在设计网页标题时，应注意同时兼顾对用户的注意力，以及对搜索引擎检索的需要。考虑到网络营销中搜索引擎营销的特点，搜索引擎对网页标题中所包含的关键词具有较高的权重，尽量让网页标题中含有用户检索所使用的关键词。因此，网页标题设计不宜过短，除了对用户有吸引力之外，还应含有与网页内容相关的重要关键词。

对有关网页标题设计问题的数据进行分析可知，网页标题设计主要有以下三个问题：

①网页没有独立标题；

②网页标题设计不包含关键词；

③网页标题与网页主体内容的相关性。

因此，当在设计网页标题时，应时刻注意提到的上述三个问题。在设计网页标题时，其标题不宜过短或者过长，且应包含丰富的关键词，概括网页的核心内容，这样根据搜索引擎检索网页的特点进行设计。即使如此，仍然应该与网页内容写作一样，网页标题写作首先是给用户看的，在这个前提下考虑对搜索引擎检索才有意义。

当网站栏目结构确定后，为了满足栏目设置的要求，需要进行网页模板规划，也就是做网页布局。网页布局对用户获取信息有直接的影响，并有一些规律可循，其主要的参考原则有以下几方面：

①将最重要的信息放在首页的显著位置；

②企业网站不同于大型门户网站，页面内容不宜太复杂；

③在左上角放置企业 Logo，用以展示网络品牌；

④为每一个页面预留一定的广告位置，以便自己对自己的产品进行推广；

⑤公司介绍、联系信息、网站地图等网站信息放在网页的最下方。

网页布局优化需要从用户和搜索引擎两方面进行考虑，网页结构布局优化需要注意的问题有：

①最重要的信息出现在最显著的位置；

②希望搜索引擎抓取的网页摘要信息出现在最高的位置；

③网页最高位置的重要信息保持相对稳定，以便搜索引擎抓取信息；

④首页滚动更新的信息应该有一定的稳定性。

此外，网页布局设计要注意根据顾客的浏览习惯，如美国 Nielsen Norman Group 公司对用户浏览网页的注意力的研究表明：用户浏览网页的注意力呈“F”状，如图 3-3 所示。在此基础上要考虑一些重要信息的安排位置和表现形式。

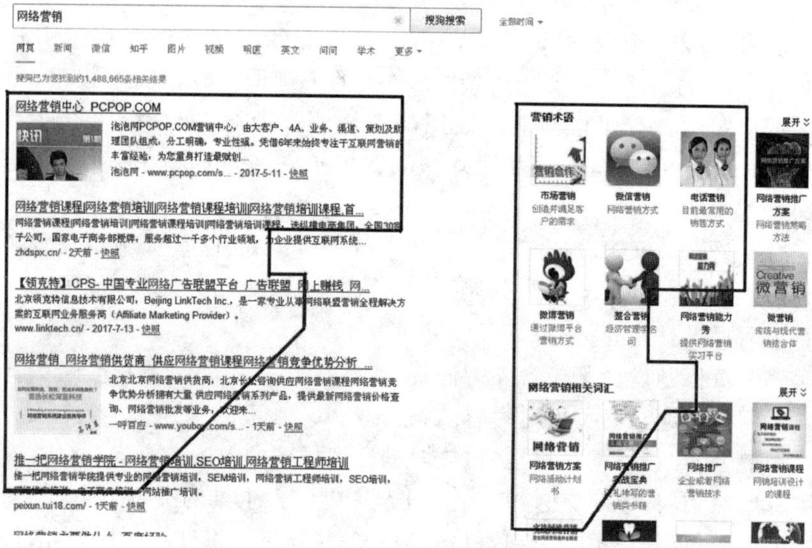

图 3-3　用户浏览网页注意力分布图

（三）搜索引擎广告

搜索引擎优化是基于搜索引擎自然检索的推广方法，并不是每个网站都可以通过搜索引擎优化获得足够的访问量。尤其是在竞争激烈的行业当中，大量的企业网站都在争夺搜索引擎搜索结果中有限的用户注意力时，很多企业会受到搜索引擎自然检索推广效果的制约。因此，搜索引擎广告就受到了企业的认可和欢迎，并且成为网络广告领域增长最快的一种广告形式。

付费搜索引擎广告的常见形式包括百度竞价排名广告、Google 关键词广告及部分搜索引擎在搜索页面的定位广告等。根据百度网站的介绍，百度竞价排名是百度国内首创的一种按效果付费的网络推广方式，用少量的投入就可以给企业带来大量的潜在客户，有效提升企业的销售额。同时，竞价排名也是目前百度主要的收益模式，如图 3-4 所示是在百度搜索“网络营销”时出现的百度竞价广告。

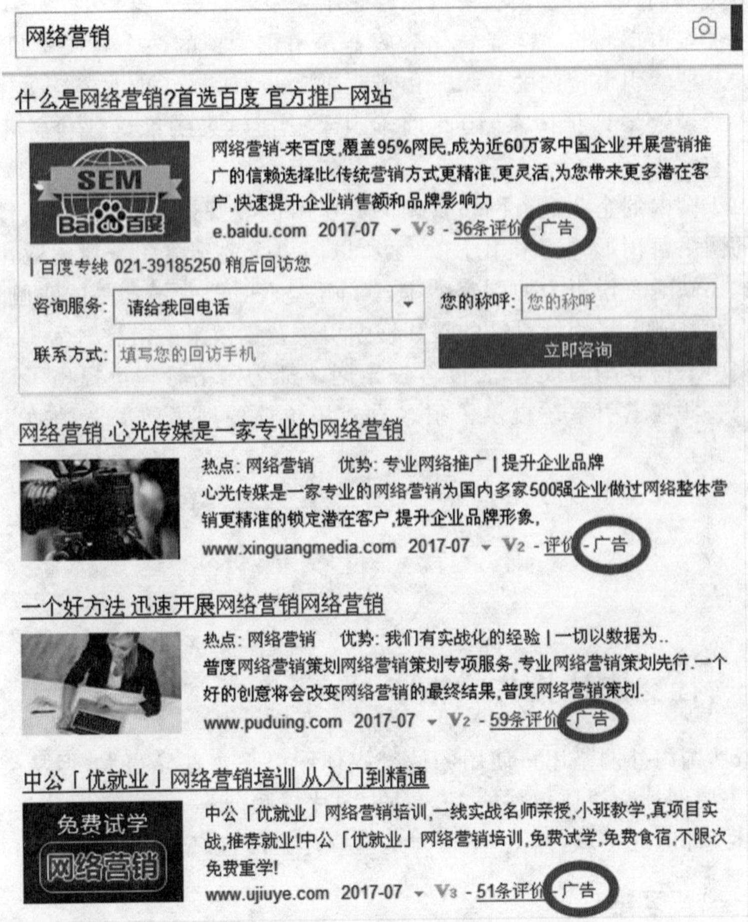

图 3-4　在搜索页面出现的百度竞价广告

以关键词广告为代表的付费搜索引擎市场之所以受到企业欢迎，主要取决于竞价排名模式自身的特点，归纳起来主要有以下特点：

①用户定位程度高；

②按点击数量付费，推广费用较低；

③广告预算可自行控制；

④关键词广告形式简单，降低制作成本；

⑤关键词广告投放效率高；

⑥广告信息出现的位置可进行选择；

⑦广告信息可以方便地进行调整；

⑧可引导潜在用户直达任何一个期望的目的网页；

⑨可以随时查看广告效果统计报告；

⑩关键词广告语搜索引擎自然检索结果组合将提高推广效果。

增加点击率和将访问量转化为收益是引擎营销的两个高层次目标，其中也涉及搜索引擎营销的效果。由于目前还没有完善的、被广泛采用的搜索引擎营销效果评价体系，因此搜索引擎营销效果的准确评价并不容易做到。

由于国内的企业进行网络营销的起步时间较晚，对搜索引擎营销这一特殊的网络营销形式的采用还很少，所以国内企业搜索引擎营销效果的评估方式还缺乏有说服力的调查结果。了解搜索引擎营销效果的影响因素，可以在此基础上采用针对性的提高搜索引擎营销效果的措施。为提高网站在搜索引擎检索中的效果，百度等搜索网站都为网络管理员提出了详细的建议。一些搜索引擎还提供了很多有实用价值的搜索引擎营销效果分析工具。

第三节　社交媒体

一、社交媒体推广方法

虽然国内外网络用户使用的社交媒体网络平台差异很大，但从类型上来看，主要的社交媒体包括博客、微博、图片视频分享、百科知识分享、网络社区以及即时通信软件等。下面对这些媒体上的推广方式分别加以讨论。

（一）博客推广

博客是一个由个人管理、不定期张贴新的文章、图片的网页或在线日记，主要用来记录和分享信息，也可以用来抒发情感或发布评论文章等。博客上的文章通常是根据文章的上传时间倒序排列，以方便读者查阅和阅读。

早期的博客需要用户通过编写网页的方式进行，技术难度大，所以通常只有网站开发人员使用。随着博客的平台化进程，博客的使用越来越简单，任何人都可以通过平台所提供的编写和维护工具来提交博客文章。一篇博客包括标题、标签和内容，提供互动功能的平台，还允许其他网络用户对博客进行评论。个人博客是个人持续性的日记或评论，也是传统常见的博客。

企业博客可以用作内部交流以增进联系和文化，或对外交流以作为营销、品牌推广或公共关系的有效供给。企业博客的作用于商业价值是建立在博客成功运作的基础之上的，如何经营好企业博客，如何获得大量读者的认同，需要在博客的管理中特别注重互动性和专业性。

博客的魅力在于互动，拥有一群不说话的读者是很危险的，因为他们会逐渐失去兴趣而离开，因此，互动性是博客持续发展的关键。企业博客的运营和管理要非常专业，市场竞争非常激烈，只有专业才可能超越对手，持续吸引关注的目光，专业是一个企业博客重要的竞争力指标。企业除了可以通过自己的博客发布信息，也可以在读者量巨大的个人博客上投放广告。通过个人博客推广就是利用博主的知识、兴趣和生活体验等传播商品信息的推广活动。与此同时，博主也可以根据广告被展示和被点击的情况分得一定的广告收益。

（二）微博推广

与博客一样，微博也是用户发布信息和交流互动的重要社交媒体。但与博客不同，微博主要是通过手机等移动客户端来发布和阅读信息，随着移动互联网的泛化，微博比博客更容易普及。微博营销是以微博作为营销平台，每一个主动收听的“粉丝”都是潜在的营销对象，企业利用不断推送微博向网友传播产品和服务信息，树立良好的企业形象和产品形象。

微博营销的优势包括：成本低、阅读便捷、覆盖广泛、速度快、互动性强等。但是，由于很多微博用户关注了大量的微博，由于各种微博在一个时段发布的信息太多，以致不是每一次企业发布信息都可以有效地被“粉丝”看到。另外，由于每一条微博的字数有限，往往不能系统、完整地向用户介绍某一个产品或服务。

微博营销的主要方式与博客一样，企业除了需要定期更新与产品和服务有关的内容以形成与客户的交流互动，还需要发布大量的与行业相关的大众话题来巩固已有的“粉丝”和吸引新的“粉丝”，以达到营销的目的。根据微博的优势和缺点，微博营销应当注重信息的及时性、趣味性和互动性。

衡量微博营销效果的主要指标是“粉丝”的数量、反馈评论的数量、被转发的数量以及每天的活跃度。有些企业往往采用设置大奖的方式来吸引更多的“粉丝”，这种方式短期内可以达到“粉丝”数量大幅增长的需要，但吸引来的却是大量的“无效粉丝”，不会对企业信息的传播起到有效的作用。通过与微博名人的合作，让微博名人转发相关的微博也是增加人气的手段。当然，微博名人的选择也要根据其本身的相关度、美誉度和公信力等方面来确定。很多微博平台都提供了应用程序接口（API），企业可以通过编写软件或者应用工具来管理自己的微博，更重要的是，可以利用微博的数据进行市场分析和用户行为分析。这也是微博营销的重要作用。

（三）即时通信软件推广

即时通信软件(Instant Messaging,IM)是伴随着互联网发展起来的重要交流工具,这些软件工具以网站为辅、客户端软件为主,免费使用为基础,增值使用为盈利模式。随着科技的发展,越来越多的企业将即时通信软件作为企业推广产品和品牌的一种手段,用以进行网络在线交流和广告发布。

IM营销的趋势是与客户关系管理系统的整合。通过IM客户的唯一编号,客服人员可以准确地识别客户,并可以方便地调阅之前的沟通记录,甚至与企业可以通过IM机器人来提供自助服务。利用微信提供的程序开发接口,企业可以应用数据库查询实现与各种后台数据库进行交互,自动解决大多数用户的通用需求。

当然,现在还没有机器人可以像人一样智能地处理各种异常问题或特殊情况,甚至有不少用户对IM机器人莫名其妙的反馈感到不满。因此,基于客服人员的IM沟通和基于机器人的IM沟通要有机配合来达到IM营销的目标。

二、社交媒体推广的特性

社交媒体推广最主要的特性就是病毒式推广,病毒式推广并不是真的以传播病毒的方式开展推广,而是通过用户之间进行有效的口碑传播达到快速复制、快速推广的目的。病毒性推广往往不是独立存在的,而是与其他网络推广方式共同作用的结果,在博客、微博以及微信中广泛存在着病毒性营销方式,正是由于这些社交媒体具有快捷的特性。

要完成病毒性营销需要有三个要素:

①免费的产品或服务;

②快捷的传递方式;

③公众参与的积极性。

为了吸引大家的注意,“免费”已经成为常用的手段。而随着社交网络的发展,更多的企业选择将免费的名额准确地分配给那些提供信息传播的潜在用户。很多企业利用公众关心的话题进行信息传播,以充分利用公众参与的积极性。但在选择公众话题时必须注意话题本身与企业的相关性,也要避免那些传播负面信息的消极话题。

社交媒体对于企业来说具有非常重要的两个好处:

①通过提供与客户的沟通效率来降低成本;

②有效地扩大企业的信息发布范围,可重复利用客户的交流达到推广的目的。

相关研究表明,不同的行业正在以不同的速度接受社交媒体营销,大量的营销人员已经开始使用社交媒体来努力吸引更多客户,而一些与互联网关系密切的企业早已将社交媒体营销放在营销首位。企业加大社交媒体营销的投入可以更好地与客户交流互动,了解客户的需求以及自身产品或服务的不足,这是一种很有效的沟通方式。

研究人员还发现,非政府组织和慈善团体在使用社交媒体方面一直超前于商业界。90%以上的慈善团体正在使用许多不同形式的社交媒体,其中包括博客、微博、视频、百科等方式。社交媒体对于慈善机构的筹款效果非常明显,他们已经意识到社交媒体推广战略对于满足他们目标需求的重要性,并且这种重要性正在持续、剧烈地增长。

第四节 电子邮件

一、电子邮件营销

(一)电子邮件的起源与发展

电子邮件是用户或用户组之间通过计算机网络收发信息的服务。1971年,世界上第一封电子邮件从一台计算机把信息发送到另一台相邻的计算机上,但当时电子邮件的发明者并没有充分意识到他的发明可以记录信息或数据,更没有考虑到电子邮件和营销会发生什么联系。而如今,随着互联网的发展,电子邮件已经成为互联网上被使用最多的功能之一。

由于电子邮件快捷、简便、可靠且成本低廉的优势,已经成为互联网上最广泛、最受欢迎的服务之一。无论在中国还是在世界,电子邮件已经得到了极大的普及。在此过程中,许多企业已经意识到电子邮件营销的重要性,同时,一些管理咨询机构也纷纷看好电子邮件营销未来发展的前景。

(二)电子邮件营销的概念

电子邮件并非为营销而生,但当电子邮件成为大众的信息传播工具时,其营销价值也就逐渐显示出来了。电子邮件营销是在用户事先许可的前提下,通过电子邮件的方式向目标用户传递有价值信息的一种网络营销手段。电子邮件从普通的通信发展到营销工具需要具备一定的环境条件:

①一定数量的电子邮件用户;

②有专业的电子邮件营销服务商,或者企业内部拥有开展电子邮件营

销的能力；

③用户对于接收到的信息有一定的兴趣和反应。

当上述条件成熟之后，电子邮件营销才能成为可能。

系统研究电子邮件营销是从对未经许可电子邮件的研究开始的，许可营销概念的提出使电子邮件营销思想开始逐步获得广泛认同。综合有关电子邮件营销的研究，可以对电子邮件做以下定义：电子邮件营销是在用户事先许可的前提下，通过电子邮件的方式向目标客户传递有价值信息的一种网络营销手段。

规范的电子邮件营销是基于用户许可的，但实际上还存在大量的不规范现象，并非所有的电子邮件都符合法规和基本的商业道德。不同形式的电子邮件营销具有不同的方法和规律，所以应该明确有哪些类型的电子邮件营销，这些电子邮件营销是如何进行的。

电子邮件营销可以按是否通过用户许可分类、电子邮件地址的所有权分类、营销计划分类、功能分类、电子邮件营销的应用方式分类等多种分类方式。在实际工作中，面对的往往不是单一形式或单一功能的电子邮件营销，可能既要建立自己的内部列表，又需要采用专业服务商的服务。

二、电子邮件营销的特点

（一）电子邮件营销的优点

与直邮广告、电话营销等直复营销方式相比，电子邮件营销的优势主要表现在成本低廉、个性化信息定制、高效和便于检测等方面。其中，价格低廉是电子邮件营销最重要的特点。编辑和寄发一份电子邮件所花费的代价仅仅是时间和网费而已，这一优越性在国际通信联系上尤其突出。表3-2列出了不同营销手段成本比较。

表3-2　不同营销手段的成本比较

营销手段	每条信息的平均成本
电话营销	1.00～3.00
直邮	0.75～2.00
许可电子邮件	0.20
手机短信	0.10
垃圾邮件	＜0.01

除了成本低廉外,电子邮件营销最值得称道之处在于其高回应率。尽管电子邮件营销的回应率在最近几年呈逐渐降低的趋势,但仍然比其他营销方式效果显著。与一般的产品促销手段不同,电子邮件营销在实现促销职能的同时,对于顾客关系的促进效果比较明显,这其中的重要原因在于电子刊物和用户之间不仅仅是单向的信息传递,同时也在网站和用户之间建立起一个互相交流的渠道。电子邮件营销可以为用户提供个性化的服务信息,用户可以根据自己的兴趣预先选择有用的信息,当不需要这些信息时,还可以随时退出,不再继续接收不想接收到的邮件。

电子邮件的传递时间是传统直邮广告等方式无法比拟的,根据发送邮件数量的多少,需要几秒钟到几个小时就可以完成数以万计的电子邮件发送,同样,无法送达的邮件也可以立即退回或者在几天之内全部退回,一个营销周期可以在几天内全部完成。无论哪一种营销方式,准确、实时的效果监测都不是件容易的事情,相对而言,电子邮件营销具有更大的优越性,可以根据需要监测若干评价营销效果的数据。与媒体广告、公关等其他市场活动相比,电子邮件营销不容易引起竞争对手的注意,保密性好。而且电子邮件营销可以有针对地向潜在用户发送电子邮件,与其他媒体广告不加定位地投放相比,电子邮件营销所需要的费用大大降低。

(二)电子邮件营销的缺点

在谈论电子邮件营销的各种优点时,经常容易忽略其缺点和潜在问题,其实在一些情况下,电子邮件营销的缺点也很明显,因此电子邮件营销往往只是营销策略组合中的一种,通常还需要与其他营销手段相配合,这也是电子邮件营销有时为部分企业所忽视的原因之一。

由于接收条件的限制,电子邮件不能像传统信函那样可以随时随地地查看。由于电子邮件的传输速度受诸多因素的限制,并不是所有的信息都可以通过电子邮件来传递,这在一定程度上限制了电子邮件营销的应用范围。电子邮件营销的效果受到信息可信度、广告内容、风格、邮件格式等多种因素的影响,并非所有的电子邮件都能取得很好的营销效果。因为出于过滤垃圾邮件等原因,一些邮件会遭到 ISP 的屏蔽,用户邮件地址经常更换也会造成信息无法有效送达,退信率上升。

在很多情况下,用户在网上登记的资料往往不完整或不真实,通常只有一个邮件地址,当用户电子邮箱变更,或者兴趣发生转移,原有的资料可能就已经失效了,除非用户主动通知更换的邮件地址,否则很难跟踪这种变化。由于垃圾邮件泛滥,有价值的信息往往被大量无用信息所淹没,也很容易造成有价值信息的丢失。另外,电子邮件营销价格低廉是在发送数量比较大的条件下才可以充分表现出来，如果发送邮件数量比较少，其价格优势也就不很明显了。

由于接收者的兴趣在不断变化，而用户注册资料后很难及时更新，当他对原来订阅的信息不再感兴趣时，即使不退订，也不会认真阅读。如同其他网络广告形式一样，电子邮件广告的点击率也在不断降低，这在整体上影响电子邮件的效果，造成这种状况的原因是多方面的，并且可能会保持持续下降趋势，对电子邮件营销抱有过高的期望是不现实的，也正因为如此，才有必要深入研究电子邮件营销的规律。

第四章　互联网+APP 营销

随着社会的不断发展，人们对产品的要求越来越高。人们不满足只在计算机上享受服务，所以企业看中了移动客户端市场慢慢向 APP 转型，将 APP 作为销售主战场。

第一节　APP 营销概述

当前，很多企业把建设一个宣传型网站作为互联网宣传的第一步，在互联网上展示企业形象和主营业务，吸引浏览者关注其网站，从而达到促进销售、提升企业价值的作用。同样，在移动互联网时代，谁先占领用户的手机桌面，谁就是“明日霸主”。可以说，APP 是移动互联网时代的企业标识，如图 4-1 所示。

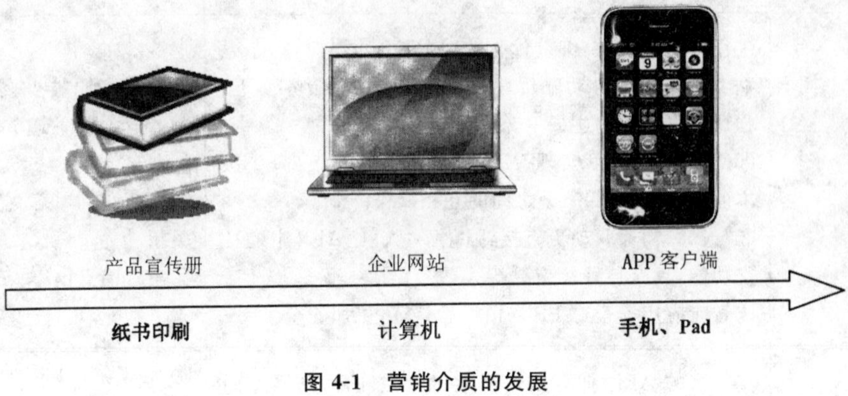

图 4-1　营销介质的发展

一、APP 营销时代来临

（一）初识 APP

APP 是智能手机应用程序的简称，也称为手机客户端。APP 安装方便，使用简单，可以结合图片、文字、音频、视频、游戏等方式生动展现品牌和产品信息，已经成为占据手机屏幕的第一入口。APP 的分类如图 4-2 所示。

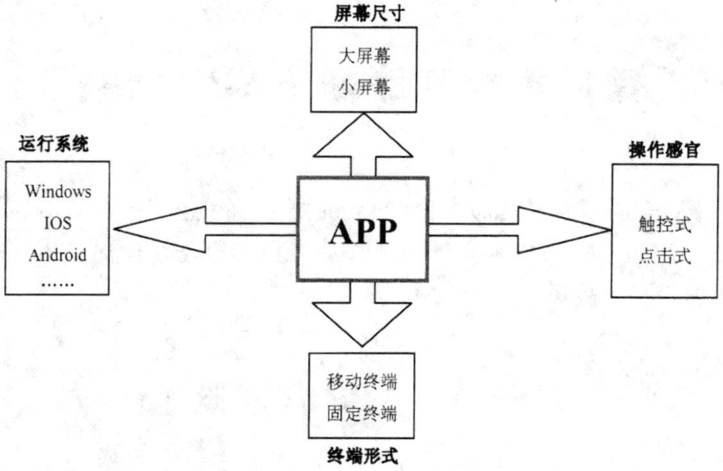

图 4-2　APP 的主要分类

承载 APP 软件的平台目前主要有 Windows、iOS 和 Android 三大手机系统平台，如表 4-1 所示。

表 4-1　三大手机系统平台的优点和缺点对比

系统平台	优　点	缺　点
Windows	①用户体验一致，细节优化体验好，方便快捷：动态磁贴实时更新＋滑动触屏（在全新 Metro 开始界面下，强调信息本身为主要对象，而非应用）。 ②Office 中心：可实现 Windows Phone 和个人 PC 版本的 Microsoft Office 之间的互相操作。 ③“人脉”沟通联动更直接：强化了“人脉”APP 中的社交功能，具有各种社交更新等。 ④智能应用安全：APP 均由微软认证，更加安全	①APP 数量较少。 ②铃声 & 外放调节被绑定。 ③重力感应无法关闭。 ④没有消息中心
iOS	①丰富的 APP：拥有全球最大、最成熟的移动网上商店 APP Store，现有 APP 已超过百万。 ②炫酷的娱乐体验：iTunes 支持大量音乐、影视等下载和播放。 ③运行流畅：软硬件无缝搭配，优化程度好。 ④易用性好：优雅、简洁、直观的界面，以及完善的多点触控技术，带来良好的用户体验。 ⑤安全性高：低层级的硬件和固件功能；高层级的 OS 功能，加密网络通信	①大部分 APP 要收费（超过 75%），第三方免费 APP 偏少。非开发操作系统，固话存储，用户无法自由扩展。 ②蓝牙、U 盘模式等功能品牌兼容性差。

续表

系统平台	优 点	缺 点
iOS		③产品过于单一化,目前只支持苹果公司自己的产品。 ④受众面小,不能定制UI(界面),只能进行功能解锁,比如:越狱
Android	①良好的平台开放性,成本低:Android是一个完全开放的平台,拥有数量多、种类最丰富的免费APP。 ②实现个性化APP设定,操作便捷:Android系统的用户可以自由设定屏幕上各种APP、小插件,操作直观方便,更符合使用习惯,打造完全符合自己使用需求的个性化手机。 ③与Google应用的无缝结合:Android是Google主导研发的,完美地结合了Google优秀的网络应用,如Google地图、Google搜索、Gmail等,能带来更好的互联网体验	①未建立完善的应用审核制度,有一定的安全隐患,如何控制血腥、暴力等方面的程序和游戏还是个难题。 ②蓝牙、USB功能等兼容性不强。 ③版本太多,升级速度较快,导致用户体验不一致

随着智能手机和Pad等移动终端设备的普及,人们逐渐习惯了使用APP客户端上网的方式,而目前国内各大电商,均拥有了自己的APP客户端,这标志着APP客户端的商业使用已开始初露锋芒。

据悉,有90%的用户做到了24小时手机不离身,用户在各种场景下使用手机上网的比例都超过50%,其中八成手机用户在家中利用手机上网,六成手机用户在乘坐交通工具时使用手机上网。由此可见,“第三屏”的重要性日益上升,未来将成为“第一屏”,成为时刻在线的移动互联网设备,如图4-3所示。

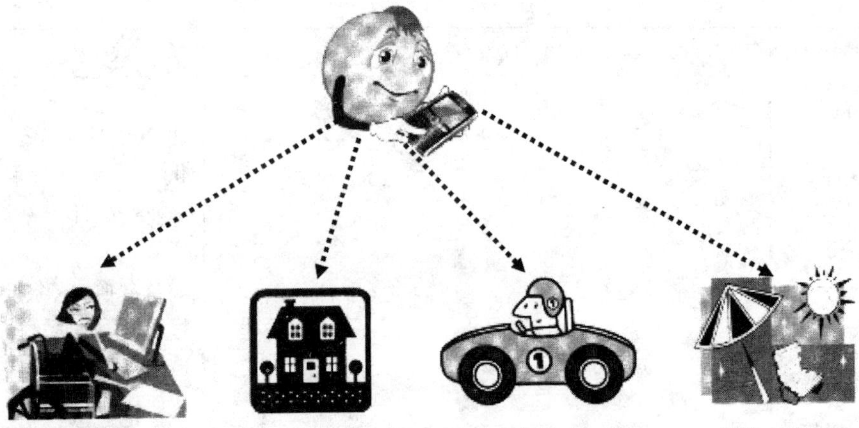

图 4-3　手机用户上网使用场景分布

随着移动互联网的兴起，越来越多的互联网企业、电商平台将 APP 作为销售的主战场之一。相关数据显示，APP 给手机电商带来的流量远远超过了传统互联网(PC 端)的流量，通过 APP 进行盈利也是各大电商平台的发展方向。

同时，各大电商平台向移动 APP 的倾斜也是十分明显的，原因不仅仅是每天增加的流量，更重要的是由于手机移动终端的便捷，为企业积累了更多的用户，更有一些用户体验不错的 APP 使得用户的忠诚度、活跃度都得到了很大程度的提升，从而为企业的创收和未来的发展起到了关键性的作用。

(二)APP 的营销用途与创意表现

APP 最初只是作为一种第三方应用的合作形式参与到互联网商业活动中去的，随着互联网越来越开放化，APP 作为一种新型应用软件与 iPhone 的盈利模式开始共同被更多的互联网商业大亨看重，如淘宝开发平台、腾讯的微博开发平台、百度应用平台等都是 APP 商业化的具体表现，一方面可以积聚各种不同类型的网络受众；另一方面，借助 APP 平台获取流量，其中包括大众流量和定向流量。

目前，APP 在营销过程中的主要用途如图 4-4 所示。

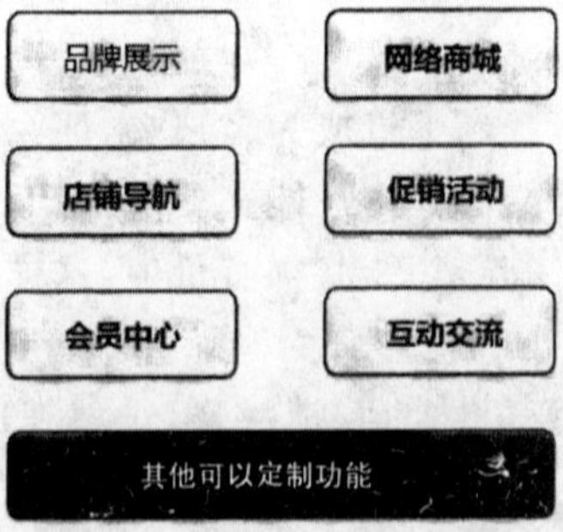

图 4-4 APP 在营销过程中的主要用途

同时,APP 还具有丰富多样的创意表现形式,如图 4-5 所示。

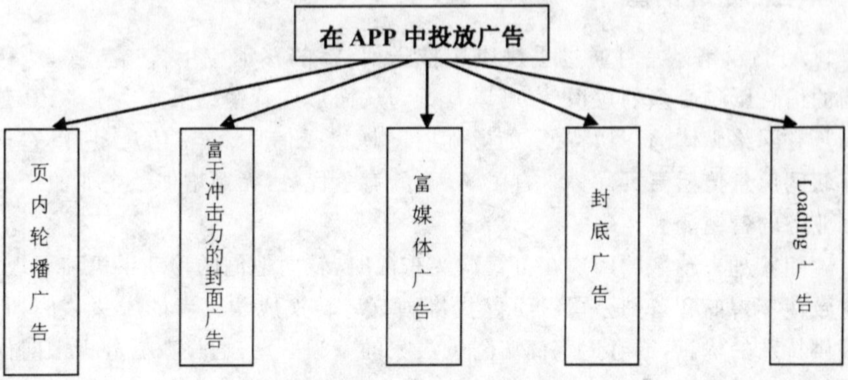

图 4-5 APP 的创意表现形式

二、APP 营销的特点

随着时代的发展,企业的营销方式也慢慢发生了新的变化。特别是随着移动互联网的兴起,传统的营销方式因其性价比太低而越发不受企业的待见。事实上,在这样一个移动互联网的时代,以 APP 作为企业的主要营销方式已经成为各大企业营销的常态。本节将详细讲述 APP 营销的主要特点,让营销者可以更快掌握 APP 营销的核心要点。

(一)成本较低

APP 营销的主要特点就是成本低,可以说比现有任何一种宣传方式都低。APP 营销的模式,费用相对于电视、报纸、甚至是网络都要低很多,只要开发一个适合于本品牌的应用即可,可能会有少量推广费用,但这种营销模式的效果是电视、报纸和网络所不能代替的。

(二)持续性强

一旦用户将 APP 下载到手机成为客户端,那么持续性使用就会成为必然。建立一群满意度高的 APP 用户能够驱动 APP 的成功,这意味着 APP 必须给用户带来很好的体验,功能必须有价值,这样才能让品牌在用户的下载和更长久的使用中获益。

很多企业由于缺乏竞争性的营销战略,虽然在前期开发市场中投入了大量的资金、人力和物力,但效果并不明显。如果营销策略缺乏变通,就无法实现企业销售的可持续、稳定增长。APP 营销明显可以弥补这一问题,只要 APP 做得够好,那么企业的营销思想就会一直存在用户的手机中。

(三)促进销售

APP 营销是一种通过手机应用推送、传播的移动应用营销方式,所传播的信息影响受众的意识、态度以及行为从而形成营销结果。由于 APP 营销具有网络媒体的一切特征,能够随时随地接受信息、分享信息,所以它比互联网信息传播更具优势。有了 APP 的竞争优势,无疑增加了企业的产品和业务的营销能力。

随着越来越多的用户在打算购买东西时,转向他们的移动手机和平板,这致使零售商和营销公司纷纷寻找将浏览者转换成购买者的方法。例如,提供特殊的优惠,或者追踪商店附近买家的一举一动,通过数据分析来向他们推送促销信息。

商家对移动应用的利用主要有以下两种。

①面向销售人员的辅助销售类 APP 销售人员的移动应用更多是通过平板计算机,可以用来查询库存产品,并进行产品对比、查询、受理顾客服务。

②面向消费者的服务类 APP 消费者主要借助 APP 进行购物、预订服务及查找各类优惠信息等。

(四)信息全面

APP 能够全面地展现产品的信息,让用户在没有购买产品之前就已经感受到了产品的魅力,降低了对产品的抵抗情绪,通过对产品信息的了解,刺激用户的购买欲望,提升转化率。

例如,“布丁优惠券”APP 支持全国大部分城市,囊括了市面上常见的优惠券信息,对于经常出差的用户来说相当方便。用户无须注册即可使用,首次使用 APP 还会主动定位用户当前所在的城市。确定城市之后,“布丁优惠券”APP 会显示当前城市支持优惠券的商家,而且还会将支持电子优惠券和需打印后使用的商家分开，点击喜欢的商家就可以查看它们当前的优惠券信息。

对于支持电子优惠券的商家，用户只需在就餐的时候出示手机电子优惠券即可；而需要打印优惠券的商家，用户就需要将该优惠券回发至邮箱打印出来才能使用。

“布丁优惠券”APP 首先解决了用户省钱的需求，而这也是最基础的思路，过去的优惠券大多都是纸质的，想用时未必找得到。但有了手机这个平台，可以随时发现，随时使用，而这个需求是天然的。从商家的角度来说，“布丁优惠券”APP 的价值在于信息全面和资源被用户更快速地发现，并且是被特定的目标用户所发现。

（五）品牌建设

APP 可以提高企业的品牌形象，让用户了解品牌，进而提升品牌实力。良好的品牌实力是企业的无形资产，为企业形成竞争优势。

如今，全球各大品牌商已经意识到 APP 可以为其提供推广品牌、接触消费者，甚至展示销售内容的渠道。媒体、商业服务以及汽车制造业在这一方面的认识更加深刻，非常积极地把应用商店作为他们发布内容的渠道。

各大消费品公司都相继在主流平台应用商店推出了自己的品牌 APP，并且越来越多的品牌开始同时推出 iOS 和 Android 平台 APP，增强品牌在智能手机上的曝光度和接触消费者的机会。目前，多数品牌推出 APP 都不是为了赚钱，因为几乎所有的与这些品牌相关的 APP 都是免费下载的。

（六）灵活度高

APP 营销的灵活度非常高，比现有任何一种宣传销售活动都简单、灵活。例如，用户只需要扫描商家二维码即可下载该商家的 APP。

用户只需在手机上点击商家 APP 即可看到商家所有活动信息，并及时参与消费。对于商家来说，也可以随时随地用手机或者计算机发布、管理营销信息，查看实时的营销数据。另外，利用手机和网络，易于开展商家与个别用户之间的交流。用户的喜爱与厌恶的样式、格调和品位，也容易被商家一一掌握。这些数据对产品大小、样式设计、定价、推广方式、服务安排等，均有重要意义。

（七）精准度高

APP 营销的本质是将企业的产品、品牌和相关企业附带的信息借助应用程序展现出来，并利用相关的移动互联网平台开展网络营销。

通过 APP 进行营销，即使消费者只消费一次，商家也可以终身精准锁定，直接收集消费者的个人信息。APP 通过可量化的精确的市场定位技术，突破传统营销定位只能定性的局限，借助先进的数据库技术、网络通信技术及现代高度分散物流等手段保障和消费者的长期个性化沟通，使营销达到可度量、可调控等精准要求。

相对于传统广告的单向传播、网络广告的散而泛滥，APP 广告可以出现在用户需要的任何时刻，精准地满足用户“潜藏于心”的各种需求，让用户上下班等无聊的“碎片化”时间感觉到充实快乐，而这一切源于它更加“精准”。

目前，移动互联网时代的 APP 具有高度的精准营销和强大的交互营销能力，再加上智能移动终端的不断普及，APP 广告随处可见，比网页广告多出两倍。手机 APP 营销凭着开发成本低、深受目标受众的喜爱、拥有精准的服务、高度的顾客黏性、始终助力于促销等特点，为企业带来了更多的社交媒体营销。

（八）稳定高速

APP 营销摆脱了传统广告沟通的高成本束缚，使企业低成本快速增长成为可能，并且保持了企业和客户的密切互动沟通，从而不断满足客户个性需求，建立稳定的企业忠实顾客群，实现了客户链式反应增殖，从而达到企业的长期稳定高速发展的需求。

（九）互动性强

APP 营销的互动性主要表现在以下 3 个方面。

①用户可以利用地图定位功能查看商家具体位置或拨打商家电话；

②用户在购物时可以在线查看他人对某件产品的评价，并发表评价；

③不用借助第三方平台，企业直接面对终端用户。企业的移动手机 APP 比 PC 端更具备灵活性，可以随时随地和用户进行一对一的信息交流。

例如，康师傅传世新饮利用手机 APP 举办签到活动，将时下最受年轻人欢迎的手机位置化“签到”与 APP 互动小游戏相结合，用户可以通过手机随时随地全程参与，利用网友自发传播，巧妙地展示出康师傅传世新饮的品牌内核。

（十）用户黏性

APP 本身具有很强的实用价值，用户通过应用程序可以让手机成为一个生活、学习、工作上的好帮手，是手机的必备功能，每一款手机都或多或少的有一些应用。APP 营销的黏性在于一旦用户将应用下载到手机，应用中的各类任务和趣味性的内容会吸引用户，形成用户黏性。

例如，有这么一个应用——“糗事百科”，它的用户黏性高得惊人，据说其用户每天泡在上面的时间将近 4 小时，就是这样一个 APP，潜藏的商机却不容忽视。根据阿里妈妈每周发布的橱窗推广周榜发布排行榜 Top 10 中显示，糗事百科和另外两个笑话网站占领了排行榜中的 3 个位置，并且稳居此排行中 Top 10，如图 4-6 所示（为避免宣传之嫌，此列表只显示网站的首个字母，第五个即为糗事百科）。

排名	网站名称	网站类型	收入（元）
1	淘**	影视	786 614
2	中****	生活	767 569
3	爱**	影视	494 001
4	新***	影视	218 080
5	糗***	笑话	209 436
6	快***	快递	126 646
7	大**	门户	121 734
8	快***	笑话	929 80
9	电**	资讯	905 02
10	捧**	笑话	820 24

图 4-6 阿里妈妈发布的橱窗推广周榜

不过，就是这样的一个个人平台，不做广告不做推广，用户黏性却如此之高。糗事百科的成功，除了它的选材与运营方式别具一格之外，也跟它的经营理念有关。糗事百科摒弃外表的华丽而从内容出发，用新颖的主题简单的网页设计加上不断更新的丰富内容吸引并赢得了客户的好感，从而将用户发展成为最忠实的用户，靠用户的口碑进行推广而非网站自身的形式进行推广。

三、APP 营销模式

（一）广告营销模式

广告营销模式是最基本的 APP 营销模式。广告主通过植入动态广告栏链接植入广告，当用户点击广告栏时会进入指定的界面或链接，可以了解广告详情或者参与活动。这种模式操作简单，适用范围广，只要将广告投放到热门的、与自己产品受众相关的应用上就能达到良好的传播效果。

为了不使消费者对广告感到反感，很多 APP 都通过与用户互动来留住用户。例如，美拍 APP 经常组织一些活动，让用户积极参加，并选出获奖者，调动了用户使用美拍 APP 的积极性。

在这种广告营销模式中，用户看到广告，主动关注广告，广告商的广告已经影响了用户，然后通过用户的签到、分享，这则广告又在社交化网络中通过用户的人际关系完成了传播和影响。这样用户得到了广告商的激励，广告商的广告得到用户的传播，从而达到双赢的结果。

（二）APP 植入模式

APP 植入广告模式是指企业通过在 APP 中以植入动态广告栏形式来植入广告，当用户点击广告栏时，进入预设的效果，达到宣传企业产品或者参与企业营销活动的目的。

之前热门的一款 APP 游戏“疯狂猜图”就是一款典型植入广告的 APP。“疯狂猜图”是一款十分新颖的解谜猜图游戏，其最大亮点是能够不断扩大玩家的知识面，侧重于休闲和互动性。

疯狂猜图的植入广告营销模式主要有以下两种：

①用户每通过 10 关，就会弹出的硬广告。

②融入广告品牌营销，把 Nike、宝洁等品牌作为关键词，将品牌融入用户的互动，达到很好的广告效果。

APP 植入广告主要有页内轮播广告、封底广告、封面广告、Loading 广告、其他广告下图片展示的封底广告等类型。

（三）用户营销模式

用户营销模式的 APP 类型分为网站移植类和品牌应用类，企业把符合自己定位的 APP 发布到应用商店内，供智能手机用户下载，用户营销模式具有很强的实验价值，让用户了解产品，增强产品信任度，提升品牌美誉度。

用户营销模式的重点是培养忠诚客户，忠诚客户经常重复性购买系列产品，对其他品牌具有免疫力。

“孕妇画册”是皓宇长泓公司专门为准妈妈准备的手机画册，画册内容包含了怀孕期间准妈妈的身体变化；每周胎儿发生的变化，如图 4-7 所示；最重要的是，“孕妇画册”还会告诉准妈妈，每周该吃什么食物才有营养，什么食物可以帮助胎儿更好地发育。

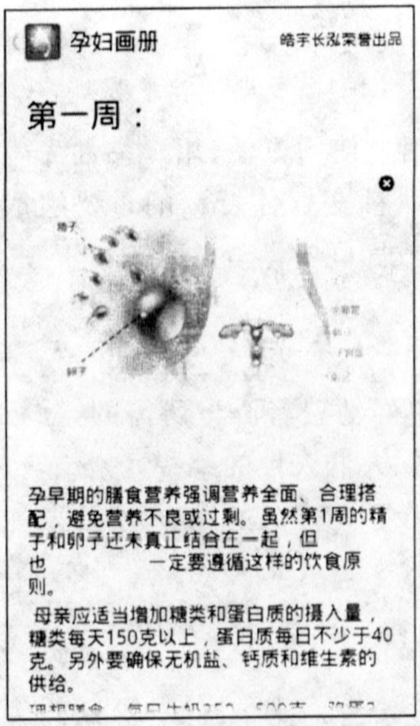

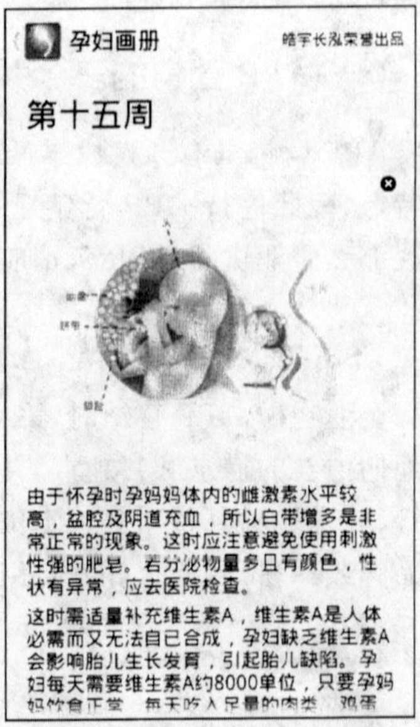

图 4-7　“孕妇画册”显示每周胎儿发生的变化

商家可以通过定制“孕妇画册”应用吸引准妈妈们下载，提供孕妇必要的保健知识。用户在获取知识的同时，会不断强化对该品牌的印象，商家可以收集精准客户，进而实现营销的目的。

（四）内容营销模式

APP 内容营销模式主要是通过优质的内容，吸引精准客户和潜在客户，从而实现营销的目的。

内容营销模式对于一般品牌来说难度较大，加之企业社会化媒体 ID 为了保持活跃度，对日常内容的量要求较多，因此更需要创意来整合内容，使常规内容尽可能有趣、有关、有价值。

（五）购物网站模式

购物网站模式是指商家开发自己产品的 APP，然后将其投放到各大应用商店以及网站上，供用户免费下载。该模式基本上是将互联网上的购物网站移植到手机上，用户可以浏览网站获取所需的商品信息和促销信息，进行下单。

四、APP 营销技巧

了解了很多 APP 营销模式之后，企业只有掌握一些营销技巧，才能更好地进行 APP 营销。

(一)APP 营销的三个关键点

APP 营销具有开发成本低、服务精准、用户使用方便、用户黏性大等多个特点,因此进行 APP 营销已成为不少企业社交媒体营销的重要组成部分。那么企业进行 APP 营销应该注意哪些方面呢?笔者总结了以下三点。

1.抓住消费者的内心

企业在做 APP 营销时,第一点就是定位好消费者心里所需的,分析挖掘他们内在的需求和兴趣点,并与能抓住目标人群人性的某些元素结合,如好奇、分享、健康、感谢等。定位的成败关键在于与产品的贴合度,要既能适合品牌或产品,亦能很好满足用户的需求。

2.抓住创意

企业想要做出一个成功的 APP 营销,就绝对少不了创意,好的创意决定了好的品质,好的品质可以使消费者和用户接受这款 APP。好的 APP 实用性很强,是生活的小助手,使用方便快捷,在开发产品时要将 80%的精力聚焦到产品本身,想出一个贴合产品的好创意赢得用户。

3.选择适合自己的推广方式

企业在做 APP 营销时,千万不要图“免费”,就胡乱推广,那样很有可能不但没有盈利,还拉低了品牌形象,适得其反。因此,企业应找准自己产品的定位,选出适合自己的推广方式,那样才利于品牌形象的传播。

(二)APP 营销的七大创意捷径

如今是一个以 APP 为主要载体的时代,人们的时间和精力几乎被各类 APP 瓜分。对于移动 APP 来说,用户数量的多少决定着它的成败。但是企业如何才能运用 APP 快速获取用户,找到 APP 营销的创意捷径呢?

1.融入生活

从用户的生活细节着手,发现未被满足的需求,再尝试植入产品。例如,星巴克推出的 Early Bird,下载后可以设定闹钟。在闹铃响起后,只需按提示点击起床按钮,就可得到 1 颗星,如果能在一小时内走进任意一家星巴克店,验证这个 APP,即可打折买到一杯咖啡和一个面包。

2. 产品与游戏的融合

如今很多APP营销将产品以体验的形式开发成小游戏。如宜家APP可让用户自定义家具布局，用户可以创建并分享自己中意的布局，并参与投票选出自己喜欢的布局，宜家还会对这些优秀创作者进行奖励。利用这样一个互动小游戏，可以达到传播效果。

3. 利用用户休闲时间

企业要利用用户的休闲时间，让他们无聊的时刻变得有趣，会大大加强用户的依赖性。例如，法国航空曾推出一款APP Music In The Sky，安装后可在航班上听想听的音乐，只要用手机对着天空，搜寻空中随机散布的歌曲，捕到后可直接试听。不同的国家会提供不同的音乐，让乘客乘飞机时不再无聊，让音乐融入空中生活，形成了良好的口碑传播，扩大了航空公司的影响力与知名度。

4. 线上与线下的联手

通过扫描APP二维码，可以与线下的活动、广告等形式联手，解决线下活跃度不足的问题。比如可口可乐推出的CHOK，在指定的沙滩电视广告播出时开启APP。当广告画面中出现“可口可乐”瓶盖且手机出现震动时，挥动手机抓取电视画面中的瓶盖，APP在广告结束时揭晓结果并颁发奖品。

5. 放大抛弃产品后果

企业可以利用逆向思维，向用户传输“抛弃思想”，让他们知道如果不用企业产品，他们会有什么烦恼。例如，杜蕾斯推出的模拟养小孩的APP，APP里的小孩就像真小孩一样整天烦着用户，还会自动更新用户的Facebook状态“我怀孕啦”等各种与婴儿相关的信息，每次关闭此程序时都会显示“用杜蕾斯”的提醒。

6. 个性定制

将产品或服务通过APP实现个性化定制，大受用户的喜爱。例如，21cake推出的APP，能帮客户随时随地订购蛋糕，并送到指定的地方。客户不仅可以根据口味选择蛋糕，还可以根据适用对象来选择。又例如“礼物说”APP的语音礼物，将用户录制的想说的话变成二维码，只要扫描二维码，就可以让收到礼物的人听到祝福的话。

7.吸引用户眼球

想要吸引用户的眼球，就要抓住他们的欲望。欲望有很多种，如果将他们与企业或品牌的相关元素融合，则会达到意想不到的效果。与生活密切相关的行业，如服装、电子产品、食品等快消品行业。

第二节　微信 APP，开启微营销之旅

一、微信 APP 营销时代来临

作为时下最火热的即时聊天工具，腾讯的跨平台通信 APP——微信向世人展示着其强大的生命力。从微信诞生至今，短短几年用户已经破亿，如此迅猛的发展速度，让众多商家看到了微信营销背后的商机。尤其是微信公众平台的推出，更加预示着微信营销的时代到来了。

（一）初识微信

2010 年 10 月 20 日，腾讯公司启动微信；2011 年 1 月 21 日，微信 1.0 版本正式发布，经过了 7 年的时间，微信已经发布了最新的 6.5 版本，用户人数达到 7 亿，这些数据无不充分说明了微信的巨大发展潜力。

微信是腾讯旗下的一款语音产品，当前比较火爆的手机通信 APP，支持发送语音短信、视频、图片和文字，可以群聊。相信喜欢体验移动 APP 用户的手机里都会有这么一款应用。

2013 年 4 月腾讯推出微信开放平台，仅隔 4 个月，腾讯总裁马化腾再出新招，用微信公众平台正式拉开微信公众账号运营的帷幕。微信公众平台的正式上线，吸引了数百家媒体与公司机构的大量涌入，将这里开辟成为除微博官号外的另一大互联网营销战场。

微信改变生活主要表现在以下三个方面。

1.微信改变了沟通方式

微信改变了传统的沟通方式，使人们的沟通更灵活、更智能、更省资费。微信这种沟通方式不受时间、空间的约束；微信还能传递文字、图片、语音、视频等各种信息，并且只收取少量流量费用，沟通成本更低。

2. 微信改变了交友方式

交友是一件私密的事情，而微信更好地保护了用户的隐私。不同于 QQ 和 Facebook，微信的交友方式是保密的，好友交流都是一对一的，并且好友列表只有自己看得到。

3. 微信改变了信息获取方式

互联网为我们提供了丰富的信息，但是海量的信息也意味着搜寻成本较高。而对于微信，可以通过订阅自己感兴趣的和对自己有用的信息来获得有价值的信息。

（二）微信营销的特点

微信作为一款时下最火爆的 APP，大受年轻人青睐，更是众多商家用来获取盈利的一种营销手段。借助微信，商家纷纷打造自家独属的公众号，实现和特定群体的文字、图片、语音的全方位沟通互动。

微信营销主要体现在以 Android 系统、iOS 系统的手机或者平板计算机中的移动客户端进行的区域定位营销，商家通过微信公众平台，结合微信会员卡管理系统展示商家微官网、微会员、微推送、微支付、微活动，已经形成了一种主流的线上线下微信互动营销方式。微信营销的主要特点如图 4-8 所示。

LBS 定位式营销

全城定位搜索，锁定大量的优质客户资源。足不出户，轻松操作锁定全城任意地点，进行企业营销，真正做到不漏掉每一个潜在客户，网罗全城的微信用户为企业所用。

全面地毯式营销

针对传统营销模式客户资料更新慢的问题，微信营销系统更直观、全面，不仅可以发送文字、图片，还能及时传送音频视频，多角度对企业进行宣传推广，和目标客户进行一对一沟通。

精准富媒体营销

传统营销模式主要靠短信、电话，往往目标分散或者不能概括所有潜在客户群。微信营销可以针对不同潜在客户群运用不同的营销宣传模式，多管齐下，达到更好的宣传效果。

图 4-8 微信营销的主要特点

微信 APP 的即时性和互动性强，同时，它的可见度、影响力以及无边界传播等特质，也特别适合病毒式营销策略的应用。微信平台的群发功能可以有效地将企业拍的视频、制作的图片，或是宣传的文字群发至微信好友。企业更可以利用二维码的形式发送优惠信息，这是一个既经济又实惠，并且有效的促销模式。用户主动为企业做宣传，激发口碑效应，将产品和服务信息传播到互联网以及生活中的每个角落。

(三)微信营销的机遇

微信营销重在互动，重技术，重服务，涉及更多的人工和技术开发，投资回报率却高得惊人，一对一传播到达率100%。开展微信营销的第一步，就是建立公共账号粉丝群。

粉丝经济，也就是一种注意力经济，没有粉丝的关注，就无法完成营销。在有大量粉丝基础的前提下，商家又应该怎么把粉丝转换成钱呢？笔者认为，微信APP中的商业机遇主要有以下四个方面。

1.粉丝买卖

随着微信的火热，越来越多的人参与其中，企业迫不及待地需要提升关注度，而用户则是对有影响有号召力的微信账号趋之若鹜。这种情势催生了粉丝买卖的形成，粉丝已经成为一种流行的“商品”。

2.广告植入

广告所带来的收益是目前微信最主要的效能，不管是用户的口碑，还是实际购买量，对商家而言，都是宝贵的回报。企业公众微信账号针对目标群体的需求，在平台上发送广告，招徕公众参与并购买，从而实现经济上的获利。

3.商业活动

商家如果充分了解自己的粉丝群，就能针对粉丝需求，制定符合粉丝兴趣的商业活动，有的放矢，通常宣传效果会更显著。过度的广告推送是不建议的，商家需要制定合理的频率推送，坚持适度的原则。

4.微信租赁

商家在微信运营上可以打造品牌友情赞助，甚至提供转发的奖品、冠名权、活动赞助，等等，同时也可以为企业做宣传，并且广告性质比较淡薄。

微信APP一对一的互动交流方式具有良好的互动性，精准推送信息的同时更能形成一种朋友关系。基于微信APP的种种优势，如图4-9所示，借助微信平台开展客户服务营销也成为继微博之后的又一新兴营销渠道。

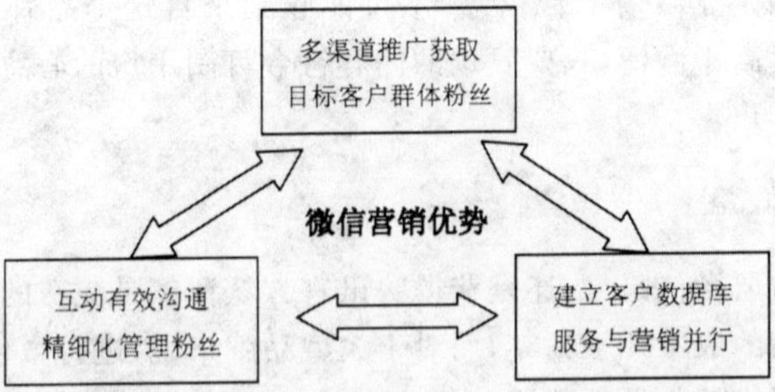

图 4-9 微信营销优势

（四）微信的营销模式

1. 实时推送

比微信营销先一步热起来的营销方式还有微博营销、人人营销，但在微博和人人上发布宣传信息是被动的，用户不是实时在线的，而且用户很可能因为不能及时浏览微博和人人页面而失去了第一时间获取信息的机会。微信可以实时在线，通过微信推送的消息到达手机后，手机会第一时间提醒用户，这就保证了信息的时效性。

2. 一对一营销

微信营销对信息的实时推送就好像朋友之间的信息交流，对方发过来一条信息，一次只能查看他一个人的信息，这样可以保证用户在查看信息时的专注度。

3. 百分百到达率

微博营销和 APP 营销虽然受众广泛，但是到达率不高，信息很容易淹没。而微信这种一对一的营销方式可以保证每个用户都能看到他的信息，从而实现百分百的到达率。

4. 形式多样

漂流瓶、朋友圈、摇一摇、官方账号、公共平台，微信丰富的社交功能为企业的营销提供了丰富多彩的营销渠道，企业可以根据自己的特点和资金状况选择适合的营销方式。

5. 用户主导

微信的营销是基于用户许可的。除非主动通过扫描二维码或者输入账号的方式添加企业微信平台，否则不可能收到来自这个品牌的微信消息。粉丝的质量远高于微博，只要发送的内容符合订阅用户的心意，就很有可能获得忠诚的客户。

6. 成本低廉

无论是注册微信账号，还是获得腾讯官方认证都是免费的，这就意味着使用微信营销的成本几乎为零，而对于大型品牌来说，进行微信营销的投入也无非是雇用维护人员的工资。

（五）微信营销的方法

1. 朋友圈

朋友圈算是微信功能中最古老的，也是最火爆的，用户可以用朋友圈发布自己一天的遭遇、心情等。企业可以利用朋友圈中的小视频、分享链接、图片动态、纯文字来做营销，就拿分享链接来说，把链接发到朋友圈里，如果好友感兴趣，就会点击观看。由此可见，微信营销的传播方式与传统传播方式不同，如图 4-10 所示。

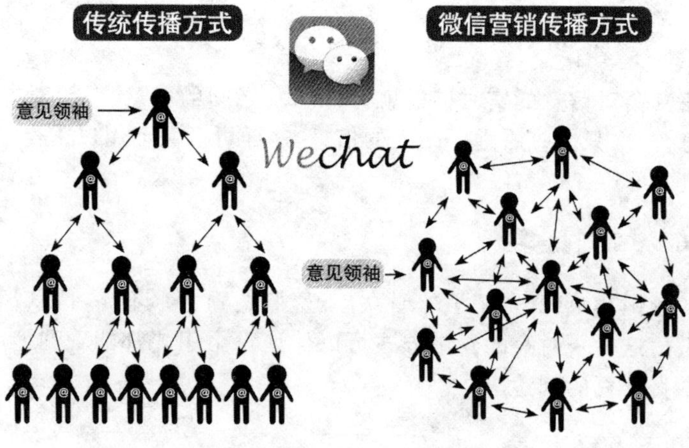

图 4-10　传统与微信营销传播方式

2. 扫一扫

如今是个快节奏的社会，人们青睐于可以简化步骤的东西，而微信扫一扫与二维码的结合正好可以满足这一点。这样用户就不用烦琐地查找再添加企业公众号了，直接扫一下二维码即可关注企业信息。企业还可以利用二维码技术，使用户用微信扫一扫就可以成为企业会员。

3. 微信公众平台

企业可以创建一个微信公众平台，为用户提供信息，并发布产品的信息。微信公众平台分为服务号、订阅号和企业号三种模式。如图 4-11 所示。

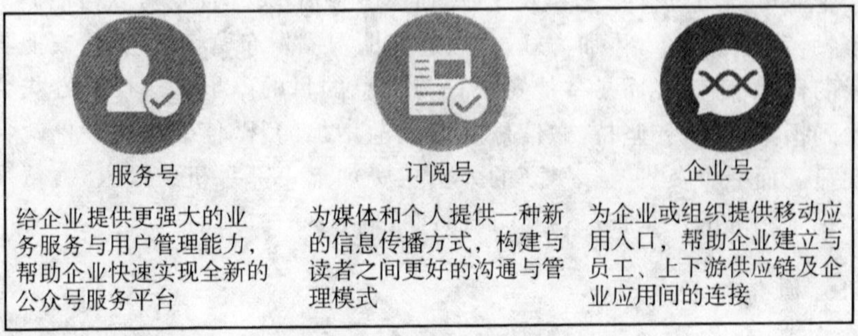

图 4-11　微信公众平台分类

4. 微信 VIP 用户

企业可以联合微信 VIP 会员制度，推出只有微信 VIP 用户才能享受的服务。如同 QQ 会员一样，微信 VIP 是通过收取功能费来为用户提供特权，进而获得盈收。

与普通用户相比，微信 VIP 用户拥有以下特权。

①信息推送不限制：目前微信公众账号基本每天只能发送一条，成为 VIP 用户后，每天可以增加到 5 条。

②个人微信可以上传照片和视频，比如新增微信硬盘、微信相册、付费表情等；同时新增了朋友圈功能设置（像字体设置展现形式）、享受投票等功能。

③微信好友分组和专属服务器等功能，使语聊、视频更顺畅。

5. 摇一摇

“摇一摇”是微信推出的一个随机交友应用，通过摇手机或点击按钮模拟“摇一摇”，可以匹配到同一时段使用该功能的其他微信用户，从而增加用户间的互动和微信黏度。

(1)产品描述

“摇一摇”是微信最独特，也是最强大的交友方式，支持通过摇一摇手机找到同时也在摇手机的朋友。只要是在同一时间摇动手机的微信用户，不论在地球的哪一个角落，都可以通过这个功能认识彼此。

(2)功能模式

通过“摇一摇”功能，用户能享受多重的服务体验，而且它操作方便，随时随地都可以进行，因此推出后立刻受到广大用户的欢迎。

(3)营销方式

企业可以通过“摇一摇”方式，找到很多微信用户，前期可以与他们简单地聊天，等到熟悉了，再加为好友，然后在朋友圈发布营销活动，好友能看到企业的营销信息，轻而易举地实现宣传信息的目的。虽然这样的方式会不断遭到拒绝，但只要坚持，微信好友会逐渐增加的，微信营销的成果就会越发明显。而一个负责“摇一摇”的人员工资加上一部手机的投入，就帮助商家实现了精准的广告推广，投入低而回报高。

6.微信红包

微信红包开创了抢红包思维，顾名思义就是为用户提供一些具有实际价值的红包，通过抢的方式吸引用户积极参与，引起用户对企业的强烈关注、找到潜在客户，并实施针对性营销。企业可以通过微信红包发放电子券，抢到红包的用户，想要使用首先得关注并填写注册信息，成为企业的会员，然后到活动页面领取红包，并在指定时间内抵扣消费。

7.漂流瓶

微信漂流瓶功能是指用户可以将自己想说的话写在纸上，然后放入瓶子，将它扔进水里，等待其他用户的拾取和回复。它还支持将语音放进漂流瓶里，不管是哪里的微信用户，都能拾取，功能十分强大。

二、微信 APP 公众账号营销

微信公众号是企业在微信公众平台上申请的应用账号。该账号与 QQ 账号互通，通过公众号，企业可在微信平台上与特定群体利用文字、图片、语音、视频进行全方位沟通和互动，形成线上线下微信互动营销。

(一)公众平台的类型与功能

1.平台类型

微信公众平台现在已分成订阅公众号和服务公众号两种类型，商家在进行账号认证的时候，要根据自身产品的特色和定位慎重选择，因为账号类型一经选定，是无法再更改的。

(1)服务号

公众平台服务号，是公众平台的一种账号类型，旨在为用户提供服务，如招商银行、大铭装饰以及中国南方航空等。

(2)订阅号

公众平台订阅号，是公众平台的一种账号类型，和服务号不同，它旨在为用户提供信息和资讯，如骑行西藏、央视新闻等。

2. 平台功能

作为公众交流的阵地，微信公众平台具有强大而日益完善的功能，用户最常用的功能主要有以下几点。

(1)群发推送

公众账号可以主动向用户推送重要通知或趣味内容，一些商家的账号就是借用群发这个手段，向用户群推送活动信息，招揽用户的关注。

(2)自动回复

由于是一对多的点对点方式，微信公众平台后台设置了自动回复选项，用户可以通过添加关键词(可以添加多个关键词)以便自动处理一些常用的查询和疑问。

(3)一对一交流

主要是指公共账号针对用户的特殊疑问，为用户提供的一对一的对话解答服务。

(二)企业如何合理利用公众账号

企业在如何更加合理地利用好订阅号和服务号方面，往往要从很多个维度思考，比如以下几点。

1. 做宣传还是做服务

如果建立公众号的初衷是以资讯发布和品牌推广为主，那么订阅号还是比较合适的，可以不受发布频率的限制；如果针对的用户是客户、会员，需要提供一对一服务，建议做服务号，可以为客户提供良好的用户体验。

2. 对打开率、阅读率的重视程度

由于订阅号都是被折叠在文件夹中，其打开率普遍较低；而对于服务号而言，由于其展示方式、发送数量、关注人群方面的优势，打开率相对较高。

3.对高级功能的需求程度

如果对于微信支付、分组群发等高级功能需求程度较高，则要选择服务号。

总结起来，订阅号是用于别人主动来找信息的，服务号是积极提供服务的。所以，在选择公众号时，要视推送信息的内容而定。在进行微信营销时，应该是订阅号和服务号相互配合，同时又有所区别。想要更好地利用微信营销，一定是“左手服务号，右手订阅号”。

（三）公众账号运营策略

微信营销能否取得好的效果，取决于微信公众账号的运营。企业公众账号运营的策略如下。

1.微信内容丰富

如今，丰富的内容才能吸引人。想要使公众账号的内容丰富，首先要想到微信该怎么样展示内容。微信上可以用图文信息、视频、文本去展示内容，企业需要考虑适合自己的展示方式。

其次就是微信的内容了，企业只需把自己想展示的所有东西陈列出来，再根据从后台反映的粉丝接收信息的情况不断调整即可，总之要越丰富越好。

2.微信粉丝准确定位

增加粉丝数量是每一个公众账号运营的重要任务，粉丝数量的增加是每个企业所必需的，但值得注意的是，企业不能盲目地加粉丝，粉丝一定要精准有效。

在微信营销里要注意微信粉丝质量的关系。因为微信最大的特点就是信任性和私密性，所以做微信营销，一定不要泛泛地追求粉丝，而是要以精确性为核心。

3.微信活动频繁互动

微信提供丰富的内容和全面的功能，就是让粉丝乐于分享微信公众平台账号，企业要从内容和功能上让粉丝感觉到公众账号的价值。

首先要频繁和粉丝互动，互动率越高、越“有用”越好。还有就是和粉丝互动一定要越简单、越容易参与越好，越频繁越好。

4. 微信活动有心意

策划活动最直接的目的是提升粉丝与平台的互动性，即提高粉丝对企业微信公众平台的依赖性。因此，企业一定要定期策划一些有心意的活动，促成与粉丝的互动，让粉丝“长期有效”。

要策划有心意的活动，企业就要展开分析：企业的目标人群是怎么样的？粉丝最需要什么？粉丝最容易被什么东西吸引？这样策划一两场活动也有助于将目标人群吸引到公众平台。

5. 微信推广要用脑

首先，让老客户成为企业的粉丝。老客户是企业最重要的资产之一，老客户不仅对企业和产品有一定的认知度和认可度，而且有一定的忠诚度。竞争的激烈让企业不得不倚重于老客户，而且从营销学上来讲，深挖一个老客户，比开发一个新客户所需的成本小很多。

其次，就是让这些成为粉丝的老客户来推广企业的微信公众平台。根据微信官方的统计，平均每个人的微信好友都不低于50个，而且微信的私密性使彼此的信任度非常高，让这些本来就是企业客户的人把企业推荐给他们的好友，可以极快地扩大潜在客户的范围。

6. 微信功能根据自身定制

每一个企业的微信公众账号都是这个企业的全能APP，能维护客户，培养客户，展示品牌，促进销售，开展市场调研，能做在移动互联网端想到的所有事情。所以企业要在微信上实现营销价值的最大化，除了内容要丰富多彩，功能更要全面。

对于一个大品牌企业而言，在功能上的选择非常广，唯一要做的就是个性化定制，比如招商银行的查询余额，星巴克的自然醒，都是针对自己企业和目标人群的特点制定功能即可。

而对于大多数企业，就要根据自身需求制定了。一般来说，一个企业的微信公众平台可以先从天气预报、翻译、查股票等功能出发，不断根据粉丝的需求增加平台账号的功能，使其不断全面、完善。

7. 公众账号运营要有计划

运营微信公众账号一定要有周密的计划，绝对不能盲目。因为企业微信公众账号既代表了企业的品牌形象，又有时效性，而且可以不断提高品牌的影响力和时效性。计划大体包括建设、搭建、阶段性目标策划与执行。

微信公众平台的建设和搭建是不同的，建设是指对于平台名称、账号域名、介绍、二维码的设计、认证等基础环节的完善，这是粉丝和客户看到的第一印象，而且这些东西都不太好修改，所以这些看似简单的环节非常重要。

搭建就是关于内容和功能的搭建，阶段性目标策划与执行就是设置节点。企业可以根据自身情况设置阶段性节点，比如第一步老客户是不是都关注，第二步是推广和活动要以什么为主，以此类推，做到运营有的放矢。

8.粉丝维护挑重心

每一个微信粉丝都是企业的财富，只要他们愿意，每个粉丝都可以很轻松地把企业的微信公众账号推荐给自己的所有朋友，这些粉丝的精确度和转换率高得无法想象，所以做微信营销时，不管是内容，还是功能，都要从维护粉丝的角度出发。

9.微信客服是朋友

从传统营销模式中走来，我们习惯了传统的客服模式，而在微信时代，客服的要求改变了。

微信本身就是友情性和私密性的个人沟通工具，与手机等联系方式的作用相同，所以不需要再追着对方要联系方式了。微信营销最大的优势就是私密性，患者咨询时，以我们是朋友的态度回复患者，不问隐私性的问题，只为他们提供所需的帮助，这才是微信营销客服的要求。

10.公众号要抓住依赖核心

微信营销的核心就是让粉丝依赖于我们，不管是内容还是功能，我们都是因为这个原因才去做的。一个企业微信营销是否成功，就是看他的粉丝对于他的依赖性。所以想抓住微信营销机会的人，必须牢记这个核心，以这个核心为运营的根本准则。

（四）公众账号运营技巧

掌握了运营策略，并不意味着商家就可以高枕无忧了，要想在如火如荼的微信营销中脱颖而出，商家不仅仅需要对微信公众有全方位的了解，还必须要下功夫，掌握运营技巧。

1.内容定位

微信公众号的内容定位非常重要，内容必须精耕细作，一定要是高质量的原创或者转载率高的内容，不要推送无价值的内容或者搞纯粹的广告推送，这样只会引起用户的反感，从而很有可能使得用户对你取消关注。

公众号的内容应建立在满足用户需求的基础之上，包括生活服务类的应用需求、解决用户问题的实用需求等。

2. 认证的完成

企业既然决定运行微信公众号营销，那么最好完成公众号的认证，那样企业会获得搜索中文的特权，便于企业的公众号被用户搜索到。而微信认证的门槛不高，企业只需要在有 500 名订阅用户的基础上，绑定企业的认证微博即可。

3. 自动回复

自动回复接口对于微信公众号营销来说，非常有好处，企业通过自定义回复接口，可以对用户实现查询周边路况、查询违章、设置智能对话服务等节约企业时间、精力的服务。

4. 多与用户互动

与用户互动对于企业类微信公众号的运营来说尤为重要，企业可以多发起一些活动，可以将答题赢奖品的模式植入微信中，采取有奖答题闯关的模式，设置每日有奖积分，最终积分最高的用户获得丰厚大礼。这种方式特别吸引用户，可以有效调动用户参与活动的积极性，从而拉近企业与用户的距离。

5. 线上线下强强联手

企业在做微信公众号营销时，可以联手线上的火爆社交平台进行联合推广，如微博、百度贴吧、天涯论坛等。

微信公众号在线上推广的同时，不要忘记线下的推广。虽然现在流行线上支付，但还是有一部分用户会选择线下进行。因此，以营销为目的的企业可以线上线下双管齐下，吸引更多的用户关注。

6. 开发自定义回复

自定义回复接口的可开发的空间绝对超出商家的预计，通过自定义回复接口，“我的周边”这样的微信公众号可以实现查询周边美食、生活服务、购物、酒店以及休闲娱乐等信息。

商家还可以通过地理位置来获取周边的数据，比如当用户按照提示发送定位请求给某个微信公众号的时候，商家就可以迅速返回精确地理信息，并插入周边的商家信息，并反馈相应服务和价位，让用户可以自主选择，充分挖掘潜在的消费力。这项业务逻辑很简单：用户发送请求，然后微信接收到请求，对需求做处理，及时返回数据给用户，这个数据就包括用户本身需求的信息和可能会用到的信息。目前，通过公众号预订酒店越来越普及，据了解，通过这个功能微信预订酒店的用户正在不断快速增长。商家要把握好这个商机。

（五）公众账号运营中存在的问题及解决办法

通过微信公众账号的方式拓宽营销渠道，不失为一种营销方式的创新之举，之所以大多数商家没有从中获取到商机，究其原因主要有以下几个方面。

①公众账号做得过于粗糙，不易被公众接受；

②微信公众账号没有明确的定位；

③没有掌握正确的推广方法。

唯有破解上述几个问题，才能够通过公众账号树立起企业的品牌，获得更多的商机。

1.公众账号定位准确是关键

每一个商家都应该考虑建设公众账号的目的是什么，能给客户带来什么，只有准确的定位才能够决定公众账号走得长远。一方面，要明确企业通过网络平台打造出什么样的品牌，公众账号的定位应该结合企业的特点，要着力推送企业自己的内容，宣传企业产品的过人之处，推广企业的品牌特色，达到提升企业的知名度和影响力的目的。另一方面，则是要结合用户体验选择企业本身的走向，通过用户反馈的情况，找到用户兴趣点去迎合消费者，将自己的产品做得更加满足消费者的胃口，将自己的企业做得更受消费者喜爱。

2.公众账号做得丰富实用是基础

内容丰富、操作便捷是商家利用公众账号成功的重要基础。首先，对于公众账号界面的设计要简洁大方，易于消费者上手操作，关键字查询做到准确无误，这样有利于消费者通过公众账号进行信息的浏览。其次，要做好和用户的互动交流板块，通过人工互动，提高用户服务体验，赢得客户的信任，吸引更多用户关注公众账号。最后要特别注意一点：账号消息推送不能打扰用户正常生活和正常休息，把握好推送次数和时间节点，保证推送内容的质量，坚决杜绝垃圾信息，从而避免带给用户负面印象。

3.掌握公众账号正确的推广方式是必要因素

许多公众账号之所以虎头蛇尾,成为摆设的一个重要原因在于许多企业没有掌握正确的推广方式。要想使自己的公众账号受到更大范围的关注,一是要做到多种方法并举,要学会利用微信摇一摇、扫一扫、朋友圈等做文章,利用一些奖励性措施带动公众账号影响力不断扩大。二是要做好线上线下相结合,多策划一些线下的产品营销活动,比如在商业街等人流密集场所进行宣传推广。

微信公众平台仍然在不断地完善和发展中,所以利用微信公众号进行营销也要与时俱进。微信的本质是沟通平台,沟通离不开内容,微信公众号营销应当以内容为主,沟通为辅,在任何时候公众号的发展都不应该背离这个主题。玩转公众号并不难,难在坚持,公众号营销不是一锤子买卖更不能“一招鲜”,拼的应该是投入和执行力,长期坚持才能在实践中赢得用户的青睐和支持,培养和用户之间的感情,才能真正地玩转公众号。

第三节 扫二维码,APP营销新方式

一、正在崛起的二维码力量

二维码营销是目前最火的移动互联网营销手段,门槛和成本低、可应用行业广泛、简单方便、可塑造性强是网络营销界最有潜力的微营销方式,是各行业进军移动互联网营销必备的手段。

(一)初识二维码

二维码(2-dimensional bar code)是指按一定规律,在平面上分布的黑白相间、记录数据符号信息的特定几何图形。二维码也是条码,但二维码能够在横向和纵向两个方向、两个维度同时存储和表达信息。如图4-12所示。

图4-12 二维码

二维码营销是指企业利用二维码制作一系列的营销活动，如产品信息、企业活动、企业简介等。很多企业都会把二维码与一些营销互动的媒介结合在一起，引导消费者扫描二维码，其中的营销互动的媒介类型包括视频、电视、订阅信息、社会化媒体、商店地址等。

（二）二维码营销的8大优势

二维码的营销优势主要体现在以下几个方面。

1.信息量大

二维码是一个多行、连续、可变长、包含大量数据的符号标识。其中，每个条形码有3～90行，每一行有一个起始部分、数据部分、终止部分。另外，二维码采用了高密度编码，小小的图形中可以容纳1850个大写字母或2710个数字或1108个字节，或500多个汉字，是普通条码信息容量的几十倍。如此大的信息量能够把更多种样式的内容转换成二维码，通过扫描，传播更大的信息量。

2.易识别

通常情况下，要读取普通的二维码中的信息，需要先在智能手机上安装二维码识别APP，常见的有微信、快拍、我查查等。打开识别软件，对着二维码扫描，即可快速识别其中的内容。

3.编码范围广

二维码可以把图片、声音、文字、签字、指纹等数字化的信息进行编码，用条码表示出来，不但可以表示多种语言文字，还可以表示图像数据。

4.容错能力强

二维码容错能力强，具有纠错功能，这使得二维条码因穿孔、污损等引起局部损坏时，照样可以正确得到识读。即使二维码的损毁面积高达30%，其中的信息仍然可以读取。

5.译码可靠性高

普通条码的译码错误率为百万分之二左右，而二维码条码的误码率不超过千万分之一，译码可靠性极高。

QR二维码的3个“角”上有3个方块，它叫位置探测图形。有了这3个点，不管是从哪个方向读取二维码，信息都可以被识别。即使将二维码图形旋转，也可以识别，如图 4-13 所示。二维码之所以只用 3 个点，是因为 3 点就可以确定一个平面，节省出的一个角可以嵌入更多信息。

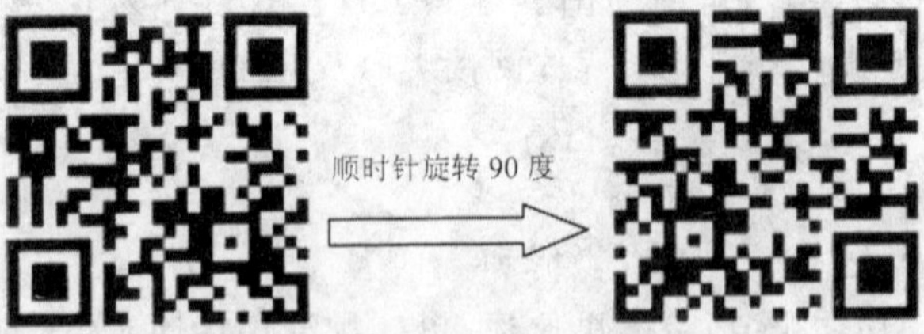

图 4-13　旋转二维码后也可以识别

6. 可引入加密措施

在用光电扫描器或者手机智能终端的扫描软件扫描二维码时，其实是一个解码的过程，解码恰恰是编码的逆过程。具体说来，是通过位置探测图形来定位二维码的区域，然后根据二维码的编码格式信息和纠错码，对数据进行解读。如果编码时经过加密处理，解码时则需要加密时的密钥信息。

和条形码相比，二维码的保密性更好。通过在二维码中引入加密措施，更好地保护译码内容不被他人获得。例如，用 A 算法对信息加密后生成的二维码，就需要有对应的 A 算法将二维码扫描后的信息进行解码。这种方式用在封闭领域比较多，比如高铁车票等。

7. 成本低

二维码可以承载图片、声音、文字等各项信息，充分地把复杂的内容通过条码编辑后展现，不仅阅读方便，同时节约纸张，低碳环保。同时，二维码可以印制于各种材质，传真影印更是没有问题，特别适合平面媒体。随着社会的发展，科技水平的提高，移动互联产品越来越受到企业的喜爱，成本低廉、用途广泛的二维码兴起为企业带来了很多方便。

8. 尺寸可变

二维码是通过图形上面的黑白点来代表 0 和 1，实现信息记录的。对一张二维码图像来说，其横向和纵向的总黑白点数是固定的，在摄像头扫描时基本上可以看作是矢量图，其等比例放大或缩小都不会影响存储的信息。

但是，如果随意缩放二维码，可能会导致手机扫描不到该二维码。因此，缩放二维码时必须等比例缩放大小，不能随意变形图像。

(三)二维码营销的5大模式

从运营层面来看,目前中国二维码运营模式可分为5类,即网络社交类、服务提供类、电商购物类、媒体阅读类以及应用工具类。

1. 网络社交类

目前,网络社交类主要以微博和微信为代表。例如,微信APP中的二维码提供多种功能服务,带来更便捷、更好玩的操作体验,也为用户创造了一个提高关注和营销的机会。

2. 服务提供类

服务提供类的二维码范围比较广,比如二维码营销、为客户提供从票证检验到物品信息二维码化的一整套运营解决方案皆属此类。

3. 电商购物类

依托于二维码的移动电子商务平台将成为众多公司未来的核心业务,为商家商品制作、营销二维码,消费者扫描它之后登录其移动电子商务平台实现购买,这种模式必将催生出体量巨大的公司。

4. 应用工具类

二维码的应用,可以分为主读和被读。

被读类应用:是以手机等存储二维码作为电子交易或支付的凭证,可用于电子票务、消费打折等。

主读类应用:是以安装识读二维码软件的手持工具(包括手机),识读各种载体上的二维码,可用于查询信息、防伪溯源、购物付款、执法检查等。

5. 媒体阅读类

由于二维码中可以包含极大的信息量,随着智能手机在日常生活的普及,Android和iOS智能手机系统的崛起,二维码扫描阅读,将改变人们阅读的习惯。众所周知,在手机上编辑网址十分费力,而使用二维码只要一拍就可以进入相关阅读页了,方便又快捷。

二、二维码营销技巧

随着智能手机的普及,二维码的运用领域越来越广泛,很多商家利用二维码营销进行企业宣传。下面介绍二维码营销的四个方面的技巧。

(一)引导用户

二维码营销的最基础环节就是,引导用户进入你的网络平台,浏览你的手机网站,让消费者直接看到你的产品内容。基于这点考虑,必须在制作、展示、宣传、扫描、查看的每一个环节,都要充分考虑用户的习惯和心理,学会换位思考。

1.理由选择

你必须给用户提供一个有价值的扫码理由。扫码背后的手机网站必须给用户巨大的诱惑力和驱动力,才能让顾客主动自愿地去扫描。无论是足够的优惠还是切实解决顾客问题的服务,第一原则就是设身处地为用户考虑,把自己置身于顾客位置,打造一个好的理由,这样二维码营销便成功了一半。扫码抽奖环节也可以在很大程度上吸引人潮。将二维码营销与抽奖海报相结合,这样会调动起目标用户的积极性,刺激他们拿出手机"扫一扫"。

2.平台选择

手机平台是顾客最乐于接受的网络平台,建立简单明了的移动版网页是企业的最佳选择,电脑版网页过于烦琐,不适应当代快节奏的生活方式。在建立移动版网页时,网页必须针对手机设备进行优化,能快速加载页面,并且适应不同的手机浏览器类型和屏幕大小。如果实在不能提供所有的内容信息,简单地放一段文字和微博链接等内容也比电脑版网页强。每一个用户都有其明确的目的,顾客不愿意在你复杂的网络平台中搜索,用户需要的是简单快速的定位,在小屏幕里迅速找到他们所需要的内容。二维码的玩法就是要简洁清晰。

3.地点选择

把你的二维码放在合适的地点,这样才能有效地提升二维码使用率。人们匆匆而过的地点是不适合设置二维码扫描的,在选址上必须选择人们有闲暇,人流量大的地方,例如公交车站的灯箱、餐厅的桌角、各种排队等候区域、公共场所 WiFi 提示标语旁等。此外,如果设置在没有手机信号覆盖的地方,起不到任何效果,一定要选择网络畅通的地方,让用户畅游网络平台,浏览你的产品信息。

4.文字选择

在二维码边上可以附上使用方法介绍,简单明了,最好配上暖心的文字以及温情的配图,切忌啰嗦,不要让用户在烦琐的语言文字下厌烦这样的扫描。也可以用神秘的语言提示,吸引用户进行扫描关注。

(二)吸引用户

企业想要实现二维码营销的目的,首要任务就是吸引消费者的眼球。下面介绍利用二维码营销吸引用户眼球的技巧。

1.带图形的二维码

如今的二维码并不只是黑白格的形式了,它还可以添加图片,企业把宣传物主题的核心元素与二维码搭配显示,可以营造出比较时尚的构图。

企业做二维码营销的时候,可以利用图形二维码放置产品图片,使二维码承载的不仅仅是文字,还富有创意地使用了图片来完善企业的二维码信息。如图 4-14 所示。

图 4-14　图片二维码

2.有创意的二维码

如今媒体传播环境日益丰富,年轻化的消费受众更是喜欢尝鲜,彩色二维码更能适应市场需求。更多的企业愿意用彩色的二维码作为产品的营销方式,并且缤纷的色彩能给人带来视觉的有力冲击,给人留下深刻的印象。

除了彩色二维条码的生成技术,当前还有不少“个性二维码”的生成工具,把一些个性图案与二维码进行合成,得到个性化并能被扫描设备识别的二维码。

3.品牌植入二维码

企业运行二维码营销时可以将品牌植入二维码,做成一个以生活为主题的情景画面。在二维码中放入大众生活场景的画面，极具创意，借此吸引顾客目光。如图4-15所示。

图4-15 品牌场景融入

4.结合产品的二维码

企业做二维码营销时，可以让产品信息与二维码外观相结合，给二维码加入其他元素，使二维码具有突出活动主题、扩大活动影响力的作用。如图4-16所示。

图4-16 结合产品的二维码

5.创造惊喜

企业在应用二维码营销的过程中，可以利用微博、微信送祝福，甚至还可以以二维码的形式给用户发一份红包。

6. 趣味性

趣味性的二维码营销活动也是取得成功的捷径。例如，灵动快拍与阳澄湖大闸蟹股份有限公司进行二维码防伪合作，消费者只要扫描大闸蟹“腰带”上的二维码，即可辨别大闸蟹的真伪。

7. 内容介绍明确

企业在运用二维码营销时，最好明确告诉用户二维码里面的内容，如果二维码里面是优惠券，就应该在二维码旁边加以说明。

最忌讳的就是只放一个二维码，却没有说这里面是什么，这样会导致以下两种结果。

①用户扫了之后觉得很失望，也会对你的产品或品牌失望，因为内容并不是他所期望的。

②用户不会扫描，因为用户没有动机去执行。

（三）圈住用户

下面从这两个角度介绍二维码微营销圈住顾客的技巧。

1. 给用户带来利益的二维码营销

如果企业的二维码只是一味地塞给顾客企业想传递的信息，而没有给予顾客需要的信息，那么商家的二维码营销将寸步难行。所以一定要考虑到给顾客带来利益的二维码营销创意。

例如，某家咖啡店针对上班族习惯一边喝着香醇的咖啡一边阅读当天早报的生活方式，创意使用二维码体积小、信息含量大的特点，在咖啡杯上印上可以提供早报的二维码，让顾客可以边喝咖啡边读早报，给顾客带来利益。如图 4-17 所示。

图 4-17 印有二维码的咖啡杯

2.提供售后服务的二维码营销

企业可以利用二维码营销给顾客提供良好的售后服务。企业只需在每一件产品的售后服务卡上印有一个独一无二的二维码，顾客只要扫描二维码就可以随时随地地享受企业服务。

3.利用二维码的网站链接功能

企业在实行二维码营销的过程中，可以利用二维码的网站链接功能，在方便用户进入网页的情况下，还能增加网站流量。

4.调动用户积极性

企业想要应用二维码营销，就要利用二维码与用户互动，并且强化消费者购买产品的欲望，达到提高产品的成交转化率的最终目的。

企业可以利用二维码互动营销平台，将官方二维码印刷在多种载体上，用户通过手机扫描二维码，即可快速浏览企业的活动信息、获取优惠券、参与抽奖等。

5.及时追踪二维码营销效益

引导消费者扫描二维码后，可以评估二维码的营销效益，营销者可以通过实践以下三方面，掌握二维码的营销效果，并进一步开展二维码微营销。

①二维码扫描跳转后，消费者在活动页面停留的时间才是营销活动成功与否的主要指标，毕竟二维码只是一个辅助工具。

②如果消费者扫描后在跳转页面中停留的时间极短，甚至没看清这个页面到底是做什么的，那么只能说，这个二维码非常吸引人，但活动是失败的。

③若二维码扫描量过低，就该反省中间的细节。

（四）增加用户

企业成功吸引顾客后，应该利用二维码营销来想办法增加用户。二维码营销增加用户的技巧如下。

1.链接页面的设计

消费者通过智能手机扫描二维码后要能链接到网页。

（1）尽量使用较短的网址

一般使用的网址，经过处理后变成短网址，则二维码上的黑白点颗粒会变大,其判读速度快,如图4-18所示;而没有经过处理的网址,二维码上的黑白点颗粒会比较密集,判读速度较慢,如图4-19所示。

图4-18 判读速度快

图4-19 判读速度慢

(2)网页的内容要精简干净

由于手机屏幕的限制,网页的信息最好限定在一页,尽量不要让消费者往下拖拉才能看完整个信息。

(3)链接网页不要放Flash元素

Flash不一定能够体现出更多具有价值的信息,而且苹果系统的iPhone和iPad都不支持Flash格式文件,如果二维码链接过去的网页有Flash元素的话,则那些拥有高消费能力的人群无法看到产品和活动。

2.增加二维码清晰度

二维码营销能否成功,取决于二维码能否成功被扫描。用户扫描二维码时除了尺寸限制,还包含“清晰度”的问题。清晰度的问题可能来自以下两个方面。

①企业不能使用自己的LCD屏幕来测试影片二维码,因为电视信号传播到消费者的家里后会有衰减,都会变得模糊一些,这对于二维码扫描成功率有很大的影响。

②如果二维码图形没有调整成适合放在户外广告的尺寸,而直接放置在户外广告上,消费者可能根本扫不出来。

3.让用户深入体验广告

大部分企业在做网络营销的时候,二维码广告仍然只是做了一个官网或者优惠活动的链接入口,对于用户来说,这种二维码根本没有设计可言。

企业应该想出一些新奇的方式,把二维码展现在用户的面前,即使二维码内容单一,但是展现的方式有趣、有创意,那么也会引起用户注意,勾起用户扫描的欲望,那么这样的二维码营销就算是成功了一半。

第五章　互联网＋软文营销

在互联网，3G/4G 已经普及的时代，软文广告凭借绵里藏针、以柔克刚的营销策略，成为企业营销制胜的法宝。目前，软文营销已经成为网络营销之魂，所以，软文营销不是要不要干的问题，而是到底怎么能干得更好的问题。

第一节　软文营销概述

一、什么是软文

软文是软文营销的基本工具和手段，是软文营销的核心，软文的精妙之处就在于将宣传内容与文章内容完美结合，让用户在阅读文章的时候能够了解策划人所要宣传的内容，但软文并不是软文营销。那么，什么是软文？

（一）软文的基本定义

软文是相对于硬性广告而言，是由企业的市场策划人或广告公司的文案人员来负责撰写的"文字广告"。有学者认为，凡是未涉及重大政治、军事、社会事件的新闻，一律被称为软新闻，也就是我们平常所说的软文。软文有狭义的和广义的两种定义。

狭义的定义是指企业付费在报纸或杂志等宣传载体上刊登的纯文字性的广告，如图 5-1 所示。

广义的定义是指企业通过策划在报纸、杂志或网络等宣传载体上刊登的可以提升企业品牌形象和知名度，或可以促进企业销售的一些宣传性、阐释性文章。如图 5-2 所示为美菱家电的深度报道，虽说没有硬性广告，但是对于品牌的宣传具有十分深远的影响。

图 5-1 狭义的软文

图 5-2 广义的软文

对于广告界而言，大多数朋友都认为软文是相对于硬广而言的软性广告，这种说法有一定的道理，但是按照这种说法，如何理解硬广表现形式的软文呢？如图 5-3 所示遭到疯狂模仿的凡客体。

图 5-3　遭到疯狂模仿的凡客体

而在文案的范围里，完整的一篇宣传性文章就是我们常说的软文。和广告语、广告图配字，广告脚本等零散的形式不同，软文是一篇文章，它是基于产品特点的概念诉求与问题分析，对消费者进行针对性心理引导的一种文字模式，是借助文字表达与舆论传播使消费者获得这个关于主题的详细信息，具体的不同我们可以通过图 5-4 进行区分。

图 5-4　广告、文案与软文的区别

在互联网迅速发展的时代，我们也许对这些技术概念理解不够深刻，但是针对软文可以很简单地理解为：通过某种形式传播的，以达到某种目标的文字或者文字的组合就是软文。可能这个定义不尽完美，但是这个简单的定义却是软文的真谛。

（二）软文的形式

纵观广告市场，软文虽然千变万化，但是万变不离其宗，主要有以下几种形式。

1. 讲故事

讲故事是人类最新鲜也最容易受到欢迎的信息接收方式，通过讲一个完整的故事来引出产品，使产品的“光环效应”和“神秘性”给读者以深刻的记忆，拉近与读者的距离，给读者的心理造成强烈暗示，让读者不自觉地产生消费行为。如“1.2 亿买不走的秘方”等。

在企业界，海尔张瑞敏砸冰箱、茅台海外参展摔酒瓶的故事至今仍为人们津津乐道，这些故事为企业带来的卓越品牌传播贡献也是毫无争议的。当然，我们不可能做到每一篇故事性软文都能让品牌在一夜之间成名，也不可能每一篇故事性软文都按照品牌相关教科书那样做品牌定位、规划、挖掘等烦琐的工作，那样软文就出不来了，软文创意往往是一念之间的事情。

此类软文讲故事不是目的，故事背后的产品线索是文章的关键。针对软文的行动目标自编一段小故事巧妙地融入自己的产品，进而达到宣传的目的。听故事是人类最古老的知识接受方式，所以故事的知识性、趣味性、合理性是软文成功的关键。

2. 造新闻

没错，绝对没看错！就是要制造新闻。所谓“制造新闻”就是为宣传寻找一个理由，以新闻事件的手法去写，让读者认为仿佛是昨天刚刚发生的事件，这样的文体是对企业本身技术力量的体现。其实对于中小企业而言有太多的制造新闻的机会，但是造新闻一定要有据可依，要结合企业的自身条件，多策划沟通，不可胡编乱造，否则，多数会造成负面影响。

3. 设悬念

这种形式的软文核心内容就是提出一个问题，然后围绕这个问题自问自答，如“什么使她重获新生?”等，通过设问引起话题和关注使这种方式的优势，如图 5-5(1)所示。

另外还有一种如图 5-5(2)所示，为盛大游戏的“神秘”网站横空出世，让众多网友纷纷猜测，而页面信息中体现的浓重的“下一个，更精彩”的意境也让网友激动不已，对盛大下一步的大动作非常期待。

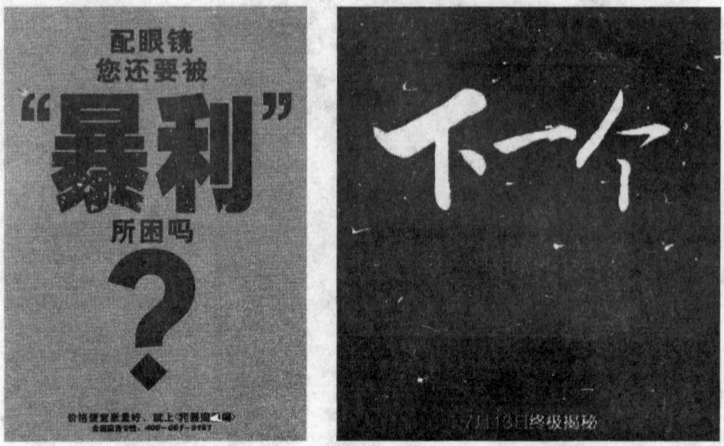

(1)　　　　　　(2)

图 5-5　悬念式软文

4. 动真情

情感一直是广告的一种重要媒介。人是感情的高级动物，只要动了感情，就会引起共鸣或者在心底里被触动，从而改变自己的行为决定。情感最大的特色就是容易打动人，容易走进消费者的内心，所以，“情感营销”一直是营销百试不爽的灵丹妙药。

用动真情的角度创意的软文写作中的情感是为理性服务的，你所创作出来的软文首先应该要打动自己，千万不能不痛不痒，让人感觉是无病呻吟。只有这样，这类软文才会具有天衣无缝的逻辑力量，加上感人的情感力量。需要注意的是，软文写作中不是为情感而情感，而是要诉诸受体的情感，以情动人，在理性中加入干柴，使软文的说服力和感染力兼备。

例如，在加多宝与王老吉的“凉茶大战”之后，四则以哭泣的孩童为主画面的“对不起”文案出现在加多宝官网的微博上，经过上亿粉丝发酵，引发了从名人到草根的共鸣。在网络名人的推波助澜下，“对不起”迅速发酵成为一个网络事件，如图 5-6 所示。

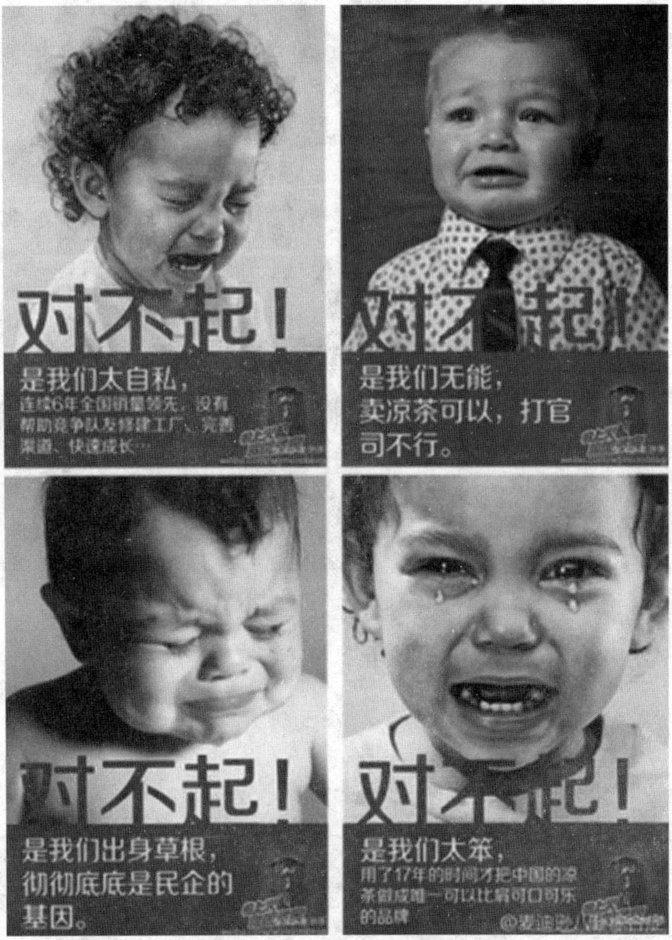

图 5-6　情感式软文

5. 拆台式

拆台式，简单来讲，就是没有矛盾要制造矛盾，用打仗的思维玩文字。其中，曝行业内幕就是一种拆台方式的创意形式，只不过拆的是行业的台。对于中小型企业而言，与经销商、与客户之间，特别是知名客户之间发生分歧是在所难免的，在适度披露信息的情况下，拆拆台就是一种不错的思路。

再拿加多宝与王老吉的“凉茶大战”举例，被誉为“中国包装第一案”的“红罐装”是双方系列纠纷案中的重头戏，为了商业利益，双方可谓是创造了广告文案大战的经典。如图 5-7 所示。

图 5-7　中国包装第一案

此外，2014 年“双十一”期间，苏宁易购对淘宝拆台的软文也是创意十足，直接拿往年网友对淘宝“双十一”的吐槽放入苏宁易购的硬广中，引起了大量网友的关注。如图 5-8 所示。

图 5-8 苏宁易购硬广中的文字

拆台软文一定要有创意，要玩得高明，不能变成市井之间的骂战，文字要有内涵才有看点。

6. 促销式

促销式软文可以用通过设奖赏，例如折扣、赠送礼品，甚至是免费等方式来吸引消费，例如“3 月 15 日当天某商场前 100 名到店顾客账单 100 元以下免单”“品今时代推广免费制作网站了”等，如图 5-9 所示。在软文营销的实践中，如果用设奖赏的方式去创意软文，最好设定门槛和时间段，增强读者的优越感和紧迫性。

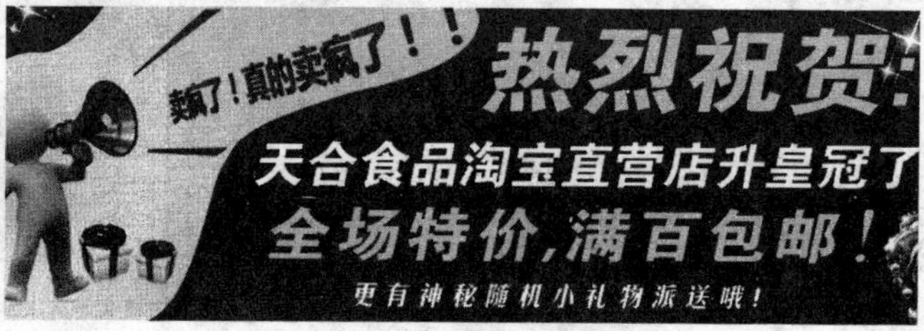

图 5-9 促销式软文

7. 挖历史

历史和文化是紧密结合的，企业的产品或经营项目能不能找到历史典故，是历史营销的一个重要因素。白酒企业最善于挖历史，用历史来美化自己的，而且都看得见效果。

例如,2014年下半年一款健康饮品——上河枣酿。这款饮料是利用红枣作为原料,制作而成的红枣饮料。产品品牌的来源正是根据红枣的发源地黄河来命名的,但是又不能直接叫黄河枣酿,因此选用了黄河在历史上的"曾用名"——上河,于是"上河枣酿"的名字就此诞生了。如图5-10所示。

图5-10　挖历史:"上河枣酿"的名字诞生

8.反面式

反面式软文的作用就是从"对消费者造成的危害"入手,让读者有较深的记忆。反面式软文属于反情感式诉求,大多应用于公益健康广告中。如图5-11所示的禁烟广告,尽显吸烟的危害,从而对人们产生警示。

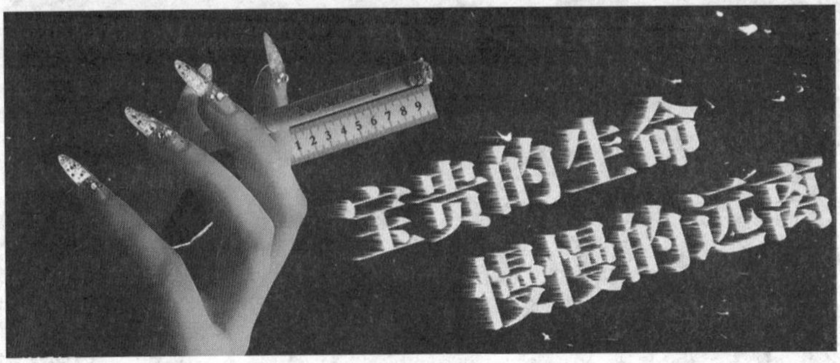

图5-11　反面式软文

（三）软文营销的要素

软文在国内出现并得以运用的十余年时间里，为无数企业带来过不错的收益和宣传效果，其通过特定的概念诉求，以摆事实讲道理的方式使消费者走进企业设定的“思维圈”，以强有力的针对性心理攻击迅速实现产品的营销，扩大自身的发展空间和市场竞争力。

软文营销，通常要从下面五个方面入手，如图 5-12 所示。

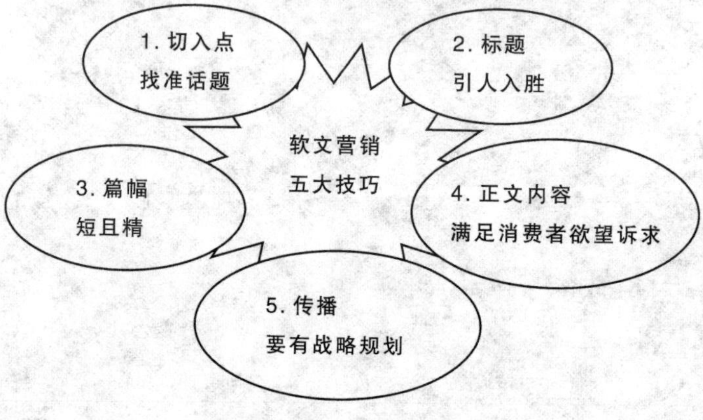

图 5-12　软文营销五要素

1. 话题

企业要抓住事实热点作为软文营销的题材，捕捉到用户的心理，寻找适合的话题切入点。所谓切入点就是这篇文章从什么方向来写，从什么角度来写，或者说你写的文章的主题是什么。例如，当年“我是路人甲”的软文题材，引起了众多热门话题，如图 5-13 所示。

2. 标题

在一个快节奏的时代里，一个具有吸引力的标题，才能引起网民的好奇，促使他们点击查看。即使内容写得不尽人意，但是文章的标题很好，读者仍会点击查看，这就说明还是有效果的。如果是一个毫无新意的标题，就算软文内容再丰富，不能引起网民的注意那也是徒劳。标题是点睛之笔，如果标题起得好那么你这篇软文就等于成功了三分之一。

在北京市控烟条例实施倒计时 50 天宣传活动上，以标题“劝阻吸烟的手势，支持哪个？”发布了 3 种劝阻吸烟的手势备选方案，如图 5-14 所示。最终，在 2015 年 4 月 12 日 24:00，“我介意”手势获得了最高的支持率。从标题上看涉及面很广，但凡不喜欢吸烟的，甚至自己吸烟的也会点击查看，最终参与投票，这篇软文的效果就出来了。

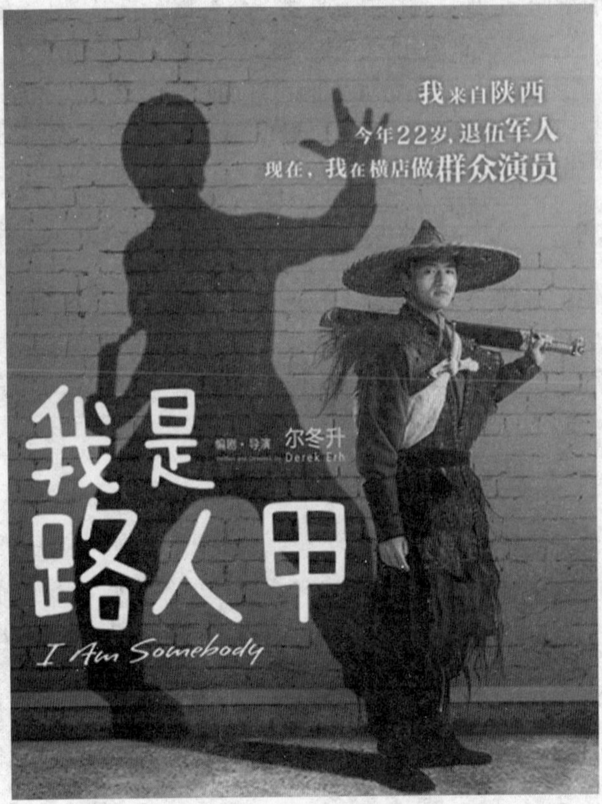

图 5-13　“我是路人甲”热门话题

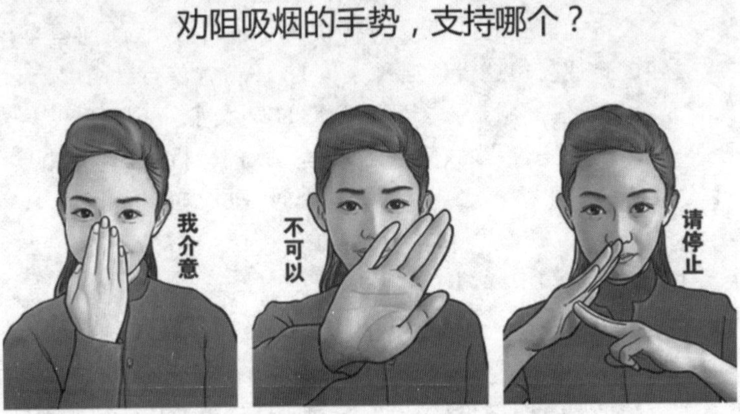

图 5-14　引人注意的标题

3. 篇幅

如今快速的生活节奏，让读者习惯了快餐式的阅读，对于软文，读者更是没什么耐心，如果不能在几行字之内抓住读者的眼睛，后面的内容即使再精彩也毫无意义。所以软文要短小精悍，言简意赅，让读者很快就能了解整个内容。对于必须使用稍长篇幅的软文，应尽可能使用短句，这样易读易记，更容易让读者产生阅读兴趣。

4. 内容

软文营销最难的一步就是很自然地将广告内容融入文章中。通常软文写作者会对所要宣讲的产品做深入系统的研究，对市场情况做深入调查，这样做才可以写出有血有肉、生动传神的好软文。因为一篇完美的软文是要让读者感受不到太过明显的广告意味，读者读完之后还能够受益匪浅。

5. 策略

软文是最需要技巧的广告形式，企业掌握了软文营销的策略，就能达到销售企业产品、宣传品牌的目的。软文营销有很多策略，企业不可能每一种都能兼备，应该选择最适合自己产品的策略，且应随着市场的变化，方案和内容还要做相应的调制，不可一篇软文打天下。

二、软文的作用与分类

（一）软文的作用

在众多的网络推广方式中，软文以可读性强、流通性广、效果持久等特点广受追捧。大量的同一时间段的网络软文发布，可以很快使得推广者的网站被人关注。企业公司还可以通过大量的文章，宣传自己的形象、专业的领域，尤其是运用敏锐的洞察力去解决客户的实际问题，为自己的信誉度增加砝码。软文不同于广告，很大程度上带有个人的分析，这属于自己的价值观的一种表达，不仅可以表达自己的观点，而且可以宣传产品，引导用户消费。

软文能在网络营销中起到举足轻重的作用，主要是由于一篇好的软文不仅能为企业网站带来大量流量，而且若将这种流量加以转化，就可变成一种较大的商业价值。在软文中带入自己网站的链接，可以增加有效外链，引导搜索引擎来到推广者的网站上，从而增加被搜索引擎搜录的概率和排名。在软文中穿插关键字和长尾关键词，可以有效地增加关键词的密度。

新闻性软文具有广告和新闻双重的特征，因此既具有广告的效果，又有新闻的权威性、真实性和客观性，更有可信度，易于使消费者接受。通过新闻传播的软文，网民会不知不觉的记住，并偶然向朋友提起，等到需要的时候，自然而然会选择比较权威的信息，从而选择新闻软文所推广的商家。

（二）软文的分类

1. 品牌力软文

品牌力软文指有助于品牌建设、累积品牌资产的软文。用品牌力软文塑造品牌形象，可以由内部撰写，也可以是用户对该品牌的使用体验。一般由企业主导，可以自己撰写，也可以找人代写，撰写的角度多半有利于提升品牌的知名度、联想度、美誉及忠诚度，如图 5-15 所示。

图 5-15 品牌力软文

2. 公众类软文

公众类软文是指有助于企业或机构处理好内外公关关系以及向公众传达企业各类信息的软文。有的企业通过企业内刊来处理与员工之间的关系，一旦企业发生危机，就需要第一时间处理好与公众之间的关系。如图 5-16所示为某商业连锁企业的内刊。利用这类软文，可以向员工与公众传递企业信息。

图 5-16　公众类软文

3. 推广类软文

软文在推广上的作用向来举足轻重，尤其是一篇好的软文，它不仅能给商家带来非常多的外部链接，而且一旦被大量转载，效应不可估量。如图 5-17 所示为长沙某全景摄影组织的博客文章，在其中我们可以看到博主给出的博客链接，这其实就是一种推广类软文。

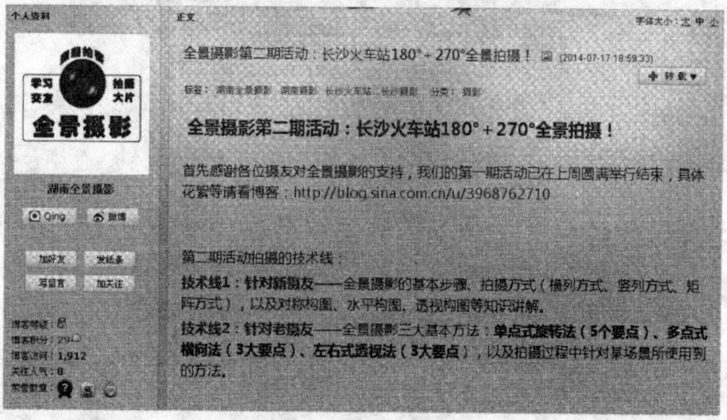

图 5-17　推广类软文

三、软文的载体

(一)硬广中的软文

主要是指户外广告、平面媒体广告中的文字。这些文字处理除要符合广告设计的原则之外,还要对字句进行斟酌,因为广告中的软文比简单直白的广告词更具有煽动性和诱惑力,其创意的新颖化、内容的生动化、形象的文学化,远非简单直白的广告词可比拟,这正是广告软文在商业营销中的灵魂价值所在。但是需要注意的是,广告中的软文不一定需要华丽的辞藻,实现目标才是重点。图 5-18 所示为某餐饮品牌的硬广告软文。

图 5-18 硬广告中的软文

(二)平面媒体中的软文

平面媒体主要是指国家新闻出版总署批准的具有发行刊号的报纸、期刊,这些都是通过单一的视觉、单一的维度传递信息。而平面媒体软文则是指以平面媒体为载体的软文,这些媒介上的软文需要各个媒体的审核。软文营销选择这些媒体作为载体,需要在撰写方面下足功夫,另外还有注意出版周期与发行日期。如图 5-19 所示为平面媒体软文。

新民晚報

飞入寻常百姓家 / www.xinmin.cn

上海第二工业大学50周年校庆公告

上海交大打破常规争分夺秒让人才到位——

开辟“绿色通道”海外纳贤

北外滩“扬帆”

“希望”让位于“观望”——

上海楼市三月难见“小阳春”

本市浮尘天气今结束

未来几天沙尘天气还将肆虐我国

海外高端人才措捧加盟

餐馆下水道中的油腻漂浮物，过滤分离后变身

“食用油”，利润率竟达百分之两百——

暴利驱使地沟油回流餐桌

每吨利润接近2000元

图 5-19　平面媒体软文

（三）微信中的软文

目前，微信营销已经成为热门的网络推广渠道之一，也是社会化媒体营销中的主要推广方法。微信推广的最大优点之一就是微信中的好友大多是你认识的，因此可信度较高。微信营销的核心是微信公众账号的内容及分享，只有拥有优质的内容，企业微信公众账号才能通过朋友圈被更多地转发

分享。如图 5-20 所示为某餐厅推出的微信软文。

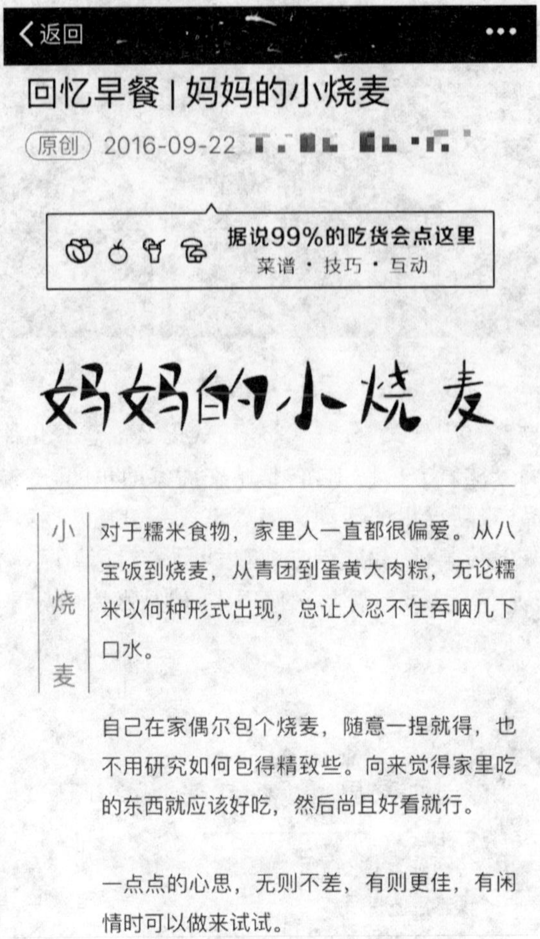

图 5-20 微信软文推送

（四）微博中的软文

微博是一个基于用户关系信息分享、传播及获取的平台，可以以图片、文字更新信息，并实现即时分享。微博作为一种分享和交流的平台，其更注重时效性和随意性。微博能表达出每时每刻的思想和最新动态，但是有字数限制，因此，更加考验推广者的技术。微博的软文要么犀利、要么有趣、要么经典，不然就需要有点明星效应，以达到博取众人眼球的目的。目前中国较为常见的微博平台包括新浪、腾讯、搜狐等。如图 5-21 所示。

图 5-21　微博

微博软文推广有广告式、分享式、炒作式以及创意式几种类型。广告式软文常见于各商家的官方微博中，它是站在商家的角度，广告式地宣传商家最新推出的产品、最新推出的活动。而分享式一般是站在第三方的角度，通过分享的方式来宣传某件商品，例如，网友小华在微博上发布了一条微博，内容如图 5-22 所示。这虽然看起来像广告，但是微博的分享属性决定了这类内容是很受欢迎的。

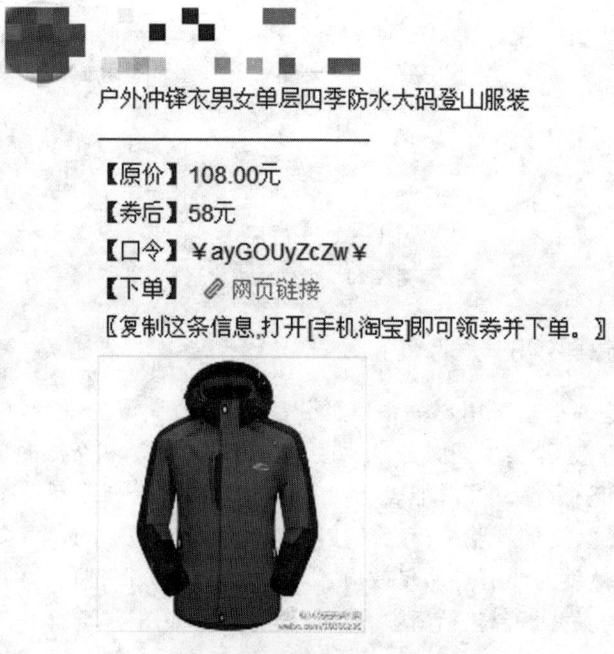

图 5-22　分享式微博软文

炒作软文是通过挑衅的方式，甚至是对骂的方式来提高网友的关注，引起网友微博的转发，最终达到扩大传播的目的。而创意式微博软文一般具有新鲜、有趣、幽默的特点，一眼看上去不像广告，更像是一则笑话，或是一篇微型小说。这类软文的关注度高，而且网友都乐意转发这种微博。

（五）博客中的软文

博客是一种通常由个人管理、不定期张贴新文章的网站，它是社会媒体网络的一部分。博客中的软文一般相对轻松，形式多样，角度多，而且博文的篇幅不像微博那样受限制。但是建议每篇不要太长，只要把想表达的观点阐述透彻即可。

绝大多数博主将自己的名称当作自己的品牌名称来宣传。相比于其他的品牌名称，此种品牌名称显得更加亲切可信，能更好地诠释品牌的内涵，建立品牌形象。在推广营销中，商家可以选择新闻通稿、口碑营销等，无论采取何种方式，一定要懂得注重推广博客的品牌力量，对博客产生无形的后盾支撑。

（六）网络媒体软文

互联网被称为继报纸、广播和电视三大传统媒体之后的“第四媒体”。基于互联网的网络媒体集三大传统媒体的诸多优势为一体，是跨媒体的数字化媒体，具有即时性、海量性、全球性、互动性、多媒体性等诸多优势。网络媒体虽然优点众多，但是也存在很多缺陷，对软文的写作要求更加严格。如图 5-23 所示为常见的网络媒体。

图 5-23　常见的网络媒体

除了上述几种软文载体之外，还有论坛软文、电子邮件中的软文、站长软文以及淘宝店软文等。每一种软文载体都有其优势与弊端，在软文营销中，应当根据本企业公司的实际情况，选择合适的软文载体，以达到自己预想的结果，为本企业助力。

第二节　软文撰写，内容为王

一、软文写作的基础

（一）软文写作的基本特点

从软文最基本的构成和功能来看，它包括以下几个特点。

1. 软：篇幅较短

“软”是软文的首要特点。所谓“软”，就是篇幅较短，字数一般控制在500字以内，这样既吸引读者，也便于传播。其次是通俗易懂，即浅显易懂、言简意赅的文字表达，让读者易于接受。

此外，应该注意内容精彩，但应避免过于张扬的广告宣传，如图5-24所示为“豆八怪”的软文案例，这篇宣传软文浅显易懂，故事性很强，很容易吸引读者的关注。

扬州八怪传奇

2010-9-17 11:44:20　阅读：6021次　来源：三打哈　评论(0)　我要投稿　收藏　字号：[大 中 小]

导读：食品软文是比较好些的，写自己的感受即可，但是把食品软文写成文化软文就不好写了。

都知道扬州有八怪，那说起“豆八怪”，想必各位读者一定觉得熟悉而又陌生吧。没错，它就是最近在市场屡推“彩虹果香豆浆豆腐”、“爽滑果冻豆浆豆腐”、“金种子保健豆浆”等创意新品的豆制品创富品牌。您要问起它的渊源，那就要追溯到百年以前了......

图5-24　浅显易懂的软文

2. 准：主体明确

任何一篇文章都要有主题，而软文短小精悍，更要求精准。所谓精准，就是软文写作者在写作之初一定要明确软文的目的和面向的读者群，确定软文的看点以及定位软文的诱惑点。图 5-25 为王老吉的推广软文,“凉茶”客户定位准确,正文内容言简意赅。

抵御寒冬，凉茶相伴

2012-2-1 9:39:32　阅读：19364次　来源：三打哈　评论(0)　我要投稿　收藏　字号：[大 中 小]

导读：寒冬来临，什么是你这个冬天的健康饮料呢？生活习惯往往是根深蒂固的，然而在冬季饮料市场上，健康的消费观念已经悄然地改变了人们的一些生活习惯，越来越多原本喜欢普通饮料的消费者开始将目光转向健康饮品。

寒冬来临，什么是你这个冬天的健康饮料呢？生活习惯往往是根深蒂固的，然而在冬季饮料市场上，健康的消费观念已经悄然地改变了人们的一些生活习惯，越来越多原本喜欢普通饮料的消费者开始将目光转向健康饮品。近日，记者在王老吉冬季防上火行动的写字楼和社区推广现场看到，市民们争相填写健康调查问卷，购买王老吉凉茶，火热的场面和寒冷的天气形成了巨大反差。促销人员介绍，消费者大都是看中了王老吉凉茶预防上火的健康功效。

图 5-25　软文主体明确

3. 快:传播转载

说到“快”,可能很多读者会觉得软文是速成品,这是对软文认识的一个误区。这里所说的“快”是指一篇成功的软文传播速度快,容易引发转载,要达到这样的效果,就要求写作者有足够的相关领域经验,对软文所宣传的内容非常精通,所以才会写起来得心应手,一针见血地写出读者的心声。

4. 新:新闻性强

“新”主要针对新闻性软文而言,比如一家新公司的开张、上市、收购、新产品发布,这种软文要求有很高的时效性,及时报道才能及时传播扩散,也可以在短时间内提升企业形象。

(二)软文写作的四大要求

好的软文能够提高关键词的曝光率,提高网站的排名、权重和知名度。因此,软文写作者在写作时,需要注意以下几个基本要求。

1. 符合营销推广的基本要求

软文写作是有其“任务”的,推广对象、推广目标、推广过程、推广手法、推广计划。在写作软文之前,应该有一个概括性的规划或者计划,因为软文是营销推广的一部分和实际手段,软文写作要符合营销推广要求,如果不符合，软文写作也就成了无用功。

2. 符合新闻文体的写作要求

从体裁文体上说，软文写作基本上是借鉴采用新闻体裁的写法，因此软文写作要符合新闻体裁的基本要求。总的来讲，一篇软文应该是某种文体，不能“四不像”。

3. 符合中文的写作要求

软文的表现形式是中文，并且是中文的书面语言，具体是指对字词句、篇章结构有一些基本要求。语句要通顺、文理要清楚、结构要合理、没有错别字、标点符号使用正确，具有逻辑性。选材要恰当，语句要精练，不要使用有歧义的词语和句子，并且适当使用修辞手法等。

4. 符合网络的特殊要求

经过长期的发展和实际运用，网络媒体在报纸、广播和电视三种大众媒体的基本手段之上，又有了其特殊性和个性特点。因此，网络媒体在符合其他三种大众媒体的要求之上，也要符合网络文字的要求。网络媒体的特性是快、广、形式多样。因此，无论是在论坛、群组还是圈子等其他软文载体，都要做到言简意赅，文章简短。

二、软文开头的写法

软文的开头有“转轴拨弦三两声，未成曲调先有情”的效果，那就是绝妙的软文开头了。有人在写文章时讲究“凤头、猪肚、豹尾”，其中“凤头”是指文章的开头必须像凤头那样俊美靓丽，先声夺人，让人有一种美的享受。因此，不拘泥于形式的软文，一定要有一个让读者情不自禁地沉溺其中的开头。软文开头有很多模式借鉴，常用的有以下几种。

（一）开门见山

开宗明义，直奔主题，引出文中的主要任务或点出故事，或揭示题旨或点明说明的对象。例如，医疗行业软文的重点是解决患者的问题，因此通常都是采用开门见山的形式，直截了当地从患者的角度提出质疑，同时与患者的相关情况相吻合，以此来引起与患者的共鸣，如图 5-26 所示。

酵素省钱用法大揭秘 排毒瘦身不用愁

2014-08-22 04:02:00 来源：搜狐女人

酵素省钱用法大揭秘 排毒瘦身不用愁

酵素，可以说是当下最夯最健康的美容潮流，时下又开始掀起了一阵热潮，如果你还out在外全然不知酵素为何物的话，今天是最好的一次与它近距离了解的机会了，你会发现你的美丽全部藏在里面哦。

在欧美和日本，酵素已经随处可见了，各大明星也开始形成了自己的一套健康酵素保养法。如果你现在还不知道酵素到底是何方神圣的话，那今天就让小编科普一下神奇的酵素知识。

图 5-26 开门见山式开头

（二）情景导入

情景导入式就是在文章开头有目的地引入或营造软文行动目标所需要的氛围、情景，以激起读者的情感体验，调动读者的阅读兴趣。高明的情景导入式软文推广者善于把"软"的产品放到一个特定的情景中，通过情景的感染，让读者融入这个情景中而不知不觉地接受了要推广的产品。

如图 5-27 所示为"老巷啤酒鸭"推出的软文，作者在开头营造了一个艳遇的情景，但实际表达的却是经营"老巷啤酒鸭"的店，这个店味道不仅醇香，而且还能碰到美女，这才是这篇软文的真正意图。

我与美女的甜蜜邂逅

今天真实太兴奋了，美女+美食，不敢独享，这么快便来与各位大淫分享了。我姓罗，大罗的罗，自去年毕业以来一直在本市一家不大的私营企业上班，每天面对着老板紧绷的脸和一帮唧唧喳喳的老妇女，在这个城市我显得是特别的失落和孤单。

傍晚，辛苦一天的我拖着疲惫的身躯，来到市中路那熟悉的燕山巷口，走进了老巷啤酒鸭，在靠里的位子上坐下，对服务员不大不小的说了声"半只啤酒鸭"，这时从隔壁的位子上几乎不约而同的传出"半只啤酒鸭"清脆而悦耳的声音，循音侧目，四目对视，彼此略带歉意地莞尔一笑。她眉清目秀，戴着镶边眼镜的近视，一个

图 5-27 情景导入式开头

（三）引用名言

在文章开头，精心设计一个短小、精练、扣题又意蕴丰厚的句子，引领文章的内容，凸显文章的主旨及情感。例如新浪博客某博主的一篇文章，开头

就是采用一句经典的句子：Never be afraid.——永远不要害怕，如图 5-28 所示。一般受众看到此开头，会给自己释放一种心理暗示，觉得文章的作者很有文采，读者自然就会愿意读下去。

《疯狂原始人》给我带来的感悟：父爱如山

Never be afraid.—永远不要害怕。

——题记

一直以来,都是不喜欢看动画片的。可能是飘零小时候很少接触动画片的原因，基本对于动画片，是不感冒的。而在昨天下午的公司活动中。我们选择了看电影，选来选去，最后选了最近热播的电影动画片《疯狂原始人》。飘零刚开始是抱着凑热闹的心情去看的。

渐渐的看下去，被情节所吸引，直到最后，不禁流下眼泪。如果说，这部电影的主题是追求光明，追求未来的故事。也许飘零不会太感动。在飘零的心里，它的主题是父爱。像山一样的父亲，用他的力量去守护一家人。因此，有了今天的博文，父爱如山。

……

图 5-28　引用名言式开头

（四）夸张刺激

这种类型的开头就像软文的标题，在读者视线飘过的瞬间迅速抓住读者的注意力，有夸张的成分，却能立刻刺激读者体内的肾上腺皮质激素上升，急切地想一探究竟，如图 5-29 所示。

卖疯了　买疯了(图)

http://www.sina.com.cn 2004年07月31日07:48 潇湘晨报

商场内人潮涌动　记者　刘　刚　实习生　谢志彪　摄

本报讯

继7月9日晚通程电器东塘旗舰店开业上演了数千人抢购狂潮之后，昨晚东塘友谊商城再度人潮涌动：该商城的全场改装大特卖活动，以超低的折扣、庞大的赠品赚足了人气。

尽管铺天盖地的宣传广告上表明特卖从午夜12点劲爆开卖，但实际上，在晚上6点，就已经汇聚了数千人，商场不得不提前开门。

图 5-29　夸张刺激式开头

（五）联想猜测

这种形式的开头与夸张刺激有点类似，但并不夸张，更倾向于写实或拟人，通常用朴实或华丽的语言来叙述一个对象或一件事，能让读者在看到第一眼的同时展开丰富的联想，猜测下文会发生什么，于是就有了继续阅读的欲望，让读者心甘情愿地思考阅读。

三、软文的正文布局

软文布局就是软文撰写中对素材、文字和标点符号及数字的排兵布阵，是把文章中的所有材料、作者的认识，按照软文的中心思想和行动目标，合理地排列，组合成一个完整而和谐的整体。正文要做到像前面所讲到的“猪肚”，即中间内容要详尽。布局要做到“秩序井然、气势连贯、高度一致、身材匀称”。从软文营销的整体分析，软文的布局主要有以下几种形式。

（一）悬念式

所谓悬念，是指设置疑团，不做解答，借以激发读者的阅读兴趣。要想达到激发读者阅读兴趣的效果，通常需要设疑、倒叙及隔断三种手法。让疑问随着文章展开逐层剥开，将读者最感兴趣、最想关注的东西先说出来，接下来再叙述前因。叙述头绪较多的事，当一头已经引起读者的兴趣，正要继续了解后面的事时，突然中断，改叙另一头，这时读者还会惦记着前一头，这样就造成了悬念，使读者产生急切的期盼心理，然后在适当的时机揭开谜底，如图 5-30 所示。

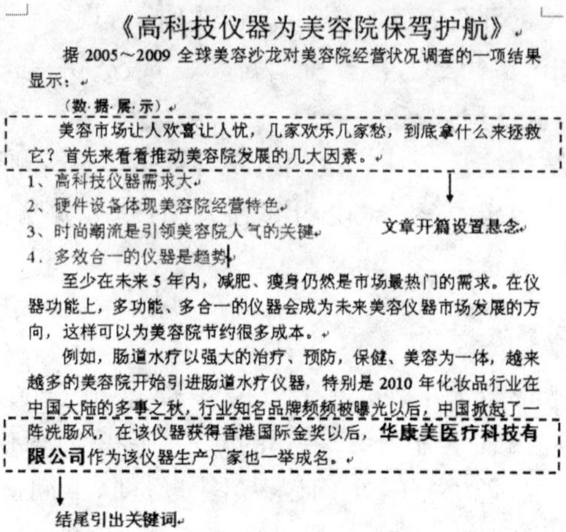
《高科技仪器为美容院保驾护航》

据 2005～2009 全球美容沙龙对美容院经营状况调查的一项结果显示：

（数·据·展·示）

美容市场让人欢喜让人忧，几家欢乐几家愁，到底拿什么来拯救它？首先来看看推动美容院发展的几大因素。

1、高科技仪器需求大

2、硬件设备体现美容院经营特色

3、时尚潮流是引领美容院人气的关键

4．多效合一的仪器是趋势

至少在未来 5 年内，减肥、瘦身仍然是市场最热门的需求。在仪器功能上，多功能、多合一的仪器会成为未来美容仪器市场发展的方向，这样可以为美容院节约很多成本。

例如，肠道水疗以强大的治疗、预防，保健、美容为一体，越来越多的美容院开始引进肠道水疗仪器，特别是 2010 年化妆品行业在中国大陆的多事之秋，行业知名品牌频频被曝光以后，中国掀起了一阵洗肠风，在该仪器获得香港国际金奖以后，**华康美医疗科技有限公司**作为该仪器生产厂家也一举成名。

图 5-30 悬念式布局

（二）抑扬式

在文章写作中，我们经常采用这样的手法：对所表现的事物，欲扬之，先抑之；欲抑之，先扬之。这样组合结构的方法，不但可以增加文势的变化，而且还能突出事物的特点或人物思想情感的发展变化。

举个简单的粒子，笔者曾经看到过这样的一篇文章：

一日黄昏，我倚着阳台远眺，无意瞥见了角落里的仙人掌。它竟横竖添了许多新节，刀戟般凛凛叉开，歪歪斜斜，怪模怪样。绿色的掌面，皱皱巴巴，黑刺密布，像一张老人的脸。我真是不明白，妈妈为什么要养这样丑陋而可怜的东西。

因为期末考试忙，再次光顾阳台，已是一个月后的一个午后。没想到那些以前精心式样的花，全都变成了褐色的枯枝，而角落里的仙人掌却以另一种姿态出现在我的面前，碧绿水嫩的叶高擎着一片金光，那是难得一遇的仙人掌花。金黄色的色泽，十二片花瓣一如流光溢彩的绸缎，柔软的花穗，如精心编制的流苏般，细密地遍布着雪乳般滋润的花粉。它凝然静立，却闪烁着宫殿般恢宏灿烂的光芒。昔日的丑小鸭，竟能涅槃羽化，开出如此美丽的花来！

这篇文章所用到的欲扬先抑的手法，堪称为抑扬手法的典型。把仙人掌前后的变化描述得如此美妙，同时，如果不是先前的“抑”，也不会突出后面对仙人掌的赞扬。

（三）层递式

层递式布局方法常常用于议论文体中，特点是在论证时层层深入，步步推进，一环扣一环，每部分都不能缺少。论述时，由现象到本质，由事实到道理，这是层递；提出“是什么”，再分析“为什么”，最后讲“怎么样”，也是层递；讲道理层层深入，也是层递。

运用层递式结构要注意内容之间的前后逻辑关系，顺序不可随意颠倒，这种方法的好处是逻辑严密，能说明问题。图 5-31 为脑白金众多软文中，采用层递式布局的软文。

（四）并列式

所谓并列式软文布局，是从若干方面入笔，不分主次、并列平行地叙述事件、说明事物，或以几个并列的层次论证中心论点的结构方式。其特点是概括面广，条理性强，能够把一个问题从不同角度、不同侧面进行阐述。其组材形式基本上有两种：一种是围绕中心论点，平行地列出若干分论点；另一种是围绕一个论点，运用几个并列关系的论据。如图 5-32 所示。

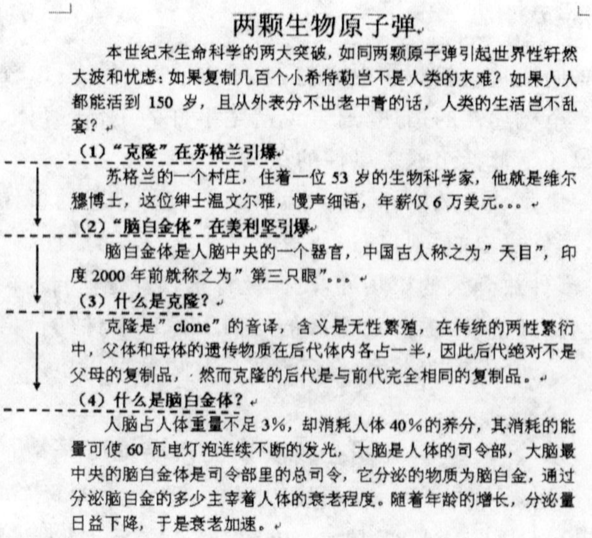

两颗生物原子弹

本世纪末生命科学的两大突破，如同两颗原子弹引起世界性轩然大波和忧虑：如果复制几百个小希特勒岂不是人类的灾难？如果人人都能活到 150 岁，且从外表分不出老中青的话，人类的生活岂不乱套？

（1）“克隆”在苏格兰引爆

苏格兰的一个村庄，住着一位 53 岁的生物科学家，他就是维尔穆博士，这位绅士温文尔雅，慢声细语，年薪仅 6 万美元……

（2）“脑白金体”在美利坚引爆

脑白金体是人脑中央的一个器官，中国古人称之为”天目”，印度 2000 年前就称之为”第三只眼”……

（3）什么是克隆？

克隆是”clone”的音译，含义是无性繁殖，在传统的两性繁衍中，父体和母体的遗传物质在后代体内各占一半，因此后代绝对不是父母的复制品，然而克隆的后代是与前代完全相同的复制品。

（4）什么是脑白金体？

人脑占人体重量不足 3%，却消耗人体 40%的养分，其消耗的能量可使 60 瓦电灯泡连续不断的发光，大脑是人体的司令部，大脑最中央的脑白金体是司令部里的总司令，它分泌的物质为脑白金，通过分泌脑白金的多少主宰着人体的衰老程度。随着年龄的增长，分泌量日益下降，于是衰老加速。

图 5-31　层递式布局

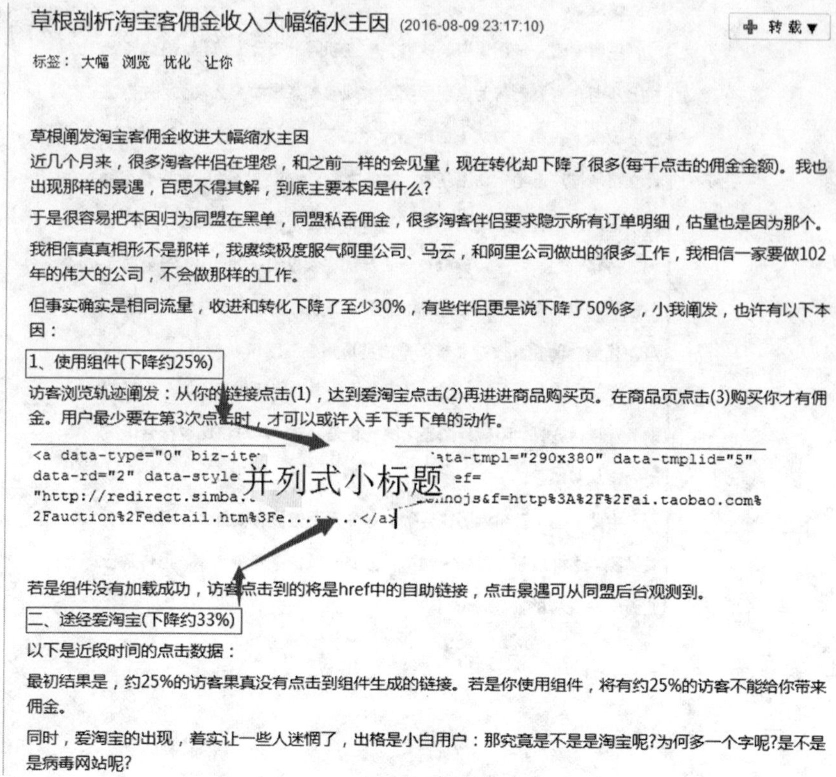

草根剖析淘宝客佣金收入大幅缩水主因 (2016-08-09 23:17:10)

转载

标签：大幅　浏览　优化　让你

草根阐发淘宝客佣金收进大幅缩水主因

近几个月来，很多淘客伴侣在埋怨，和之前一样的会见量，现在转化却下降了很多(每千点击的佣金金额)。我也出现那样的景遇，百思不得其解，到底主要本因是什么？

于是很容易把本因归为同盟在黑单，同盟私吞佣金，很多淘客伴侣要求隐示所有订单明细，估量也是因为那个。

我相信真真相形不是那样，我赓续极度服气阿里公司、马云，和阿里公司做出的很多工作，我相信一家要做102年的伟大的公司，不会做那样的工作。

但事实确实是相同流量，收进和转化下降了至少30%，有些伴侣更是说下降了50%多，小我阐发，也许有以下本因：

1、使用组件(下降约25%)

访客浏览轨迹阐发：从你的链接点击(1)，达到爱淘宝点击(2)再进进商品购买页。在商品页点击(3)购买你才有佣金。用户最少要在第3次点击时，才可以或许入手下手下单的动作。

```
<a data-type="0" biz-ite          ata-tmpl="290x380" data-tmplid="5"
data-rd="2" data-style              ef=
"http://redirect.simba..          nojs&f=http%3A%2F%2Fai.taobao.com%
2Fauction%2Fedetail.htm%3Fe........</a>
```


若是组件没有加载成功，访客点击到的将是href中的自助链接，点击景遇可从同盟后台观测到。

二、途经爱淘宝(下降约33%)

以下是近段时间的点击数据：

最初结果是，约25%的访客果真没有点击到组件生成的链接。若是你使用组件，将有约25%的访客不能给你带来佣金。

同时，爱淘宝的出现，着实让一些人迷惘了，出格是小白用户：那究竟是不是是淘宝呢?为何多一个字呢?是不是是病毒网站呢?

图 5-32　并列式布局

（五）三段式

三段式布局法是仿新闻学中“倒三角写作法”，第一段以较为简练的语言对事件做一个概述性的描述，通常说清楚事件的主体、客体、时间、地点，再以一句简单的话概括出这一事件的意义。

通常第一段是软文的浓缩，第二段对第一段所描述的事件做进一步展开，第三段对事件提出的“观点”进行“拔高”。第三段的“拔高”要“发散”开去写，把某一事件放到大的市场环境、产业背景以及企业自身的发展历史中去写，只有这样，才能够在更高、更深的层面去体现事件的价值和意义。如图 5-33 所示为三段式软文举例，推广者可以从中学习借鉴。

皇明集团在武汉设立市场推广基地

第一部分 全文概述性描述

12 月 12 日，中国太阳能热水器龙头企业——皇明太阳能集团获得美国高盛和鼎晖首批一次性投资近 1 亿美元注资，并积极筹备在 A 股上市，并在北京举行了盛大的新闻发布会，给“金融寒冬”注入了一丝暖意。

第二部分 详细展开介绍事件

皇明太阳能集团董事长黄鸣先生在新闻发布会上表示，这些资金加上皇明自有资金将为皇明集团的大规模扩张增添强大动力，并将在青岛设立“皇明（青岛）国际研发中心”，在武汉、西安、杭州等地设立市场推广基地、物流基地、服务中心、培训中心及展示中心。也包括把国内运作模式运用到国外相应市场上，以及新领域的开拓。

2008 年 11 月底，黄鸣董事长参加在武汉召开的 2008 年全国太阳能热利用年会期间，就与湖北省主管工业的副省长段轮一先生有过亲密接触，为在武汉建立市场推广基地筹划铺路。

第三部分 提出观点拔高意义

有关人士分析认为，湖北具有得天独厚的枢纽优势，加上良好的投资环境，皇明太阳能集团布局湖北将是必然，同时也比较符合该集团的市场战略。

由此看出，皇明集团在金融的寒冬下不但没有萎缩，反而要大规模扩张。这将拉开太阳能热利用行业新一轮扩张竞争大幕，也许是行业新一轮洗牌的前兆。

图 5-33　三段式布局

（六）片段组合式

片段组合式是根据表现主题的需要选择几个生动的、典型的片段，把它们有机地组合起来，共同表现一个主题。用这种方法构思的记人叙事的文章，可以在较短小的篇幅内，立体而多角度地表现人物，叙述事件，描写商品特点，烘托品牌。

片段组合主要有横向排列组合和纵向排列组合两种，前者以空间的变化为主，后者以事件的变化为主。不同的片段组合有不同的效果，片段组合有小标题式、回环反复式、岁记式、片段记叙式和片段议论式几种。图 5-34 为《感受四季·感悟芳香》一文，作者用“春之颂”“夏之恋”“秋之思”“冬之盼”作为小标题，文思清晰，由题入文，给人以清新、幽雅之感。

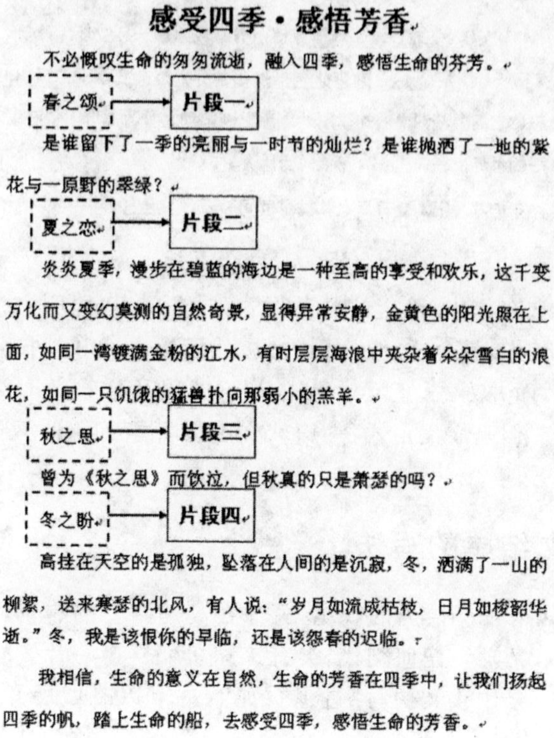
感受四季·感悟芳香

不必慨叹生命的匆匆流逝，融入四季，感悟生命的芬芳。

是谁留下了一季的亮丽与一时节的灿烂？是谁抛洒了一地的紫花与一原野的翠绿？

炎炎夏季，漫步在碧蓝的海边是一种至高的享受和欢乐，这千变万化而又变幻莫测的自然奇景，显得异常安静，金黄色的阳光照在上面，如同一湾镀满金粉的江水，有时层层海浪中夹杂着朵朵雪白的浪花，如同一只饥饿的猛兽扑向那弱小的羔羊。

曾为《秋之思》而饮泣，但秋真的只是萧瑟的吗？

高挂在天空的是孤独，坠落在人间的是沉寂，冬，洒满了一山的柳絮，送来寒瑟的北风，有人说：“岁月如流成枯枝，日月如梭韶华逝。”冬，我是该恨你的早临，还是该怨春的迟临。

我相信，生命的意义在自然，生命的芳香在四季中，让我们扬起四季的帆，踏上生命的船，去感受四季，感悟生命的芳香。

图 5-34　片段组合式布局

（七）总分总式

运用“总分总”式的文章往往开篇点题，然后在主体部分将中心论点分成几个基本上是横向展开的分论点，一一进行论证，最后在结论部分加以归纳、总结和必要的引申。运用“总分总”结构时要注意，分总之间必须要有紧密的联系，分述部分要围绕总述的中心进行，总述部分应是分述部分的总纲或水到渠成的结论。如图 5-35 所示为总分总式软文范例。

尊严之花

（1）**总**：星河云淡，水榭歌台，是谁手持狼毫，泼墨那尊严于宣纸？残月清风，亭台楼阁，是谁怀抱琵琶，拢捻抹挑那尊严于琴弦？岁月的烟云中，那份尊严依旧如新；尊严的世界中，一切的时空围墙均被消弭，只有那尊严之魂，永存于天地之间！

（2）**分 1**：尊严如菊，凌霜自得，不趋炎热。。。

（3）**分 2**：尊严似竹，筛风弄月，刚毅潇洒。。。

（4）**分 3**：尊严如兰，空谷幽香，风流清华。。。

（5）**分 4**：尊严像梅，剪雪裁冰，一身傲骨。。。

（6）**总**：尊严之色，清华其外，淡泊其中，不做媚世之态。它需要淡泊之心加以刚劲之意配以柔和之骨，方可调和而成。尊严的世界，任何人都有可能成为胜者。

守护尊严吧，让尊严之花香馨世间！

图 5-35　总分总式布局

在软文正文布局中，除上述几种形式外，还有穿插回放式、正反对比式等几种形式。其中，悬念式、穿插回放式、片段组合式和抑扬式多用于记叙形式的软文中，而并列式、正反对比式、层递式以及总分总式多用于议论、说明类的软文中。但是文无定式，一篇软文中也可能有几种不同布局方式的综合运用。

四、软文结尾的写法

写软文，如果没有恰当的收尾，就像在高速路上的跑车，跑得正兴起，突然没有路了，又没有任何交代，会惹来司机们骂声一片。软文收尾掌握以下几种套路，会让软文撰写“进退自如”，进可以略做展开，退可以迅速收尾。

（一）收尾呼应

一般文章最常用的方式就是总分总形式，结尾大多根据开头来写，以达到首尾相应的效果。如果文章的开头提出了观点，中间进行分析。到了结尾，就必须自然而然地回到开头的话题，来个完美的总结，如图 5-36 所示。

首尾呼应

内蒙古冬季旅游产品推介会

[日期：2013-01-05]　　　来源：青松软文网　作者：　　　[字体：大 中 小]

为了宣传推介内蒙古冬季旅游产品，进一步扩大内蒙古冬季旅游产品的知名度，内蒙古局在北京举办内蒙古冬季旅游产品推介会，呼和浩特、呼伦贝尔、赤峰、锡林郭勒盟及满州里市的旅游局将在此次推介会上推介冬季旅游产品，提供进入内蒙古冬季旅游的各条线路。**（开篇）**

……

今天推介会是为了让北京旅行商和游客了解内蒙古冬季旅游产品，给北京游客供一个别具内蒙古特色的冬季旅游好去处，欢迎更多的北京人民走进冬季的大草原，游走异样的内蒙古的精品旅游路线，欣赏色彩斑斓的内蒙古旅游的八大亮点，体味柔情的内蒙古冬季旅游产品，感受豪爽好客的内蒙古人，领略美丽大草原激情蒙古风。在此真诚邀您相约内蒙古。**（结尾）**

图 5-36　首尾呼应式结尾

（二）自然结尾式

在记叙性软文中，经常会以事情终结作为自然结尾。在内容表达完结后，不去设计含义深刻的哲理语句，不去雕琢丰富的象征形体，自然而然地收束全文，给读者意料之外、情理之中的感觉。如图 5-37 所示。

酒类软文：生活趣事：妻子大开酒戒！

[日期：[redacted]]　　　来源：　作者：　　　[字体：大 中 小]

酒类软文：生活趣事：妻子大开酒戒！

作者：[redacted]

妻子是一名医生，无论是对病人还是亲人，健康永远是她不变的话题。结婚之前，我还能偷偷抽几根香烟，喝点小酒；自从结婚以后，我在她的谆谆教诲下被迫转型成为了不抽烟、不喝酒、不挑食的新三好男人。但是昨晚，妻子居然大开酒戒：准许我喝酒了！**（开篇）**

……

昨晚我喝了一瓶的百事利酒，但是没有醉，妻子说这酒不易醉，但每次喝一瓶酒可以了。从今以后，我将不再是新三好男人了，因为妻子要我养肾，要我常喝这养肾的百事利酒；看来，男人到了中年也未必是坏事，至少我又可以开始喝酒了！**（结尾）**

全文平铺直叙，平淡见真情，结尾顺其自然，情理之中

图 5-37　自然结尾式

（三）点题式

文章行文中没有明确提出观点，在结尾时，要用一句或一段简短的话明确点出文章的观点，起到卒章显志、画龙点睛的作用。这种方式的结尾能够帮助读者悟出全文的深意，提升软文的品位，从而给读者留下深刻的印象。如图 5-38 所示为篇尾点题式示例。

保健品宣传软文："返老还童的传言"震惊台湾

[日期：[redacted]]　　来源：　作者：　　[字体：大 中 小]

保健品宣传软文："返老还童的传言"震惊台湾

作者：[redacted]

在台湾高雄的高档办公室区，职业女性之间流传着"用邦白能够返老还童！"的传言，传言越传越远、越传越大，在整个台湾形成巨大轰动，台湾早报以《返老还童迷惑女人心》为题，发出整版新闻报道。台湾快报以《返老还童传言折腾台湾女人》为题，连续进行1个星期的追踪报道。
甚至远在大同的消费者，几番打电话到报社追问哪种化妆品能够使人"返老还童"，本报记者几经电话采访，深度挖掘第一手材料，揭开"返老还童"的事实真相。（开篇）

●●●●●●

轰动台湾的"返老还童"传言终于水落石出，这是一场台湾地区个别消费者宣传起来的传言，虽然产品也起到一定的作用，本报还是奉劝消费者辨别传言真伪，保持理性购物的态度。
目前"邦白"美白组合套装在大同XXXX处可直接购买，也可拨打XXXX电话直接订购，但是本报还是希望不要发生类似台湾那样狂热的购买现象，更不希望出现类似"返老还童"的传言。（结尾）

文章结尾点明主题

图 5-38　篇尾点题式

（四）余味无穷式

很多写手在写作时，喜欢在结尾处留白，让读者自由驰骋，纵横想象。读者在大脑中可以适当补白、续写，这样的思维阅读会有令人惊奇的收获和非同寻常的深刻体验。余味无穷的结尾除了妙手偶得之外，绝大部分都是对生活有了独特的感情后，再加以精心提炼形成的结晶，如图 5-39 所示。

酒类软文：今年过节送什么？

[日期：[redacted]]　　来源：中国软文基地　作者：周兴伟　　[字体：大 中 小]

作者：[redacted]

喜庆的春节迎面走来，全家团聚的日子让我们无比期待，而"今年过节送什么"再次成为了城市里的热点话题。为此，记者决定走进生活深入调研，希望能帮助大家找到真正有特色、有意义的新年最佳礼品，为大家解决这个疑难问题。（开篇）

●●●●●●

到了这时候，我想已没有再探究的必要了，市场是检验产品的唯一真理，百事利酒作为2008年的新礼品已经征服了市场，征服了消费者，同样征服了我。临走时，我也从美丽的张小姐手中接过了一张购物单，提着两瓶百事利酒凯旋离去！

今年过节送什么？送他百事利酒，和百万郑州市民一起开始养肾！（结尾）

结尾处留下悬念，引起读者遐想

图 5-39　余味无穷式

（五）祝福式

祝福式收尾在软文营销中非常常见，这种收尾技巧关键在于推广者要站在第三者的角度对软文中的人或者事物进行祝福，如："互联网金融下的众筹必将成为一道亮丽的风景线!”等。如图 5-40 所示为软文基地的软文范例结尾。

喜迎新年相约华夏幸福城

转眼一年过去了，2012即将结束。纪念即将过去的一年，迎接新一年的来临，在这一年的大好时光里，为回报客户热情，感谢所有业主对华夏幸福城的支持，华夏幸福城将举办"元旦嘉年华活动"。活动期间，不仅有丰富有趣的娱乐活动，更有精彩豪礼等您拿！带上家人，相约朋友共同度过一个美好的元旦佳节。

新年2013，让我们相约华夏幸福城，体验一场与众不同的新年欢乐盛宴！（结尾）

文章结尾送出祝福

阅读：1 次
录入：中国软文基地

图 5-40　结尾祝福式

对于软文的结尾方式,不仅有上述几种,还有名言警句式、抒情议论式、请求号召法以及结尾联想式等,在具体的应用中,应当根据软文营销实际需求,选择适当的结尾方式。

第三节　软文推广,抢占市场

一、软文推广的优点

(一)性价比高

2012 年“中国好声音”总决赛的广告费最高曾经达到 100 万元/15 秒,央视一套广告费每秒动辄上万元,黄金时段广告费每秒超过 10 万元也是很正常的事情。平面媒体和户外媒体的广告费也让很多中小企业望尘莫及。而软文除了在主流平面媒体和网络媒体需要付费之外,有很多免费的平台,如果调研、策划、创意、撰写都到位,很有可能用免费的方式获得硬广付费都达不到的效果。而且一篇精美的软文往往可以让读者在不知不觉中相信并接受推广者的产品,在很短的时间内吸引一批初期的关注者或者潜在客户。这一优点可以让读者按照软文推广者设计的思路,一步一步地走到设计好的“软”字里面去,逐渐转化为忠实的客户,来达到积聚信用和名声的作用。

(二)受众精准

硬广仅限于能够直接见面的受众,不知道是不是目标受众,瞎子拿机枪,只能乱扫一气,能打几个算几个。软文相对来讲针对性更强,从标题、内容上都可以精准地针对受众,特别是网络软文,通过百度检索过来的更为精准。例如,为推广“云营销论坛”网络营销培训项目而撰写的软文“网络营销培训实战课程让众多企业家受益”,当时在一段时间内通过百度检索关键词即可找到这条新闻。通过检索关键词访问的绝大多数都是合作伙伴和潜在客户,比较精准。

(三)利于传播

制作以及推广网站并不是容易的事情,需要网站推广者精心打造。在搜索引擎上面有一个好的排名,需要下一番功夫,但事实上,要想持续获得不错的网站排名,并不是一件轻松的事情,需要我们每天进行网站优化,特别是外链接来做网站。硬广被时段、版面、刊期等限制得较死,软文除了平面媒体受刊期、版面篇幅所限之外,网络软文可以不限篇幅,可以插入图片,可以插入超链接,效果立竿见影。

很多网站平台发表软文的时候,可以允许推广者带上网站链接,这是件喜闻乐见的好事,有利于推广者发挥网站软文的作用,将软文的优点表现得淋漓尽致,如图5-41所示。

据悉，该款全智能电动车在2008年初新日全国经销商订单会上首次亮相，就受到了广大经销商的热烈响应，全国各地经销商订单不断，市场表现火爆。近日，印度最大的摩托车电动车生产企业——英雄集团国际市场执行官VijayMunjal到访新日公司，他对全智能电动车表现出浓厚兴趣，并表示希望该款新车能够在印度和其他国际市场得到推广。

博睿点传媒---承接媒体发稿,宣传推广(整合500家网络媒体资源，竭诚为您服务)联系我们：QQ：6055[redacted]手机：138[redacted]058 电话/传真：010-87[redacted]38（李先生）

针对中国日益增长的内需市场，商行加大了内地市场的开拓，特在安徽淮北设立分支机构---淮北市帝利亚汽车香水精品经销处，主做内地市场，辐射周边接壤省份山东、河南、湖北、江西、浙江、江苏六省。北邻全国两大批发物流中心山东临沂、河南郑州。地理位置优越。

帝利亚香精油（www.dilivilla.cn）定位精品品牌市场，先后与诸多国内外著名商家达成合作和共识，像意大利老人头中国区总部、日本澳德巴克斯中国区总部、郑州心怡汽车用品、咕咕网等。（记者[redacted]）

图5-41　软文网站外链接

一篇高质量的软文在高知名度(见图5-42)的平台上得到了发表,并且还显示在重要位置上,那么软文的威力便展现了出来,大量的网站会转载发表的文章,推广效果事半功倍。大量的软文发布可以引发事件,产生病毒扩散效果,以至于在各大网站上都能看到,在无形中对品牌进行了口碑宣传,使得品牌更加具有公信力,提高市场竞争力。如图5-43所示为脑白金系列软文全集,整整12篇软文遍布各类媒体,为脑白金品牌的扩散打下了基础。

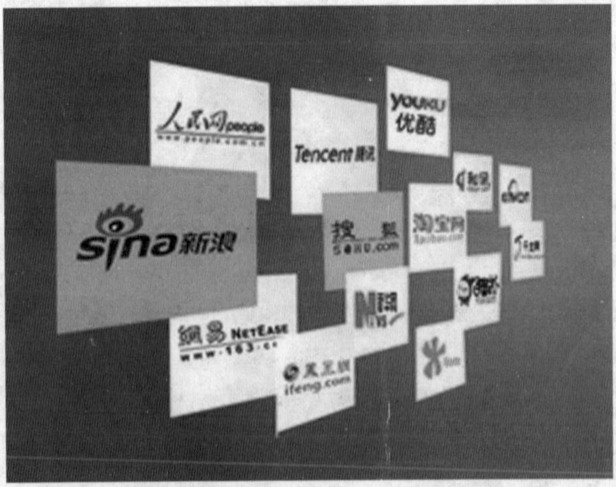

图 5-42　高知名度软文平台

脑白金系列软文全集（1-12 篇）

之一、两颗生物原子弹
之二、生物原子弹——脑白金
之三、司机慎用“脑白金”
之四、脑白金席卷全球
之五、人类可以“长生不老”？
之六、脑白金的革命
之七、人的寿命有望达到 150 岁
之八、今年夏天需要脑白金
之九、你一天吸几包香烟
之十、世界睡眠日：关注失眠
之十一、不睡觉，人只能活五天
之十二、一天不大便有问题吗？

图 5-43　脑白金软文全集

二、软文推广的作用

（一）宣传作用

广告可以提高品牌的知名度，软文同样可以提高品牌的知名度，但是软文还可以提高品牌的美誉度，这是广告所不能达到的。当然，提高知名度并不是软文唯一的作用，宣传作用也是软文推广最基本的作用之一。大到宣传商家、企业，小到宣传企业文化、事件等，都是软文推广可以胜任的工作。

软文对内可以做文化营销，对公司或企业内部的推广，能够使员工了解公司文化，接收公司经营理念。员工思想素质的提高也离不开软文的灌输，无论是团队精神、执行力还是忠诚度等，都需要一而再再而三的培训，达到

"上下同欲者胜"的境界,如图 5-44 为某企业的内部软文。

永葆创业精神

德力西今天的辉煌,靠的是脚踏实地、艰苦奋斗的创业精神。我们践行"德报人类,力创未来"的企业使命,就要传承和发扬创业精神,创造更好的物质产品和精神产品,让人类生活因我们更加精彩。

曾记否,德力西创始人胡成中睡地板请来了工程师,借高利贷办起检测室,开创了企业飞速发展的新纪元。曾记否,德力西上下齐心,密切配合,实行卓越绩效模式考核,夺得了全国质量管理领域的最高奖。曾记否,德力西的员工夜以继日,刻苦攻关,研制助飞神舟的电气精品,为中国的航天事业作出了贡献……

德力西的创业精神,就是德力西人开创企业兴旺背后的伟大精神力量。近 30 年来,德力西在自身发展的同时,也孕育了独具特色的企业文化。德力西人深切地感悟到,企业文化是企业发展的灵魂。创业精神正是德力西企业文化的精髓所在。

孟子早在 2000 多年前就说过:"入则无法家拂士,出则无敌国外患者,国恒亡。然后知生于忧患,而死于安乐也。"翻译成现代的白话,就是:在国内如果没有坚守法度的大臣和足以辅佐君主的贤士,在国外如果没有与之匹敌的邻国和来自外国的祸患,(像这样的)国家经常会灭亡。这样以后才知道在忧患中得以生存,因沉迷安乐而衰亡。

国家如此,企业何尝不是如此。

图 5-44　企业内部文化宣传软文

软文对外可以做广告公关,直接或间接地促进销售,维护企业形象或建设品牌,达到优化传播质量,扩大传播效果的功效。尤其是通过软文优化处理,软文随着网页而被检索到,软文中的关键词优化如果设计得好,往往是免费地排列在搜索引擎搜索结果的首页甚至首位,这种传播更迅速、更全面,从而进一步广而告之。

(二)销售的作用

软文推广,无非是推广品牌、推广产品、推广活动,其间接目的就是提升销售。软文本身可以写成业务推广的软文,如图 5-45 所示为某品牌汽车的促销软文,直击消费者的内心需求,激发其购物欲望,促进销售。软文能从消费者的需求出发,引导消费者关注企业的产品,进而促进产品的销售。具体软文如何去引导,各行业的热点不一样,写法也就不一样,不过有一点就是,需要有经验的软文营销顾问来撰写或把关。

激情十一自由驾··限价靓车开回家

随着浓情的九月的远去，迎来了人们期待已久的十一大长假，值此秋高气爽之际，邀三两亲朋好友，开着靓车去一趟自驾游，让激情的十一没有遗憾，值此十一长假之际，明日控股集团特推出“激情试驾，给力好礼来就送”的活动，众多车型，总有你心仪的一款。

给力一重奏：马自达、雪铁龙、奇瑞、日产等品牌将推出多款史上最低价特卖车，综合优惠车型

最高达 30000 元之多，数量有限，机会难得，现场订车更有机会抽取千元大奖，参与二手车置换，还可额外享受千元现金补贴。

给力二重奏：明日时代东风日产：省油选东风日产，服务看明日时代!东风日产全车系国庆放“价”!

活动期间订购指定车型享受日产员工福利价。轩逸免费享受 4 年 10 万公里保修。试驾天籁即送价值 461 元全合成机油券，现场订购天籁畅享巨额三重好礼。

给力三重奏：特定车型限价大酬宾

图 5-45　促销软文

（三）信任作用

销售基于信任，以目前火热的微信朋友圈营销为例，相对于陌生人来说，亲友们更愿意购买熟人的商品，原因就在于对方相信熟人。而软文营销就是具备通过一篇篇文章的输出来制造信任的功能，当消费者脑子里相信某样产品的时候，需求产生之时便是买卖成交之日。不过，现在由于大量软文的存在，读者对软文似乎产生了一种免疫能力，有时候一看标题就知道是软文，便会产生逆反心理，于是软文的信任危机便产生了。因此，推广者如何利用软文赢得客户的信任是软文推广的重点。

软文从一开始就是为了摆脱广告的影子，所以软文广告之“软”非常讲究隐蔽性，所谓“润物细无声”地影响消费者的决策，最终达成目标。软文推广的产品一定要对客户有用，能够满足客户的需求，而且要真实，尤其是餐饮行业软文，产品介绍必须与实际效果相符。对于广告的植入要做到“羚羊挂角，无迹可寻”，让读者自然而然地进入软文营造的环境中，而不是生硬的广告插入。如图 5-46 所示为取得客户信任的软文。

正在营销论坛看帖回帖的我，听到旺旺里叮咚了一下，我打开对话框看见有个陌生的客人在问，“在吗？”我回了一句，“您好！在的”对方随即发了一个图片过来，“请问这款伸缩篷 4*3 的多少钱一套？”我一看对方发的是我们**绿源伸缩篷**中名列前三甲的 A **型篷**，就给他发了个批发价格过去。对方看过价格后，立马回复到：’不会吧？这么贵的，别人家的才 XXX 元,你们也不能贵这么多呀?你们肯定不是生产商。”

看到这个回话后，我微微一笑，回复到：”如果相同的款式，相同的质量，我敢肯定没有哪家是会比我们更便宜的。当然您这个尺寸的类似的款式还有其他两种价格，期中有一款的确是您说的类似的价格。”

“哦？可否让我看看呢？”

我随即发了一张我们**绿源** C **型伸缩篷**的图片过去。对方一看图片，”哇，我客人选中的就是这种，这个是 XXX 元吗？价格可以再少一点吗，我看几张图片没什么区别呀？”我又微微一笑，：‘这是批发价，如果您现在是 150 套也是这个价格的。我又详细的和客人介绍了几种款式主要区别后，客人很高兴“我今天给你打款，你什么时候发货呢，我定的这个是和别的货一起到巴西去的，能尽快给我吗？”

我考虑了一下，想到客人要的急，可以给她赶一赶，就说到：“您如果真的很急要，今天汇款，我明天可以安排发货。对方很高兴，”那你现在把账号发过来，我现在就给你汇款去。”

对方留下了手机号码和详细信息，我用手机发了一个银行账号后，就忙其他事了。

一会儿，财务告诉我，一个 xxx 元的货款到了，我想这个客人真迅速，也赶紧的开了加工单，交代师傅们赶紧做，第二天我们准时发了货，客人也没消息过来询问。第三天，我在旺旺上对她说，您的货我们已经发出了，她说非常谢谢！我说我需要给您报一下单号吗？对方说，“不用了，我相信你的。”

“不用了，我相信你的！”这句话，让我感动良久！非常感谢这位客户对我的信任！为了答谢她的信任我想我会做的更好！让我们一起努力，让我们的客户都对我们说：”不用了，我相信你的！”好吗？

图 5-46　取得客户信任的软文

三、软文推广的技巧

软文推广要想达到好的效果，要选择合适的媒体，并做好内容策划、写作等方面的工作。其中，做好推广计划是做软文营销的首要工作。一般来说，软文推广的计划源于企业的广告策略，善于操作软文广告的企业大多是非常讲求策略的企业，也是精于低成本运营的企业。整个推广计划要从主题确定，开始撰写，到最终的推广平台，效果统计的整体组织、实施以及修正。可以说，软文广告推广计划是软文广告操作的基础。

软文的推广计划做好后，就要选择标题了。前面已经提到，就整篇软文广告而言，标题就像“脸面”一样，切忌标题取得不清不楚、不温不火，需要在第一时间吸引读者的目光。要适时地做到标题党，获得较高的点击率，这就是经济学家经常提到的眼球经济。标题要有新意、有个性，标题编写得要有独到之处，要有刺激性和吸引力，因此，广告标题要有创意，关注时事热点和流行元素，把相关内容结合到文章中来。另外文章标题要做到生动、传神，让人们一看标题就有浓厚的阅读兴趣。

有了好的软文标题，算是成功了一半，但要让读者更多地吸纳软文信息，那么软文结构就至关重要了。一篇优秀的精品软文，结构是它的骨骼，是支撑软文的框架。整篇软文的结构优势要体现在两个方面：一是软文思路要清晰，从开篇点题，到规模介绍，再到合作前景环环相扣；另一方面文章排版美观，符合大部分读者的阅读体验，可以提高软文的转载率。

在软文的写作过程汇总，要善于运用新闻惯用的一些词汇，来增强正文的新闻性，例如时间、地点的概念，这些概念可以引导读者产生与该时间、地点的相关联想，加深印象，淡化广告信息。如图 5-47 所示为顺丰物流的推广软文，文中较多地应用了新闻词汇。

顺丰物流普运 大件也能送上门

更新时间：2014-03-28 09:47　　来源：互联网

日前，记者从顺丰速运河南分公司了解到，顺丰正式推出一站式“门到门”的陆运物流产品，直面德邦、天地华宇、佳吉等国内公路运输物流大佬，同时也标志着顺丰开始向物流综合供应商转型。据悉，顺丰的这款物流产品取名“物流普运”，主要针对20kg以上的大货。在价格方面，单票最低收费120元，并提供“门到门”服务。

图 5-47　顺丰物流软文

另外，软文的编排设计也是很有学问的，标题的字体、正文的字体均应和发布媒体惯用的新闻字体一致，对字体的装饰也要和新闻的设计风格保持一致。除字体的设计和新闻保持一致外，字号也要和新闻稿件惯用的字号一样，这样才会让读者感到“像新闻”。对较长的软文稿件，在设计时要进行分栏处理。每种报纸的新闻稿件边框线都有其固定的风格，这些边框的设计都是软文广告编排设计时要参考的细节。另外软文编排设计时要严格把握行距和字距的疏密，再配合字体字号的一致，足可以与新闻稿别无两样。

第六章　互联网＋数据库营销

以前营销人员把握消费者需求，传统的方法是通过市场调查问卷来进行的，但是这种方法的成本是高昂的，其效果也未必都准确。随着商业自动化市场的逐渐成熟，营销人员就可以通过对商业自动化留下来的数据进行统计分析，然后挖掘和提炼出有价值的信息，帮助企业制定有效的营销策略。数据库营销在西方发达国家的企业里已相当普及。从全球来看，数据库营销作为市场营销的一种形式，正越来越受到企业管理者的青睐，在维系顾客、提高销售额中扮演着越来越重要的作用。互联网的出现为数据库直销增添了新的直销媒介。消费者可以足不出户，通过网上支付功能即可完成网络直销。

第一节　数据库营销概述

顾名思义，数据库营销就是利用营销数据建立一个数据库，企业根据对数据库的分析，制定合适的营销推广手段。数据库营销在中国市场出现的时间很晚，但是作为一种新的营销利器，它正在悄悄地改变着市场的竞争格局。思科、惠普、戴尔、甲骨文等一大批跨国公司已经用数据库营销赢得了中国市场，而中国的许多企业也正在尝试使用这种新的营销方式。

一、数据营销的作用

数据营销的作用主要表现在以下几个方面。

（一）客户定位更加精准

和“广而告之”的传统营销不同，数据库营销对客户的定位更加精准。企业在管理客户信息的过程中，确定可能出现的客户，并实施批量个性化的客户沟通策略，从而提升客户价值和企业盈利水平。京东商城的创始人刘强东曾经说，他能够根据客户关注哪些商品，关注的路径，以及他们之前的购买行为等信息，预测出未来一段时间内，哪些客户会来，买什么，买多少，等等，而且精确度能达到95%，而这一切都要归功于强大的数据软件分析系统。

（二）针对性营销

建立数据库的目的就是记录客户的消费信息，对此做出分析之后，得出这些客户是什么人，要采用什么样的方式向他们推销。这就决定了企业不可能像之前一样采用大众传播的方式，它们会采用更加经济、更加高效的针对性营销。在采用针对性营销的过程中，企业要将资源整合到具体化的竞争平台上，发挥目标的指导作用。另外，针对性营销还要以产品为基础，如果产品不出色，企业的营销是很难长远地走下去的。

（三）根据市场制订生产计划

客户数据库中记录了许多原始数据，企业可以利用这些数据发现盈利的机会，并根据顾客的年龄、性别、收入情况和其他因素，对顾客购买某种货物的可能性做出预测。当数据分析清楚之后，企业便可以制定出合适的营销策略，制定商品的价格，甚至按照购买的可能性确定生产计划。

（四）分析顾客的盈利率

实际上，真正给企业带来丰厚利润的顾客只有 20%，他们是企业的最佳顾客，盈利率是最高的，对这些顾客，企业应该提供特别的服务、折扣或奖励，避免他们被竞争对手抢走。

在中国，数据库营销仍然是新兴事物，占据统治地位的仍然是传统的营销方式。但是在快速发展的年代，没有哪个企业能够始终坚持一种营销方式，我们必须顺应市场潮流做出相应改变，才能避免被淘汰。

二、客户数据的来源

（一）社交媒体

社交媒体是指允许人们撰写、分享、评价、讨论、相互沟通的网站和技术。伴随着社交网络的蓬勃发展以及大数据时代的到来，客户的声音在社交媒体中变得无处不在，这就为企业获得客户数据提供了便利。

在互联网时代，如何利用人们在社交媒体平台上产生的大量数据对人群进行划分以及分析，从而对客户进行更有针对性的营销，已成为众多行业尤其是传统行业关注的热点。

当下，社交媒体主要包括社交网站、微博、微信、博客、论坛等。做好精准营销，就要学会从这些社交媒体上获取客户数据，其获取的方式如表 6-1 所示。

表 6-1 客户数据获取渠道及方式

社交媒体	客户数据
社交网站	社交网站主要有 Facebook、Twitter、LinkedIn、人人网等。社交网站快速增长的用户数量和活跃的用户活动，留下了大量的用户行为痕迹。企业可以利用社交网络数据发现消费者的行为倾向，从而推出适合消费者的商品，并制定营销策略。
微博	当下，微博用户数量庞大，以新浪微博为例，其月活跃用户数量和日活跃用户数量分别达到 1.3 多亿和 6000 多万。这些用户在微博上留下了足够多的数据，这些数据能够为企业开展精准营销提供便利。
微信	当下，微信用户多达 6 亿，月活跃用户达到 3.96 亿。通过对用户增长数、图文页阅读数等数据的深入分析，企业能够更多地知道用户的喜好，从而做出让用户喜欢的产品。
博客	虽然相对于微博、微信来说，博客已经稍显过时，但是它还拥有一定数量的用户，这些用户会在博客上发表一些评论，说出自己的喜好，同时还有一些用户的身份信息。这些数据都对精准营销的开展具有借鉴意义。
论坛	论坛本身就是由相同兴趣爱好的人聚集在一起进行专业讨论的公共平台，所以在这里开展互动活动，用户的参与度会比较高。企业可以利用公众论坛，如天涯论坛、豆瓣社区等，也可以利用自己创造的论坛，通过在论坛发帖或者查看他人帖子的方式，得知用户的需求、喜好等方面的数据，为精准营销作铺垫。

（二）关键词搜索

搜索引擎的出现与发展为客户数据搜索提供了便利，搜索引擎是指根据一定的策略、运用特定的计算机程序从互联网上搜集信息，在对信息进行组织和处理后，为用户提供检索服务，将用户检索相关的信息展示给用户的系统。企业要想利用搜索引擎的方式获得客户数据，就要设置好关键词。

设置关键词的前提是确定核心关键词，保证数据搜索的准确性。每种产品的名称都是核心关键词，如“保健品、保健器材”的核心关键词就是“保健”。设置好核心关键词后，还要设置核心关键词定义下的扩展词，这些词可以是地区名称，如“北京保健器材”，也可以是人名，如“××保健器材”。

确认好这些关键词后，就要找到合适的关键词工具，如谷歌的关键词工具、百度的竞价排名提供的指数等。以上只是关键词搜索的一般步骤，而要想利用关键词搜索获得潜在客户数据，还要讲究一定的方法，具体的方法如表6-2所示。

表6-2 关键词搜索方法

搜索引擎方法	操作方法
Importers法	在Google中输入产品名称+importers(importer)
关键词+引号	搜索“产品名称 importer”或者“产品名称 importers”，在输入时加引号
Distributor法	输入产品名称+Distributor
Price法	输入Price+产品名称
buy法	输入buy+产品名称
关联产品法	输入产品名称+关联产品名称
market research法	输入产品名称+market research
优秀买家法	输入产品名称+行业内优秀买家公司
E－mail搜索法	输入客户网站+邮箱

依靠表6-2中所述的搜索方式，企业可以找到目标客户，并且可以获得较为全面的客户数据信息，有了这些数据，就可以进行有针对性的营销。除此之外，还要把握一定的原则。

(1)不要盲目追求火爆关键词

火爆关键词虽然能够获得一定的数据信息，但是所获得的数据是不精确的，所以在利用关键词搜索时不要以“火爆”作为选择关键词的依据。

(2)避免选择定语过多的关键词

在选择关键词的时候，不要选择定语过多的关键词，因为定语越多，被使用的概率越小，搜索的信息就越不准确。

(3)寻找最容易被使用的关键词

在进行关键词搜索之前，要先做市场调查，找出客户最容易使用的关键词，利用这些关键词进行搜索，能够轻松获得客户信息数据。

要想获得充分的客户数据，就要善于利用关键词搜索。在利用关键词搜索的时候，要确定好核心关键词，并且要做好市场调查，寻找最容易被使用的关键词。除此之外，还要讲究一定的关键词搜索方法，以求获得全面的客户数据信息。

(三)第三方数据

随着移动互联网的发展,全球大数据呈现井喷式增长,大数据越来越受到重视,也催生了很多的互联网市场调研公司,如CNNIC、Alexa、艾瑞、易观、尼尔森,甚至连谷歌、百度这样的搜索巨头也推出了基于互联网的数据分析机构。这些组织机构通过收集、调查、分析,掌握了海量的数据信息,这些数据信息成为很多企业开展经营与营销的依据。

除了这些大牌的数据分析公司外,市场上还存在许多第三方数据公司。这些公司是商业社会的重要组成部分,它们对产品和用户的调研数据,能够影响用户决策和广告主投放,直接促进某款产品的销量,或者带来广告效益。第三方数据公司是商业活动中的卖方,它们主要是为客户提供数据方面的服务。在市场需求和行业竞争下,企业需要哪方面的数据,第三方数据公司就会提供这方面的数据。

很多数据公司提供的数据对精准营销有很大的推动作用,同时也是一种最简单的数据获得形式,因为如果单单依靠自己的能力获得客户方面的数据,无疑要耗费大量的人力、物力、财力来做调研、整理、分析,而从第三方数据公司购买则能很好地解决这些问题,只需要花钱购买,就能得到翔实的客户数据。市场上的一些数据公司一直专注于第三方数字营销监测、分析和优化,通过对大数据不断地采样、验证、建模,然后得到一定的数据,这些数据对于企业营销具有很大的推动作用。这也是很多企业一掷千金买报告、买数据的重要原因之一。

虽说通过购买的方式获得数据非常简便,但是也存在一定的弊端。最大的弊端是一些第三方数据公司所提供的数据不够精确,例如,当下已是移动互联网时代,业界已经以互动率、使用频率和APP下载量以及日活跃用户、月活跃用户为主要衡量指标,但是一些第三方数据公司仍然以传统互联网时代的PV、UV作为衡量标准。除此之外,一些数据公司号称知名的分析师也是鹦鹉学舌,根本拿不出高水平、独到的分析和观点,如此提供的数据只是普通化的数据,来源仅仅是厂商自己的口头分享,没有很好的借鉴意义。所以,企业要从第三方获得精准有效的客户数据信息,就要选择有一定知名度的第三方数据公司。

从第三方数据公司获得客户数据信息,是简便易行的客户数据获得方式,它不但能够节省一定的数据研发成本,还能获得精准翔实的客户数据信息。企业从第三方数据公司获得客户数据信息时,要选择能力强、比较知名的第三方数据公司,以确保获得的客户数据信息准确有效。

(四)其他数据来源

企业要获得客户数据有很多方式，除了利用社交媒体、关键词搜索、第三方数据外，还可以通过以下方式获得客户数据。

1.从内部资料中获得客户数据

企业内部资料是全面、可靠客户数据的来源，因为在任何一次销售活动中客户都会留下痕迹，企业要做的是把这些客户数据信息记录下来，并进行分析、整理，以为更精准的营销打下基础。要想通过这种方式获得客户数据信息，企业必须拥有完备的客户信息采集与管理系统，只有如此，客户的交易记录和服务记录才容易获得。

2.从销售讨论小组中获得客户数据

在任何一次销售活动进行之前，企业都会成立专门的销售讨论小组，这个小组一般是由销售部门组成的。销售讨论小组对整个销售活动进行讨论，无非是讨论产品面对的是哪部分客户群体，以及销售的策略。为了成功推销产品，销售讨论小组会对产品面对的客户进行仔细研究，他们掌握着全面的客户数据信息。企业营销人员要想获得全面精确的客户数据信息，可以从销售讨论小组获得。

3.通过投票获得客户数据

除了依靠以上两种手段获得客户数据信息之外，企业还可以通过投票的方式获得客户数据。随着计算机网络的发展，企业对于新产品、新观点的调查范围应该更广泛，消息反馈也应该更及时。为了达到这样的效果，网上在线投票系统就诞生了。这种投票方式为企业带来的不单单是更多的反馈信息，更有反馈背后隐藏的客户数据信息。投票反映的是客户的喜好与厌恶，这些数据都能被记录下来，也能够被拿来运用到营销中，从而提高营销的准确性。

4.通过调查获得客户数据

通过客户调查获取信息反馈是获得客户数据的一种主要形式，企业可以采用网上投票、电子邮件等方式进行调查。通过调查，可以获得客户对于企业产品以及服务的意见和建议，得知客户对产品的满意程度。

三、数据库营销利器——CRM

数据库对于精准营销具有非常重要的意义，由于数据库营销是建立在收集、积累用户的大量信息基础之上的，同时还可以分析、预测企业产品是否有市场，这就为企业重新设计产品，或是根据不同客户推荐不同的产品提供了依据。除此之外，数据库营销还可以有针对性地根据产品选择最有效的营销方法，最终说服消费者购买企业的产品。相对于其他营销方式来说，数据库营销为企业带来的是高效和精准，为用户带来的则是更加贴心的个性服务。

CRM是数据库营销的利器。CRM(Customer Relationship Management)即客户关系管理，进入20世纪90年代，人们已经可以将数据应用于营销活动了，许多市场营销人员与企业开始专注于客户关系管理，最终诞生了CRM管理体系。CRM的实施目标就是通过全面提升企业业务流程的管理来降低企业成本，通过提供更快速和更周到的优质服务来吸引和维护更多的客户。

由于CRM是建立在对客户数据的收集、整理和分析的基础之上的，所以CRM可谓是客户数据库。随着IT技术与统计学科的发展，目前许多信息分析的统计软件甚至拥有能够帮助营销人员做出最佳决策的功能，如设计销售计划、选定最优销售区域等。这些分析技术与顾客关系管理(CRM)完美地融合在一起，就能对客户进行维护与管理。在这方面做得比较成功的是联邦快递。

联邦快递曾经发动了一场价值几百万美元的CRM行动，在削减成本的同时尽可能地向潜在顾客或现有顾客交叉出售产品和高质量的服务。使用Clarify有限公司的CRM软件，这种新系统为联邦快递3300多名销售人员都提供了一份对每一位顾客的综合认知，详细叙述每一位顾客的需求并提出能满足他们需求的建议。这一客户管理方式为联邦快递管理客户并开展有针对性的服务提供了便利，也给联邦快递带来了高额利润。

联邦快递的新CRM系统就是其对营销信息进行分析和使用的一个工具，不但能够管理客户，还能为顾客提供更好的服务。当下，CRM系统不只是一种客户管理系统，更是一种营销的手段，随着数据源呈现几何级数增长，营销信息的数量和复杂程度正飞速扩大，从海量数据中提取信息对精准营销至关重要。我们知道，在CRM的使用过程中会生成大量数据，包括客户资料、商机信息和订单信息等。这些信息虽然纷杂而琐碎，但是通过整理分析能够快速从中获取隐藏的商机与价值，并为精准营销提供可靠的依据。

CRM的出现极大地提升了企业对数据及其相关设备的重视程度，移动互联网时代 CRM 已经成为数据库营销的利器。对于客户关系管理实施的好坏程度还取决于企业对客户数据信息的分析过程，准确的数据、科学的分析都是客户关系管理的重要条件，所以要做好 CRM，最关键的是要做好相关数据的收集、整理和分析工作。

随着信息社会时代的大进步，现代大多数中小型企业也越来越重视企业信息化管理。CRM 客户关系管理软件发展迅猛也是有目共睹的，其对于企业进行更加精确、更加量化的管理显得越来越重要。对于企业来说，拥有一套适合自身的 CRM 系统，就等于拥有了一把精准营销的“利器”。所以选择性价比高的 CRM 系统就成为企业做好客户关系管理的重中之重。

当下，CRM 客户关系管理软件有很多，企业到底应该选择哪个品牌的 CRM 客户关系管理软件呢？比较出色的 CRM 客户关系管理软件如表 6-3 所示。

表 6-3　市场上比较出色的 CRM 客户关系管理软件

排行	品牌	产品
1	甲骨文	Oracle CRM
2	思爱普	SAPCRM
3	Salesforce	Salesforce CRM
4	赛捷	Sage CRM
5	微软	微软 Dynamics CRM
6	Sugar	Sugar CRM
7	金蝶	金蝶 TEEMS CRM
8	用友	Turbo CRM
9	八百客	800APP CRM

面对如此多的 CRM 软件，企业要想选择一款适合自己的 CRM 软件，就要从以下几个方面做起。

(1) CRM 软件要与企业规模相匹配

多大规模的企业要选择多大的 CRM 管理软件。CRM 软件不能过小，否则功能不全、操作反应慢，很难达到应有的效果；当然也不可盲目求大，小企业选择集团型软件也是一种浪费。所以，CRM 软件要适合企业规模，能游刃有余地满足企业需要就好。

(2)CRM 软件必须适合自己的行业

由于市场越来越细化，软件行业也越来越细化，软件的行业细分使软件供应商专注于某个行业，CRM 软件也迎合市场需求，越来越细化。所以，在 CRM 软件的选择上企业应注重这种细分，只有这样才能更加符合企业的实际情况，从而增加客户管理的效率。

(3) CRM 软件必须质量高

CRM 软件是否稳定是衡量软件是否成功的基本指标。企业在选择 CRM 软件的时候，不能单单把价格当作选择的标准，还应该追求软件的质量。CRM 软件必须具备稳定性，系统不稳定，对企业来说就是致命的缺陷。除了性能稳定外，还要有出色的性能延展性，除了具备客户管理功能外，还应该追求办公自动化系统、电子商务系统等方面的延展性。

(4)要有出色的售后服务

选择哪种品牌的 CRM 管理系统，除了要看硬件外，还要看售后。企业所选择的 CRM 品牌的售后服务一定要正规专业，可以随时解决在软件使用过程中出现的问题。

如何选择适合自己的 CRM 系统是很多企业面临的问题，CRM 软件的选择要综合考虑企业的需求，追求适合自己的、性价比高的、能为企业客户管理带来最大益处的软件，而不是盲目地求大、求名牌。

四、互联网数据库营销的特点

与传统的数据库营销相比，互联网数据库营销的特点主要表现在以下几个方面。

(一)动态性

对于传统的数据库营销而言，企业在获取新的顾客资料，以及对顾客反应进行跟踪记录时，需要经历很长的时间。即便搜集到了相关的信息，但由于时间的关系，这些信息又面临着过时的风险。此外，企业通过纸质调查问题或者人工访谈等方式搜集的信息还需要再由企业的相关工作人员采用人工录入的方式输入企业的数据库中，结果导致数据库的更新速度缓慢，更新周期长，同时也造成了过期、无效数据比例较高，数据库维护成本相应也比较大。与之相反的是，互联网数据库营销具有数据量大、易于修改、能实现动态数据更新、便于远程维护等多种优点，还可以实现顾客资料的自我更新。动态更新的数据库是企业经营活动的保证，互联网数据库的动态更新功能不仅可以为企业节约大量的时间和资金，同时也有助于准确的目标顾客选择。

(二)主动性

顾客数据库中的资料会随着顾客地址的变更,顾客婚姻状况的变更以及顾客收入水平等的变更而失去应有的作用。所以,企业在建立顾客数据库后并不意味着这项工作就结束了。顾客数据的更新是一项长期、持续的工作。但是,在数据库的更新中,企业需要投入相当大的人力和财力。现在,借助于互联网,企业可以鼓励顾客自行更新数据库中的个人信息。有调查表明,为了获得个性化服务或获得有价值的信息,有超过50%的顾客愿意提供自己的部分个人信息。需要注意的是,在获得顾客信息的同时需要向顾客承诺并真正实现对顾客隐私权的保护。此外,数据库营销要遵循自愿加入、自由退出的原则。

(三)整合性

与传统的数据库不同,互联网数据库可以把企业供应链上的成员整合在一起。对于传统的企业而言,由于受到技术手段的限制,很难把供应链上的成员联系起来一起为顾客提供个性化服务。但通过互联网数据库,客户关系管理可以和ERP、SCM等连接起来,整合顾客信息,共同为顾客提供个性化服务。

五、营销数据库建设

(一)营销数据库的内容

营销数据库主要用于记录客户的相关信息。由于每个企业所面对的客户不尽相同,因此无法制定出一个统一的适合于所有企业的数据库内容(字段)。但是,一些基本的客户信息对于绝大多数企业的营销数据库而言,都是应当具备的。通常而言,企业的营销数据库中应当具备两方面内容。

1.用户信息

包括姓名、年龄、性别、婚姻状况、家庭情况、教育程度、收入、职业、通信地址、电话号码等。这些信息用以描述客户的人口统计情况。

2.交易信息

包括客户咨询状况、交易日期、交易数量及购买行为等。这些信息可以评价客户对企业的贡献情况。比如,客户是否曾经被推荐购买某种商品,购买频率、平均购买额度是多少。

当然,如果企业的客户主要是企业,而不是个人消费者,那么数据库的内容就应当作相应的调整。

(二)匹配码和合并/删除技术

1.匹配码和合并/删除技术

在设计数据库时,会出现信息大量重复的现象。为避免重复信息的出现,需要采用匹配码和合并/删除技术。

合并/删除技术是指从每个姓名/地址记录中提取有关此记录的缩略信息,这个缩略信息被称为匹配码。把匹配码用来和数据库中其他记录进行比较,可以大大减少不同记录具有相同匹配码的机会的缩码,从而减轻计算机记忆功能的负担。

为了最大限度地避免重复现象,匹配码中还可加入一些其他数据。例如,唯一标志码(身份证号),出生日期编码,或出版物订阅的截止日期等。用匹配码通过合并/删除系统,成千上万条记录就可以同时进行清单内、清单间的比较,从而识别出重复记录,做特殊处理。

2.匹配码和合并/删除技术的优点

①取消重复的姓名/地址,节省支出并且免去客户收到重复的促销邮件的不快。

②如果同时在两个或更多的客户清单中发现了同一姓名/地址,那么有理由相信此人是极佳的潜在客户,实验也证实了这一点,即同时在三个清单上出现的客户对促销的回应率比起名字只在两个清单上出现的客户要高。合并/删除过程可以找出这些特殊的客户并做特殊处理。

③合并/删除过程还可以有效地将一些人的名字从数据库中删除,如那些已经明确表示不希望收到某种促销邮件的人,或那些信用等级很差的客户。

六、数据库营销的发展趋势

(一)从工具到形式

在很长一段时期内,数据库营销仅仅是作为一种直销工具而存在。随着现代社会的发展,数据库在某种程度上已经成为市场活动的基础,市场部门将以数据库为基础开展工作、接触客户。数据库营销不再是只要有一个包含客户详细资料的数据库就万事大吉,在长期的发展中,它已经形成了自己独特的形式。

①数据库营销作为一种营销活动，需要用简单的方式涵盖大量丰富、深层次的信息。这些信息应包括三个主要方面的内容：客户、市场状况和竞争对手。而在实施数据库营销的过程中，企业需要对这三方面的信息进行更细至的划分。因此，数据库是一个关于市场状况的综合数据源，并不是一个单纯的客户名单。数据库应该有足够的灵活性以适应营销者的需要，如补充新的信息以及调整数据库结构等。

②数据库营销需要完备的整体规划。如图 6-1 所示，在数据库营销的整体规划的过程中，首先要进行营销分析，以了解企业的内外部环境及竞争的强势和弱势；然后设定目标，以确定现有业务中哪些适合实施数据库营销；接着拟订具体计划，形成策略，最重要的是要有专人来负责营销组织；最后是执行，以选定的业务为基础，依计划进行，从数据库中选取客户实施促销。

③数据库营销的执行应包括建立数据库、维持数据库和利用数据库这三个基本步骤。从数据处理的角度看，作为一个系统，数据库营销由人（数据库管理和营销人员）、数据（各个客户的人口统计变量、心理变量和诸如购买历史等行为变量）、技术（计算机及其操作系统、数据处理技术等）三大要素构成。

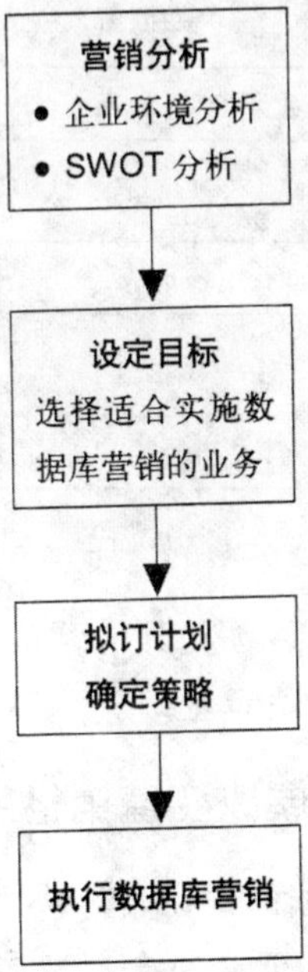

图 6-1　数据库营销规划流程

（二）以数据库营销为基础的营销逐步成为主流

从营销发展的不同阶段（见图 6-2）来看，计划经济下的传统营销通常都是以产品为中心的营销。在这个阶段，对量化分析的要求有一些，但不会像数据库营销一样对所有的相关数据都进行归纳分析，也没有将数据化营销提高到整个营销过程中的管理和核心地位。而在现阶段，数据库营销使得企业有能力面对广泛的客户，并为每一个客户提供独特的产品。这也就意味着根据客户的需要提供产品，而成本上与标准化生产和规模化营销却没有什么差别，从而使市场营销的许多理论具有了可操作性，逐步从理论走向了实践。

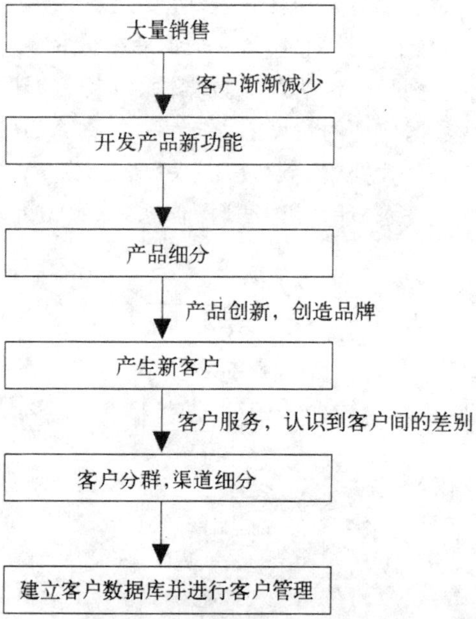

图 6-2　营销发展的不同阶段

这样，企业利用数据库可以弥补其他营销方式的不足，最大可能地争取到客户，从而为许多营销理论奠定基础。

（三）数据库营销的发展改变营销格局

①改变销售方式。从数据库中，销售人员能熟知每个消费者的资料，从而使其他促销行为更为有效，更能迎合消费者的消费需求，收到更好的效果。数据库传递给企业的特殊信息也能帮助它们及时对市场做出准确的预测，正确制定企业的产品发展与营销战略。表 6-4 简单比较了几种营销方

式的销售价值。

表 6-4　数据库营销与其他方式营销的销售价值比较

营销方式	回馈比例/%	平均销售转换率/%	平均销售完成率/%	特点
大众营销	<0.5	0	0	目标市场过于笼统
直复营销	3～6	9	27	以行业特性、企业规模进行目标市场营销
数据库营销	15～30	11	40	以客户行为模式进行目标市场营销

②改变渠道结构。传统的渠道形式大都表现为多层次的渠道层级，因此，制造商的商品需经过批发、零售、店铺等多层次的传递才能最终到达消费者手中。多层次的传递导致多重中间利润，交易费用也因此而上升。为了获得相对竞争优势，企业需要一种比竞争对手更及时、更有效、更经济的方式去满足目标市场的需求，于是在这种强烈的需求驱使下，催生了数据库营销这种营销方式。

③改变与客户的关系。从表 6-5 所示的营销发展的不同阶段可以看出，营销已经由依靠产品自身组织发展，注重有利可图的直接交易，着眼于经营业绩的高低，逐步发展为现在的以客户为关注点。数据库营销要求企业拥有客户满意度和客户保持率的标准，同时，总能实现自己向客户做出的承诺。因此，企业需要与客户建立长期稳定的互动关系，实现双向沟通的营销方式。

表 6-5　营销发展的不同阶段

营销方式	时期	关注焦点	目标	策略	营销对象
大众营销	20 世纪 50 年代	产品	利润	售卖	大众
消费者营销	20 世纪 60 年代	消费者	市场份额	市场营销	区域
公共关系营销	20 世纪 70 年代	外部环境	股东收益	公共关系营销	“合适地区”
全球营销	20 世纪 80 年代	全球环境	全球市场份额	维持竞争优势	全体
友情营销	20 世纪 90 年代	与客户的亲密关系	扩展客户预期	向客户承诺	个体
客户结合	21 世纪	客户平等	客户份额	客户生命周期	客户整体

第二节　数据库营销实施步骤

一、数据库营销规划

在实施数据库营销的过程中，第一步就是要对数据库进行规划，这个过程我们称之为数据库营销规划。数据库营销规划，又叫数据库营销整体计划，它实质是一种营销管理过程，即运用数据库这一新的营销工具，去识别、分析、选择和发掘市场营销机会，高效率而又富有成果地开展营销活动，以实现公司的任务和目标的管理过程，亦即借助营销数据库使公司与它的最佳市场机会相适应的过程。

（一）数据库营销整体计划的概念

营销管理是确保企业营销顺利进行的一种企业管理体系，它为实现企业的营销目标服务，目的在于使公司的营销活动与复杂多变的市场营销环境相适应，这是公司经营成败的关键。一般的营销管理过程包括：分析市场机会、选择目标市场、确定营销组合以及管理营销活动四个主要步骤，见图6-3。

数据库营销的整体计划作为一种营销管理过程，自然也包括上述四个主要步骤，但数据库营销是一种与传统的营销有着重大区别的新兴营销方式，因而在上述的四个步骤中至少前两个的具体内容已变得有所不同，数据库营销可以说是营销观念的一场革命，因为它利用了当代发达的计算机技术，准确地说应该是数据库技术，帮助营销人员更好地了解客户，更有效地开展营销活动。

数据库营销的整体计划是对公司营销活动的全面性指导，包括如何进行营销数据库管理、如何根据营销数据库提供的信息开展营销活动两大部分。在公司的营销活动中，数据库起着至关重要的作用，营销人员利用它来分析市场机会，选择目标市场。因而，数据库营销整体计划更侧重于营销数据库的管理，但这不是说数据库营销的最终任务就在于营销数据库管理。任何市场营销的最终任务都是增加销售，为公司增创利润，营销数据库管理只不过是公司利用数据库技术开展营销活动的基石，为以后的产品策略、产品定价、分销渠道和促销策略这一营销组合决策服务。

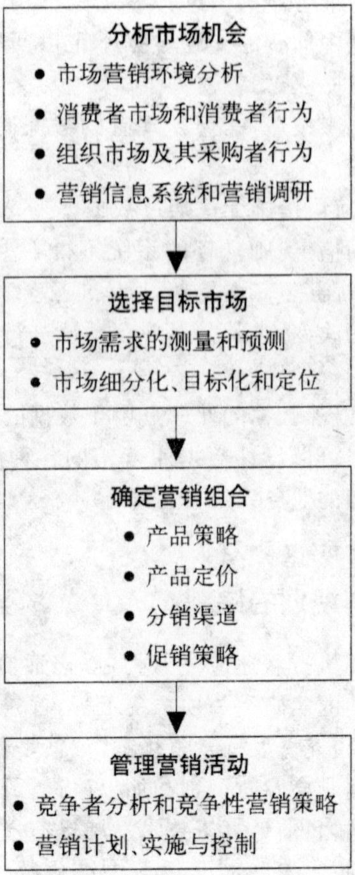

图 6-3　营销管理过程

（二）建立数据库营销系统势在必行

营销数据库系统是指这样的一个储存器，它将各种来源的交易和营销信息系统地汇编成一个关于客户和营销方案的单一综合的数据库。对于任何数据字段，它都具有高级的筛选和分析功能，以服务于营销人员的要求。

对于营销这一过程而言，不管销售人员以何种方式去实践操作，都会得到同样的一个结论，即只有获得更多的客户信息，才能使营销活动更富效率、更富成果。在数据库营销中，毫无疑问，营销人员必须获得更多的客户信息，必须更清楚地了解客户与公司之间的全部关系。然而现存的以交易为基础的业务系统满足不了这一要求，由此可见，建立企业营销数据库系统是随着营销环境的变化而产生的，势在必行。

现存的以交易为基础的业务系统，至少是由于以下两个原因不能充分地提供有关现有客户和准客户的信息。

①从正常业务过程中捕获的交易数据不足以回答公司的营销问题，换句话说，重要的数据未进入公司就遗失了。

②尽管重要的数据未被遗失，但是现有的数据捕获和储存的形式使之不能为营销人员接触到。

对于第一种情况，解决措施无法通过数据库来完成，因为所需数据未被捕获到。要获取额外的信息，则现存的系统不得不重新调整。如果要做重要改变的话，现存的系统甚至需要重新设计，即必须对数据库系统的程序和文件结构进行根本性的改变，也就是对现存系统进行重新设计，这样所付出的成本将是十分高昂的。

对于第二种情况，既然数据的获取是由于数据的捕获和储存格式所限，事情就相对好办得多。可以设计数据库营销的各种应用形式，以接收来自公司无数以交易为基础的业务系统的数据，并将这些数据编制成一个以客户为导向的营销数据库。

（三）数据库营销规划的控制

数据库营销规划在执行后还应注意控制，以适应公司业务变化和技术发展变化。数据库营销的实施是一项系统工程，首先，企业应加强对规划执行情况的评估，评估是否充分发挥竞争优势，评估是否有改进的余地；其次，企业对执行规划时的问题应及时识别和加以改进；最后，企业要对规划执行所运用的技术进行评估，目前计算机技术发展迅速，成本不断降低同时功能显著增加，如果不跟上技术发展步伐，很容易丧失数据库营销的时效性和竞争优势。采取新技术可能改变原有的组织和管理规划，因此对技术的控制也是数据库营销规划控制中的一个显著特点。

二、产品的市场定位

（一）数据库营销对市场定位的影响

数据库营销策略提供了一种最有效的目标市场定位方法和进行个性化市场营销的方式，通过对客户资源的有效整合从而获取市场上的主动机会。根据著名的20/80法则，大多数的产品类别是20%的客户贡献了80%的销量，因此我们的挑战就是，如何去建立这20%的客户资料库。一个完整的资料库实际上就是整个市场的缩影，资料库建立后，产品的开发方向、营销产品开发方向都可以以这个资料库为中心形成决策基础。同时它还可以被检测，可以计算出营销行为本身或者公司取得一个客户花了多少成本。因此，数据库营销人员应对数据库中所有消费对象、购买频率、消费金额等的资料进行研究、细分，从中发现共性和有针对性的东西，借以及时调整企业市场定位和营销策略上的偏差，从中分辨出自己的最佳客户，认清他们的需求和购买行为，确定他们对企业的价值。

（二）产品的市场定位与数据库结构

在数据库营销方式中，数据库已经发展成为市场研究的工具，如收集市场资料、人口统计资料、销售趋势资料以及竞争资料等，配合适当的软件，对数据做出相应分析，就可以给我们呈现出客户的“基本状态”。有了对于客户“基本状态”的了解，企业就能方便地确定目标市场，进行市场定位。

由此可见，产品的市场定位准确与否是基于数据库能给我们提供的信息数量和质量，而数据库所能提供的信息数量的多少和信息质量的好坏实际上都取决于数据库结构。一个数据库价值的高低也完全取决于建立数据库的目的以及其结构、内容的好坏及功能的高低。例如，一个专门收集消费者资料的数据库，如果有合理的数据结构的设计，它收集的与客户有关的背景资料，如性格特征、消费形态、使用习惯等相关资料就越多越全面，它提供的信息量也就越多，质量也就越高，其价值也就越大。所以，我们最好能通过这个数据库了解这样一些关于客户的“基本状态”，包括姓名、年龄、性别、职业、职称、婚姻状况、子女状况、受教育程度、居住的环境等。另外，还要根据产品的特性，再行收集相关信息，如客户对本品牌的忠诚度、看法、对其副品牌的评价等。

三、数据结构的设计

（一）数据结构决定数据使用价值

开始正式设计数据库的第一步就是决定数据结构。做好这一步工作是至关重要的，因为营销数据库中数据的使用价值在很大程度上是由数据结构所决定的。

在数据结构开始设计之前，首先必须明确即将建立的数据库在以后的营销活动中应起到的作用是什么。这就要求我们去了解公司的业务需要，以及要通过数据库这种特定方式去实现这些业务需要运作所需的条件。这里讲的业务需要，主要是指成功开展营销活动的各种要求，运作条件则指将这些营销活动的需要转变成数据库的特定结构所要进行的中间工作，比如对业务流程进行必要的重组，对每一份即将纳入数据库处理进程的企业的详细说明，对营销部门如何使用数据库的说明，对数据库如何完成业务需要分析中的操作的说明(如反应率分析、挑选促销者姓名、档案分析等)。

在进行数据结构的设计时,有一点必须明确,即一个营销数据库至少应具备以下三个方面的使用价值,或者说是基本功能。

1.提供有关现有客户或准客户的基本信息和行为特征信息,具有查询功能

设计营销数据库结构时,应考虑的最重要的事情之一就是明确设定数据库必须能够回答的各种问题。营销人员将业务需要限定得越具体,就越容易在技术上加以实现。实际上,在这一过程中,营销人员所提出的问题是:我想要知道的是什么,要求以什么速度得到答案;而技术人员要说的是:在给定的条件下,我能不能回答这一问题,如果能回答的话,能否迅速回答这一问题。营销人员和专业技术人员如何进行有效地协作设计数据库的结构呢?通常,他们可以坐在一起,提出一些具有代表性的问题,共同决定哪些数据必须纳入数据库而哪些数据可以忽略。

2.能够根据特定标准或营销事件对现有客户进行分类,为长期销售和精确销售的实现提供参考

数据库营销最主要的竞争优势就在于有利于培养长期客户和实现精确销售。利用前面的一些查询结果,营销人员固然可以利用客户数据库以不同的方法挑选特定的促销对象,做到有的放矢;但在某些情况下,如果数据库能提供一些更高级的分类功能,比如说,不仅能查询到客户的生日,而且可以筛选出距离客户生日在某一特定时限(比如30天)的客户姓名,就会使促销活动更有针对性,进行这种分类也更有实际应用价值。类似地,客户购买某一产品或服务可能会为另一种相关产品的促销提供机会。这就是根据特定标准或营销事件对现有客户进行分类的现实意义。

3.跟踪营销活动的结果,对反馈者、非反馈者以及反馈回来的信息进行分析

应该说,数据库最关键的功能就在于跟踪营销活动的结果,并能够进行统计分析,数据库应能提供诸如促销活动的分析报告之类的信息,比如获得反馈者的简略资料、计算邮寄促销或是电话促销的次数、反馈次数等。

在传统营销方式下的直销人员早已意识到,只有获得更多的客户信息,才能使营销活动更富有成效。在数据库营销中,营销人员要获取尽可能多

的客户信息，必须更清楚地了解客户与公司之间的全部关系，这要从了解公司的业务需要和数据库结构设计开始。营销数据库是将各种来源的营销信息系统汇编成一个关于客户和营销方案的综合数据库，在进行数据库结构的设计时，对于营销数据库的任何字段都应该具有高级的筛选和分析功能，以服务于营销人员的要求，最大限度地发挥它的使用价值。

（二）设计数据结构的原则

设计数据库结构时，以下几个方面的一些基本原则是不容忽视的。

1. 任务目标原则

营销数据库的任何字段的存在都应服务于一定的目标，否则没有设置的必要。任务目标原则也是保证数据管理结构化、最大限度减少数据冗余。

2. 方便查询原则

数据库首先要满足各种分类查询功能。

3. 可扩展性原则

数据库的一个发展趋势就是数据量越来越大，从而对数据库的可扩展性要求也越来越高。

4. 易用性原则

设计出的系统必须易于用户操作和使用才有价值，当然同时还可以降低成本。另外，其他一些方面，像可方便打印输出等都在考虑之中。

5. 可管理性原则

当存在大量数据且数据更新间隔时间很短的情况下，数据库的可管理性显得尤为重要。

6. 方便数据装载原则

数据库可以采用来自不同数据源的数据，数据库的数据装载性能体现在数据装载的速度、方便程度等方面。

7. 安全性原则

数据库中所采集的数据必须安全、可靠。

8. 经济性原则

经济性原则是一切经济管理活动都应遵循的基本准则，数据结构的设计也不例外。对数据结构的设计进行适当的成本效益分析是必需的，实施数据库管理、进行数据库结构设计所花费的成本不应超过通过数据库管理所给我们带来的成本节约。

（三）数据结构的一般模式

在设计数据结构时，应切记本公司的销售过程。例如，数据库可以帮助销售人员迅速查找具有购买潜力的消费者，可以提供进行直接邮件营销活动的客户名单。选择创建数据库的字段包括购买可能性预测数据。数据库的结构包括数据调查、数据收集的范围，须本着上述基本原则做到分类清晰，易于维护、更新。

数据库可以分三类来建立：消费者数据库、企事业组织数据库和国情及社会发展数据库。

1. 消费者数据库

基本概况：姓名、性别、婚姻状况、职业、地址、电话、传真、受教育程度。

家庭情况：收入水平、家庭成员、生活态度、特殊兴趣、过去的购买记录、平均购买状况、购买频率。

消费情况：支付方式、信用卡、信用卡限制、信用卡历史、对某家公司的抱怨、商品运抵方式、家庭决策权、其他主要的购买状况。具体如表 6-6 所示。

表 6-6 消费者数据库举例

基本概况			
姓名		性别	
婚姻状况		职业	
地址		电话	
传真		受教育程度	
家庭情况			
收入水平		家庭成员	
生活态度		特殊兴趣	
过去购买记录		平均购买状况	
购买频率			

续表

消费情况			
支付方式		信用卡	
信用卡限制		信用卡历史	
对某家公司的抱怨		商品运送方式	
家庭决策权		其他主要的购买状况	

2.企事业组织数据库

①公司概况：公司名称、经营范围、行业、企业性质、联系人姓名、职位、部门、地址、邮政编码、电子邮件地址、电话、传真、员工数量、营业代码、公司规模（以销售量计）、资产总额、注册资金、年营业额、年需求量、设备类型、产品。

②公司经营：经营状况、公司目标、每年设备预算、预算年度、产品销售量、年销售量、历史配额、销售代表、未完成的配额、今年预测销售量、市场状况、线索来源、参加贸易展情况、客户状况、客户抱怨、服务历史、关键管理问题。

③消费状况：购买历史、信用等级（A～D）、信用历史、信用限制、支付历史、上次接触日期、商品运送要求、特殊产品说明。

④部门划分（各企业不同）：各大事业部、人事部、财务部、营销部、企划部、生产车间、后勤部、部门经理、市场部研究部、采购部、经理办公室、党委办公室、公关部、行政部。

具体如表6-7所示。

表6-7　企事业组织数据库举例

公司名称		经营范围	
行业		企业性质	
联系人姓名		职位	
部门		地址	
邮政编码		电子邮件地址	
电话		传真	
员工数量		营业代码	

续表

公司名称		经营范围	
公司规模（以销售量计）		资产总额	
注册资金		年营业额	
年需求量		设备类型	
产品			
公司经营			
经营状况		公司目标	
每年设备预算		预算年度	
产品销售量		年销售量	
历史配额		销售代表	
未完成的配额		线索来源	
参加贸易展情况		客户状况	
客户抱怨		服务历史	
关键管理问题			
消费情况			
购买历史		信用等级	
信用历史		信用限制	
支付历史		上次接触日期	
商品运送要求		特殊产品说明	
部门划分			
各大事业部		人事部	
财务部		营销部	
企划部		生产车间	
后勤部		部门经理	
市场调研部		采购部	
经理办公室		党委办公室	
公关部		行政部	

3. 国情及社会发展数据库

国情信息：人口信息、生活发展水平、区域地理信息、区域战略计划、重大项目信息及其他。

社会政治经济信息：党政机关基本资料、社会团体资料、电话普及率、经济发展水平、重大社会活动情况及其他。

各行业发展信息：银行、证券、保险、通信、交通、服装、软件、汽车及其他。

具体如表6-8所示。

表6-8　国情及社会发展数据库举例

国情信息			
人口信息		生活发展水平	
区域地理信息		区域战略计划	
重大项目信息		其他	
社会政治经济体系			
党政机关基本资料		社会团体资料	
电话普及率		经济发展水平	
重大社会活动情况		其他	
各行业发展信息			
银行		证券	
保险		通信	
交通		服装	
软件		汽车	
其他			

四、营销数据的类型与收集

（一）营销数据的类型

按照直接获取和间接获取，或是否经过整理的不同，营销数据一般分为初级数据和次级数据两大类。

1. 初级数据

初级数据，又称一手调查数据，主要是营销人员通过调查直接从现有客户、准客户和潜在客户那里获得的数据，也可称为直接提供的数据，即是由个人（包括现有客户、准客户和潜在客户）直接向营销人员提供的有关其自身的数据。这类数据主要通过问卷调查、电话调查、面谈以及其他与个人直接交流的方式获取。

2. 次级数据

次级数据，又称间接数据、二手数据，它是经过别人收集，并且已经被加工整理过的数据。按照来源的不同，次级数据又分为内部数据和外部数据。内部数据主要是公司营销信息系统中储存的各种数据，如公司各个时期的销售记录、促销活动记录、客户购买行动记录，等等。外部数据主要来自专门的营销资料调查机构、信息服务中心、有关的政府机构、各种协会组织以及竞争对手公司等。

图 6-4 对营销数据的类型做了详细的列示。

- 营销数据
  - 初级数据（一手调查数据）（按性质分）
    - 人口统计数据
    - 态度数据
    - 行为数据
  - 次级数据（按来源分）
    - 内部数据
      - 客户行动数据
      - 期待市场数据
    - 外部数据（按来源分）
      - 来自数据库汇编机构的数据
      - 来自行业协会的数据
      - 来自政府机构的数据
      - 其他来源的数据
      - （按性质分）
        - 态度数据
        - 生活方式数据
        - 财务数据
        - 人口统计数据

图 6-4　营销数据类型图

（二）营销数据的收集

1. 初级数据的收集

初级数据的收集可主要通过以下四种方法。

邮寄问卷。邮寄问卷是指营销调查人员将设计好的问卷寄给被调查者，说明答卷的要求和方法，由被调查者自己填好后寄回。

电话调查。电话调查就是通过电话向被调查者提问，以征得被调查者回答的一种调查方法。

在电话调查中应注意的问题如下。

①灵活适当地控制交谈时间。交谈时间不宜过长，否则会引起对方反感；如果对方对调查很感兴趣且合作很好，可稍微延长交谈时间。

②提问要有针对性，要符合营销调查目的。

③要特别注意交谈中的用语，语音要清晰且要使对方感到容易接近。

面谈。面谈调查就是营销调查人员向被调查者面对面地提出问题，并记录被调查者回答的一种获取初级数据的方法。面谈法又包括两种形式：

①个别面谈，即调查者向被调查者逐一询问。个别面谈可以是入户访问，也可以是户外访问。

②集体面谈，也叫开座谈会，即邀请诸多被调查者聚集在一起，征求他们对有关问题的反映。

促销附带法。促销附带法是指进行促销活动的同时顺便进行一些调查活动以获取某方面的初级数据，因而所获取的初级数据可以看作是促销活动的副产品。

表 6-9 对上述四种收集方法进行了归纳。

表 6-9　4 种收集方法之比较

费用	较低	非常高	非常高	较高
反馈速度	最慢	最快	较快	较快
反馈率	最低	最高	最高	较高
灵活性	非常灵活	不灵活	最灵活	不灵活
提问数量	非常多	非常少	非常多	较少

2. 次级数据的收集

要收集客户行动数据和准客户数据，只需与主管销售和促销的负责人联系就可以获得销售记录和促销记录。由于二手调查数据主要来自专门的数据库汇编机构或直销协会，要收集二手数据只需与有关的数据库汇编机构或直销协会联系，支付一定的服务费就可取得所需资料。

营销人员在收集和使用二手的调查数据时必须认真审查和评估，坚持以下四个原则。

公正性原则。提供二手调查数据的组织机构或个人不怀有偏见或恶意。一般地说，专门的数据库汇编机构和政府部门提供的数据是没有偏见的。在某些情况下，有的行业协会出版的某些数据可能是故意用来显示本行业良好的一面，因而具有很大的片面性。营销人员在收集这些二手调查数据时一定要谨慎。

时效性原则。所取得的二手调查数据应该反映最近的有关情况。如果二手调查数据已经过时了，以此作为当前决策的依据就会导致重要的决策失误。

适用性原则。不同的机构编制数据库的目的也不尽相同。营销人员在收集某机构编制的数据之前一定要了解该机构编制数据库的目的或其应用范围。特别是在使用不同于本行业的其他行业的数据时，更应注意数据的适用性问题。

可靠性原则。有的二手调查数据是通过抽样调查取得的，不同的抽样设计得到的抽样结果是不一样的；况且，抽样结果并不一定能准确地反映总体的情况。因此，营销人员在使用通过抽样调查取得的二手数据时，应先了解其抽样方法和过程，以保证数据的可靠性。

五、营销数据库的建立与维护

（一）建立与维护营销数据库的步骤

营销数据库的建立与维护过程大体上分为以下步骤。

①识别出将被纳入数据库的文件。

②检查已被识别出来的有用文件中的数据要素。

③从每个有用文件中挑选出所需的数据要素。

④确定必须在更新中创立的数据要素。

⑤决定是由内部的数据处理部门还是由外部的服务机构进行数据选录。

⑥确定哪些数据加强文件（如果有的话）可以纳入数据库。

⑦巩固有关单个客户的信息。

⑧识别客户之间的关系，将属于同一家庭的客户合并在一起。

⑨进行数据库的初步设计。

⑩决定数据更新的频率和方法。

⑪确定现有可利用的数据、数据巩固方案和数据设计是否能实现已确定业务需要。

⑫修订实现业务需要的方案。

（二）营销数据库的初步设计

营销数据库的初步设计是在数据的巩固之后进行的。数据库的初步设计是由数据处理专业人员完成的，这项工作可在公司内部进行也可在外部服务机构进行（如果公司选择外部机构处理数据库的话）。

数据库设计是指对于一个给定的应用环境，创建一个性能良好、能满足不同用户使用要求、又能被选定的数据库管理系统所接受的数据库模式，建立数据库及其应用系统，使之能有效地存储数据，满足用户的信息要求和处理要求。

数据库设计过程如图 6-5 所示。

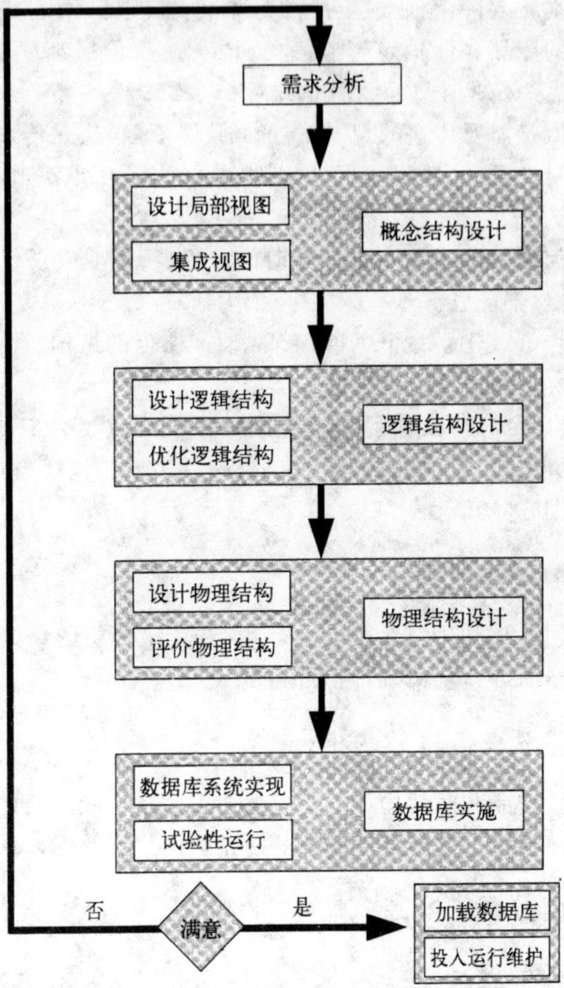

图 6-5　数据库设计过程

六、营销数据的分析与挖掘

(一)营销数据的分析

为了很好地把握大量的分析数据,必须要建立一个结构。立足于结构,分析数据就非常容易了。

1.建立一个渠道、产品和时间三维数据分析概念

首先,从本质上讲,企业最重要的是盈利,盈利的手段只有一种——卖产品,卖更多的产品。促销、广告、品牌、PR 等等,最后都要落实到卖产品上来,所以产品一定是企业最关注的维度。

其次,价值是需要传递的,从销售的角度来看,渠道是传递价格的基础,不同的渠道销量、盈利多少是需要重点监测的内容,所以渠道将成为结构的一个维度。

最后,任何事物的发展都需要有时间来促成,企业发展也一样,所以时间这个维度自然不能省。

综上所述,可以建立一个渠道、产品、时间维度的结构。

①渠道维度:区域、经销商、客户类型。

②产品维度:品牌/品种,甚至于包括个别非常重要的 SKU。

③时间维度:按照时间进度,比较分析数据,一般包括当月、上月、本年累计、上年同期,等等。

2.两种数据分析指标

非财务数据,以快销品为例,可以看出在所有分析的数据中,总结起来一共有三大类:财务、覆盖和店内表现。

3.把数据放在三维结构中·

通过渠道、产品和时间构成分析生意数据的三个维度,再把两大类数据指标应用到分析维度中,就可以详细分析销售的生意数据。

(二)营销数据的挖掘

1.数据挖掘的概念

数据挖掘指的是从大型数据库或数据仓库中提取人们感兴趣的知识,

这些知识是隐含的、事先未知的潜在有用信息。大部分的人认为数据挖掘和数据库是等价的概念。数据挖掘是随着科学技术的迅速发展、数据库规模的日益扩大以及人们对数据库中潜在信息资源的需求而迅速发展起来的，它是数据库技术、人工智能、机器学习、统计分析、模糊逻辑等学科相结合的产物。数据挖掘的对象不仅是结构化数据库，也可以是半结构化的超文本文件，甚至是非结构化的多媒体。而基于数据仓库的数据挖掘，将是数据挖掘技术应用的主流。

2.数据挖掘的过程

数据挖掘过程中各步骤的大体内容如下。

(1)确定业务对象

清晰地定义出业务问题，认清数据挖掘的目的是数据挖掘的重要一步。挖掘的最后结构是不可预测的，但要探索的问题应是有预见的，为了数据挖掘而数据挖掘则带有盲目性，是不会成功的。

(2)数据准备

包括以下几方面。

①数据的选择。搜索所有与业务对象有关的内部和外部数据信息，并从中选择出适用于数据挖掘应用的数据。

②数据的预处理。研究数据的质量，为进一步的分析作准备，并确定将要进行的挖掘操作的类型。

③数据的转换。将数据转换成一个分析模型，这个分析模型是针对挖掘算法建立的。建立一个真正适合挖掘算法的分析模型是数据挖掘成功的关键。

(3)数据挖掘

对所得到的经过转换的数据进行挖掘，除了完善从选择合适的挖掘算法外，其余一切工作都能自动完成。

(4)结果分析

解释并评估结果，其使用的分析方法一般应视数据挖掘操作而定，通常会用到可视化技术。

(5)知识的同化

将分析所得到的知识集成到业务信息系统的组织结构中去。

图 6-6 描述了数据挖掘的基本过程和主要步骤。

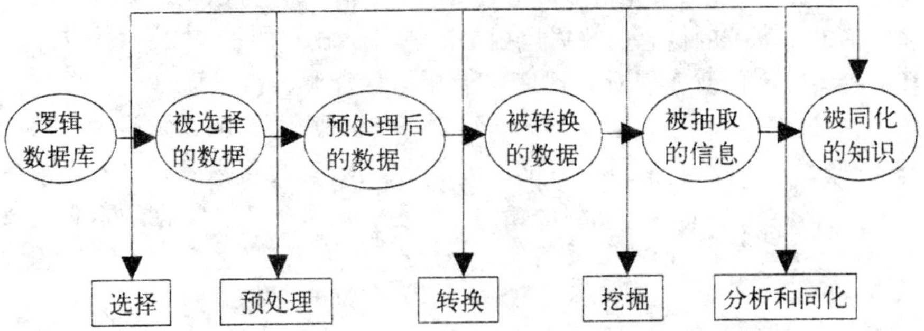

图 6-6　数据挖掘的过程

七、选择最佳营销手段

(一)研究数据库的目标市场特点

通过前面的数据库规划、数据结构设计和数据收集之后,企业的基本数据库得以正式建立,接下来就必须对数据库所提供的信息进行分类研究,这就是数据挖掘过程,有助于把握市场的特点。然后在此基础上,针对不同特点的市场采取针对性的营销策略,这一过程与实现数据库营销的目的切实相关,是一个十分重要的环节。

下面以麦德龙公司为例,说明如何根据数据库提供的信息对客户进行分类研究。麦德龙公司是美国零售行业的巨头之一,拥有 3000 多家店铺,雇员在 15 万以上,为世界第二大零售商。该公司是实行会员制的企业,会员入会不需要交纳会员费,只需填写《客户登记卡》,主要项目包括:客户编号、单位名称、行业、地址、电话、传真、地段号、市区、邮编、税号、账号和授权购买者姓名。此卡记载的资料输入微机系统,就有了客户的初始资料,当购买行为再次发生时,系统会自动记录客户购买情况。拥有了这些极为宝贵的信息之后,麦德龙公司便据此得出了以下的分析数据。

客户最近的购买时间信息。由此判断客户光顾的频率,如果客户长期没有光顾,就要调查其原因,是对购买的产品不满意,还是由于其他原因?

客户的消费水准。这组数据能够说明客户结构和客户定位,以确定企业是否有足够的潜在市场。

客户的地域分布。一般说来,商业企业附近的客户应是主要客户群,如果失去了这部分客户,对公司来说就是一个巨大的损失。

客户的职业、就职企业及居住地。通过这种分析,可以了解客户的具体组成,并对客户群进行细分,可以有针对性地开展广告、促销等活动。

客户购买额的动态变化。通过这种比较，可以知道客户态度的变化，如果购买量下降，则要引起企业的重视。

根据商品对客户进行分类。比如，将客户划分为食品客户组、家电客户组、服装客户组等，了解他们对不同商品的需求状态，以此来调整生产和采购结构。

（二）设计有针对性的营销手段

根据营销数据所提供的信息对市场进行分类研究，在把握了市场的总体轮廓和不同细分市场的特点后，下一步就是思考如何针对各类市场的特点设计针对性的营销手段。

八、评估营销结果

（一）数据库营销的反馈

与传统营销手段相比，数据库营销更具有效果反馈功能。客户通过回复卡、电话、传真等方式进行查询、订货或是付款，这样，相关信息就反馈到了营销人员的手中，营销活动的效果也就比较容易测定。

一般来讲，数据库营销反馈至少要包括以下几个方面的内容。

1. 销售业绩反馈

你的销售额比实施数据库营销策略前提高了吗？提高了多少（绝对量/相对量）？通过实施数据库营销，你的市场占有率增加了多少？你的销售成本是增加了还是下降了？如果增加了，增加了多大幅度？下降了的话，下降的幅度又如何？企业总体的利润是否达到或超过了预期的目标？消费者对企业和产品的忠诚度、亲和度有明显的提高吗？企业的货款回收是否达到预期的目标，有无拖欠货款现象？如果有，金额是多少？占总销售额的比例如何？

2. 广告效果反馈

有多少人收看（听）到了你的广告？看了广告后有多少人对广告留下了印象？多少人是因广告的影响而产生购买动机的？广告发布以后产品的销量是否得到了有效的提升？提升的幅度如何？广告对提高企业和产品知名度有哪些直接作用？在看到我们的广告后，又有多少敏锐察觉到我们的品牌或公司名称的人？因为看了广告，在客观及主观上对购买我们的产品或服务产生好感的人增加了多少？因看了我们的广告而了解产品或服务的特性、优势和利益的人增加了多少？

3.营销决策反馈

你的决策和主张是否超出公司能力的范围？你制定的策略执行时间表，是否和执行人讨论过？你的决策有哪些是和先行文化制度相抵触的？你的决策是否有不合理的地方？这些不合理的地方占整个策略和比重是否过高？你的决策与企业的战略目标是否相符合？

4.资源整合能力反馈

所有合作机构、人员的资源与既定的战略是否合拍？双方的目标和发展构想是否完全一致？资源的投入是否依目标、策略的方向进行？彼此间是否具有一致性？投入和产出的比例是否符合或者达到预定的战略规划和目标？你的资源是否全部得以合理利用，浪费在哪里？你的营销资讯、计划、控制、产品发展等系统运作是否正常？你的内部人才有多少真正在发挥作用，有多少人浮于事？

5.经销商反馈

经销商的综合经营实力如何？经销商对整个市场的把握和控制能力如何？经销商在经营上的创新和开拓能力如何？经销商自营网络的渠道建设如何？经销商对资本运作的总体能力如何？经销商对企业和政策的忠诚度和沟通能力如何？经销商对企业的前景是否乐观？

6.营销人员反馈

营销人员的数量与素质是否能保证达成公司的目标，与竞争对手相比多还是少？营销人员对自己从事工作的热爱程度、业务开拓能力如何？营销人员与经销商的配合和沟通能力如何？营销人员是否依特性市场（如区域类、市场类、产品类）而加以组织？设定配额及评估绩效的作业是否合理，是否有多项激励营销人员士气的办法？营销人员的招募能力如何？薪金水平是否有足够的吸引力？营销人员的离职率是否偏高？有何改善对策？

以上是数据库营销反馈的各个方面，分别从销售业绩、广告效果、营销决策、资源整合能力、经销商和营销人员六个方面加以概括。

（二）反馈情况的评估

营销控制重要的一面是将市场反馈回来的信息与事先设定的控制标准进行比较，这需要对市场反馈回来的信息利用合理的方法进行评估。也就是说，虽然我们已经获得了前述营销反馈信息，但为了确定数据库营销实际执行的效果，还需要对反馈情况进行评估。对数据库营销反馈情况进行评估的方法主要有以下几种。

1.利益相关分析

利益相关分析是针对企业产品而言的一种分析评估方法（如新产品首发的预测和分析），是刚刚发展起来的一种较为复杂的观念测试形式，使营销人员能自行分析评估各种观念。此程序是在描述产品属性和进行多重利益分析或联合分析。利用利益相关分析的具体步骤如下。

①列出产品特性。

②列出各种特性的情况定义。

③选择实验设计以提供情况组合给消费者，这些组合是提供利益相关判断的基础。

④各属性的联合组合选择排列次序。

⑤个人次序选择的统计应用以发展其效用函数：即对各个要研究的属性的情况给予相对值。

⑥在其效用函数和现有的产品和各种属性情况下，发展市场模拟以预测消费者的市场选择。

2.德尔菲尔法

德尔菲尔法是一种集预测和研究为一体的专家评估方法，是一种涉及衡量和控制有关将来情况的判断。在缺乏足够的市场统计数据，而且市场环境也变化较大，难以用一般的方法评估的项目中，可以使用德尔菲尔法。该方法一般采用函询的方式，首先寄发调查表，以无记名的方式分别征求每位专家的意见，然后将其归纳、整理形成新的表格后再反馈给每位专家。经过几轮的征询和反馈，使各种评估意见逐步趋于集中，从而得出一个比较统一的评估结果。该方法有许多优点：首先，专家之间由于背靠背调查，避免了相互之间的心理影响；其次，不受主持人的干扰；最后，由于采用通信方式，费用较低。当然，此方法的缺点也是显而易见的：受人的主观因素影响较大，耗时较长。

3.投资回报衡量

这种方法主要用在对销售额和收入的评估上，具体来讲，销售额和收入可以用下列方法进行计算评估。

①过去和目前产品的销售额和假定销售额是类似产品类型的目标市场占有数额的某一百分比。

②决定推荐产品的市场潜势和假定计划的促销、配额强势、价格策略等实行之下的市场的某一百分比。

③决定类似产品的销售额。

④成本的决定,包括计算人工、原材料、制造费用、营销费用、管理费用的成本,使用类似产品的成本数额作为衡量标准。

4.相关资料收集

通过收集相关资料做出营销评估。资料收集的途径很多,首先,政府统计部门(如人口统计资料、输出资料等)、大学研究机构和提供商业资讯的私人机构,以及主要银行都提供资料以做出对过去产品销售分析利润、竞争力量和弱点、市场潜力等分析。其次,可以收集来自市场调查公司、各类报纸及行业协会的一些数据,以及对来自用户、消费者及相关机构的反映进行统计分析,提供一部分资料。最后,可以基于公司销售额和财务报表资料的整理分析。

5.请专家评估

由专家、学者和企业负责人共同对市场反馈回来的信息进行分析评估的方法,简称专家会议法。此方法简便易行,即通过开会讨论广泛交换意见,相互启发、争论、集思广益,弥补个人的不足。但此方法也有缺陷:权威人士的意见可能对与会专家心理上造成影响,另外,主持人的干扰不可避免。

(三)反馈与销售效果的比较

评估营销效果的最后一步是将市场反馈情况与销售效果进行比较。

有了客户的资料,下一步就是怎样来加工数据,从而获得相应的结果。在客户数据管理系统中,通常将客户分为几个类别(A～D),再进行深入分析。比如A类客户每年的消费标准是怎样的,D类客户又是如何?A类客户的消费习惯和决策过程是怎样的,消费周期如何?不同的企业关心的重点略有不同,但是有了完整和真实的原始数据,这些需求总能够从数据库的分析中得出结论。

第三节　数据库营销载体

一、直邮营销

（一）直邮的概念

DM 是英文 Direct Mail Advertising 的简称，直译为“直接邮寄广告”，又称直邮广告，是指通过邮政线路把印刷品（如产品说明书、产品目录、函购单、书刊征订单以及各类具有宣传作用的传单）有选择地投递到用户和消费者手里，以达到宣传、销售产品目的的广告。

随着时代的发展，直邮广告也在不断地发展，人们对直邮广告的认识也在不断完善，DM 不仅指邮政的商业信函广告，而且还包括邮送广告、企业形象邮件（企业明信片、拜年卡、邮资封）、手机短信广告、互联网邮箱广告、俱乐部营销广告（含网上论坛互动、网上网下活动、会刊交流、各种优惠服务）等。

图 6-7 简单列示了营销活动中的直邮营销流程图。

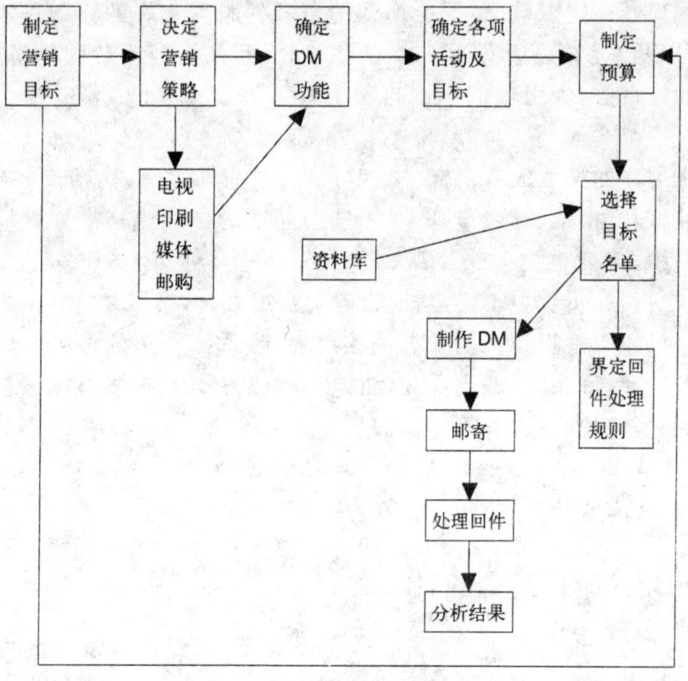

图 6-7　直邮营销流程图

（二）直邮的原则

使用邮寄广告应遵循以下五大原则。

①如果企业是初次采用邮寄广告，请找一家专业的邮寄广告公司代为构思和制作，切忌找公司内部员工负责制作。

②重视测试。测试产品的价钱、文稿、宣传品的形式和推售概念。

③只要宣传品能继续带来满意的销售情况，就应继续寄出，直至它完全失去销售力为止。

④邮寄广告与传统广告应相辅相成、互补长短。倘若能适当地把两者结合，会带来相当满意的效果。

⑤邮寄广告的最终目的，是要建立一个客户资料库。因此有时明知亏本也要招待新客户，希望慢慢从他们身上连本带利赚回。

（三）直邮注意的问题

DM 创意与设计要新颖别致，制作精美，内容设计要让人爱不释手，确保其有吸引力和保存价值。如古井贡在非典期间以幽默的表现手法宣传防治非典知识，就深受广大消费者的喜爱，引起了消费者的争相传阅。

主题口号一定要响亮，要能抓住消费者的眼球。好的标题是成功的一半，好的标题不仅能给人耳目一新的感觉，而且还会产生较强的诱惑力，引发读者的好奇心，吸引他们不由自主地看下去，使 DM 广告的广告效果最大化。

纸张规格的选取大有讲究。一般来说，画面类的选铜版纸；文字信息类的选新闻纸，打报纸的擦边球。对于选新闻纸的一般规格最好是报纸的一个整版面积，至少也要一个半版；彩页类，一般不能小于 B5 纸，太小了不行，一些二折、三折页更不要夹，因为读者拿报纸时，很容易将它们抖掉。

随报投递应根据目标消费者的接触习惯，选择合适的报纸。如针对男性的就可选择新闻和财经类报刊，如《参考消息》《环球时报》《南风窗》《中国经营报》和当地的晚报，等等。

二、电子邮件

（一）电子邮件营销的概念

电子邮件营销是在用户事先许可的前提下，通过电子邮件的方式向目标用户传递有价值信息的一种网络营销手段。电子邮件营销的定义中强调了三个基本因素：基于用户许可、通过电子邮件传递信息以及信息对用户是有价值的。

可见,开展电子邮件营销需要解决三个基本问题:向哪些用户发送电子邮件、发送什么内容的电子邮件,以及如何发送这些邮件。而这三个基本问题可进一步归纳为电子邮件营销的三大基础,即:

电子邮件营销的技术基础:从技术上保证用户加入、退出邮件列表,并实现对用户资料的管理,以及邮件发送和效果跟踪等功能。

用户的电子邮件地址资源:在用户自愿加入邮件列表的前提下,获得足够多的用户电子邮件地址资源,是电子邮件营销发挥作用的必要条件。

电子邮件营销的内容:营销信息是通过电子邮件向用户发送的,邮件的内容对用户有价值才能引起用户的关注,有效的内容设计是电子邮件营销发挥作用的基本前提。

当这些基础条件具备之后,才能开展真正意义上的电子邮件营销,电子邮件营销的效果才能逐步表现出来。

这里有必要指出的是,电子邮件营销是一个广义的概念,既包括企业自行建立邮件列表开展的电子邮件营销活动,也包括通过专业服务商投放电子邮件广告。

(二)电子邮件营销的步骤

第一步:要让潜在客户有兴趣并感觉到可以获得某些价值或服务,从而加深印象和注意力,值得按照营销人员的期望,自愿加入许可的行列中去。

第二步:当潜在客户投入注意力之后,应该利用潜在客户的注意,比如可以为潜在客户提供一套演示资料或者教程,让消费者充分了解公司的产品或服务。

第三步:继续提供激励措施,以保证潜在客户维持在许可名单中。

第四步:为客户提供更多的激励从而获得更大范围的许可,例如给予会员更多的优惠,或者邀请会员参与调查,提供更加个性化的服务等。

第五步,经过一段时间之后,营销人员可以利用获得的许可改变消费者的行为,也就是让潜在客户说,“好的,我愿意购买你们的产品”,只有这样,才可以将许可转化为利润。

当然,从客户身上赚到第一笔钱之后,并不意味着许可营销的结束,相反,仅仅是将潜在客户变为真正客户的开始,如何将客户变成忠诚客户甚至终生客户,仍然是营销人员工作的重要内容,许可营销将继续发挥其独到的作用。

（三）电子邮件营销常见问题

1.并非完全基于用户许可

正规的电子邮件营销是完全基于用户许可的，即在用户注册时采用双向确认方式，这已经成为电子邮件营销领域的行业规范。有些电子邮件用户数据库以“自愿退出”方式来获取用户电子邮件地址资源，这种方式无论是否允许用户“自愿退出”，都带有一定的强迫性，与电子邮件营销的许可原理有一定的距离。

2.没有个人信息保护声明

当用户需要注册才能获得服务提供商所提供的某种服务时，用户会非常关心其所提交的个人信息将被如何使用。个人信息保护对用户加入邮件数据库的决策具有重要影响，一些服务提供商对此没有引起足够的重视，通常只是在网站上设置一个“请输入电子邮件地址”的订阅框，而没有给出保护个人信息的声明，这将在一定程度上影响用户注册的信心。

3.过量收集用户关心的个人信息

当需要用户提供详细个人信息时，仅仅公布个人信息保护政策还不足以完全让用户放心地注册，除了电子邮件地址外，一些服务提供商可能还要求填写详细的通信地址、真实姓名、电话、职业等信息，甚至还会要求用户对个人兴趣、性别、收入、家庭状况、是否愿意收到商品推广邮件等做出选择。但很明显的是，要求用户公开个人信息越多，或者是用户关注程度越高的信息，参与的用户将越少。为了获得必要的用户数量，同时又获取有价值的用户信息，需要在信息量和信息受关注程度之间进行权衡，尽可能降低涉及用户个人隐私程度的同时，尽量减少不必要的信息。

4.电子邮件发送系统功能不完善

电子邮件订阅发送系统的主要问题表现为，用户无法正常注册、无法退出列表、无法直接回复邮件、用户资料管理不方便等。此外，即使发送系统运转正常，也会因为订阅手续复杂等原因而使用户中途放弃，比如有复杂的确认手续，涉及敏感的个人信息、某些邮件地址被屏蔽无法收到确认邮件等等，这些都应在实际工作中给予密切关注。

5.电子邮件内容对用户价值不高

从根本上来说，电子邮件的内容设计是一项复杂的工作，邮件数据库真正产生影响是从用户收到电子邮件开始的，如果内容和自己无关，即使加入了邮件数据库，迟早也会退出，或者根本不会阅读邮件的内容，这种状况显然是我们不希望见到的。

6.没有固定的邮件发送周期

有些电子邮件营销服务提供商，当自己需要向用户发送信息时才想起邮件数据库资源的重要性，平时根本没有放在心上，有时可能每月发送若干次，有时甚至一年才有一两次，也许用户早已忘记了自己什么时候加入了邮件数据库，却莫名其妙地收到了某个服务商发来的邮件，这样很可能会对企业品牌形象造成负面影响，也从根本上降低了电子邮件营销的最终效果。因此，应该确定邮件发送周期，并认真履行。从另一个角度来考虑，就是在制定邮件营销策略时，要量力而行，如果没有能力提供固定周期发行的内容，可采用不定期的会员通信，虽然其效果略小一点，但总是好于在长时间内没有向用户发送邮件信息。

7.没有退订说明或者退订手续复杂

即使是用户自行加入的邮件数据库，随着时间的推移以及工作环境和个人兴趣等方面的变化，用户也可能已经不再对邮件内容有兴趣。这时应该允许用户随时方便地退订，否则就成为令其无法忍受的邮件，与垃圾邮件同样令人反感。应在每封邮件的显著位置提供退订方法说明，并且保持退订系统正常运行，简化退订手续，只要通过简单回复邮件或者点击邮件中的链接即可实现完全退订。

三、电话营销

（一）电话营销的概念

电话营销出现于20世纪80年代的美国，随着消费者为主导的市场的形成，以及电话、传真等通信手段的普及，很多企业开始尝试这种新型的市场手法。电话营销决不等于随机打出大量的电话，靠碰运气去销售出几样产品。这种电话往往会引起消费者的反感，结果适得其反。电话营销是通过使用电话、传真等通信技术，来实现有计划、有组织、高效率地扩大客户群、提高客户满意度、维护客户等市场行为的手法。成功的电话营销应该使通话双方都能体会到电话营销的价值。

（二）电话营销的类型

1.按实施方式分

企业内部型。企业自建自己的呼叫中心，通过自己的电话销售人员来完成销售，采用这种方式的企业一般规模都比较大，电话销售体系比较成熟，属于完整意义上的电话销售。

业务委托型。企业与一些呼叫中心运营商合作，将自己的产品委托给呼叫中心进行销售，属于电话销售外包。这种形式对企业来讲优点是省事，也减少了投资，在初期就将风险降到了最低。

混和型。在企业正常营业时间使用企业内部的电话中心，这以外的时间及休息日等的业务委托给代理商。

2.按功能分

完全意义上的电话营销。100％的订单都是通过电话来完成的。此类销售多基于呼叫中心来完成。统一流程，统一管理，成本可控性强是其鲜明特点及优势。

电话营销只起到挖掘营销线索、处理订单等的作用。与外部营销人员配合，共同完成订单，或者需要销售代表本人亲访客户，完成订单。

3.按呼叫类型分

呼入式销售，被动式营销。客户通过看到产品的媒体广告或者DM介绍，产生购买意向，主动打电话咨询或购买。销售代表被动地等待电话。

呼出式销售，主动式销售。销售代表根据数据资源分析客户信息.进行主动式营销。

（三）电话营销的优势

1.及时把握客户的需求

电话能够在短时间内直接听到客户的意见，是非常重要的商务工具。通过双向沟通，企业可及时了解消费者的需求、意见，从而提供针对性的服务，并为今后的业务提供参考。

2. 增加收益

电话营销可以扩大企业营业额。如宾馆、饭店的预约中心，不必只是单纯地等待客户打电话来预约，如果积极主动地给客户打电话，就有可能取得更多的预约，从而增加收益。

3. 保护与客户的关系

通过电话营销可以建立并维持客户关系营销体系。但在建立与客户的关系时，不能急于立刻见效，应有长期的构想，制订严谨的计划，不断追求客户服务水平的提高。

通过电话的定期联系，在人力、成本方面是上门访问所无法比拟的。另外，这样的联系可以密切企业和消费者的关系，增强客户对企业的忠诚度，让客户更加喜爱企业的产品。

（四）电话营销与客户数据库的关联

数据库营销是基于数据寻找具备需求的客户群，以此展开商务活动。数据库的来源有两种：企业自己积累或从外部购买。直接邮件的反应相对较低，一般在1%左右，绝大部分直接邮件都直接进了垃圾箱。而用电话来获取资料则比直接邮件高效得多，人们难以当面拒绝。

企业主管应督促企业内相关业务人员，精于使用且勤于使用客户信息库的个别客户信息，可产生以下特殊效果。

①电话营销人员依个别客户资料卡，获知客户实际交易情况及购买频率，做主动电话促销可主动展开业务接触。

②营销人员及企划人员依客户资料的交易状况，掌握市场状况，发现市场发展趋势，做出有力的回应。

③服务人员依个别客户资料，做好必要售后服务，赢得客户的满意。

④公关人员适时电话寒暄，维系客户感情。

诸如此类的市场活动，均源自“有效数据信息库”的建立，故建立客户数据库并促使企业业务相关人员勤于利用客户数据库情报，是电话营销的首要任务，如图6-8所示。

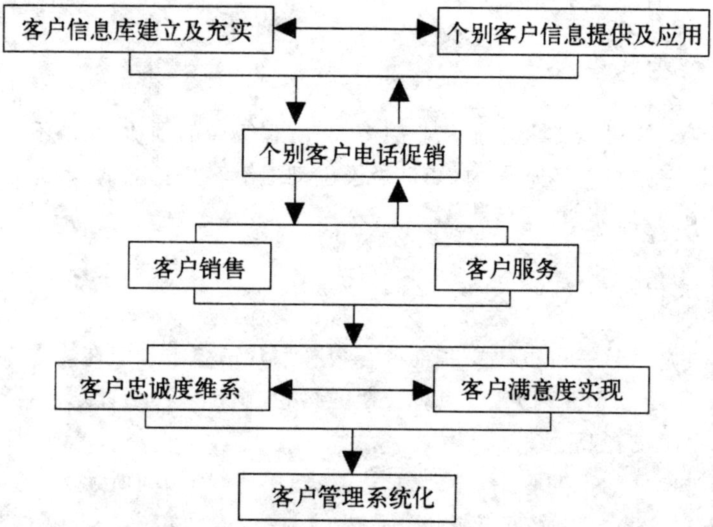

图 6-8　电话营销与客户数据库关联图

第七章　互联网思维下的新营销策略

新一代的消费接触的媒介越来越多样化，信息的传播也越来越多元化。那么公司如何才能在营销中打动见多识广的消费者呢？

第一节　抢占移动互联网流量入口

为什么要抢占互联网入口？

在互联网时代，人们不同的消费需求形成了很多的“入口”，很多成功的互联网巨头及时把握住这一关键点，成为“牢牢的入口占领者”。图 7-1 所示为国际上的互联网巨头及其“占领的入口”。

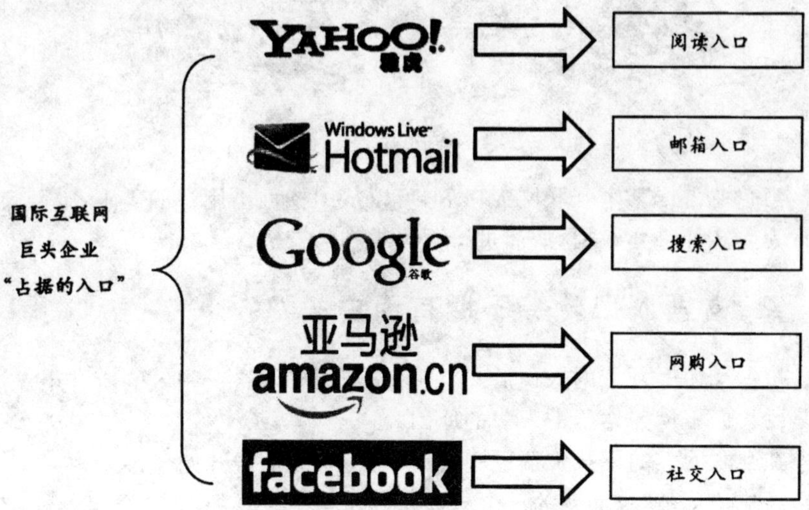

图 7-1　国际上的互联网巨头及其“占领的入口”

在国内，尤其在移动互联网领域，这种“抢夺入口的战争”表现得更为激进。那么，“争抢入口”到底有何意义呢？

一、何为互联网入口

如今，这么多的互联网巨头和大型企业都在抢夺入口，那么，到底什么才是互联网入口呢？

这个问题并没有一个标准答案，借用 DCCI 的定义，所谓“互联网入口”就是用户接入互联网的第一站，通过网络获取信息、解决问题的第一接触点。

在笔者看来，互联网入口就是人们在接触互联网时最常或较常使用的上网方式、上网设备、工具软件、门户网站等，如图 7-2 所示。

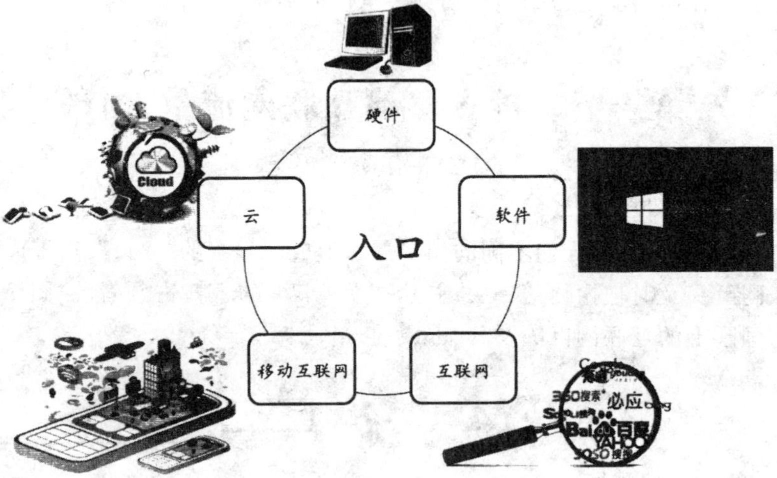

图 7-2　互联网入口是什么

当企业占据某个互联网入口后，可以从中挖掘出用户的需求、上网习惯和行为模式等重要数据，从而进行更为精准的营销。

二、占领入口就等于拥有用户

抢占某一个领域的入口后，企业就等于拥有了这一领域的所有用户，这也是巨头们不惜一切抢占入口的原因。

在互联网上的模式和话题中，入口是一个无法避开的关键词，它是人们最常寻找信息、解决问题的一个方式。好比当年微软的 IE 占领计算机浏览器一样，只不过现在“入口战争的火焰”已经蔓延到移动互联网上了。

对于互联网入口来说，它们在很大程度上决定了占用户总数最多的那一群人的浏览习惯。

尤其是在“互联网＋移动互联网”时代，网络经济就是入口经济，入口包括那些能够为其他应用带来流量的站点和工具，占领入口等于占领用户，等于掌握流量。因此，谁优先垄断了入口，谁就掌握了用户和现金流，如图7-3所示。

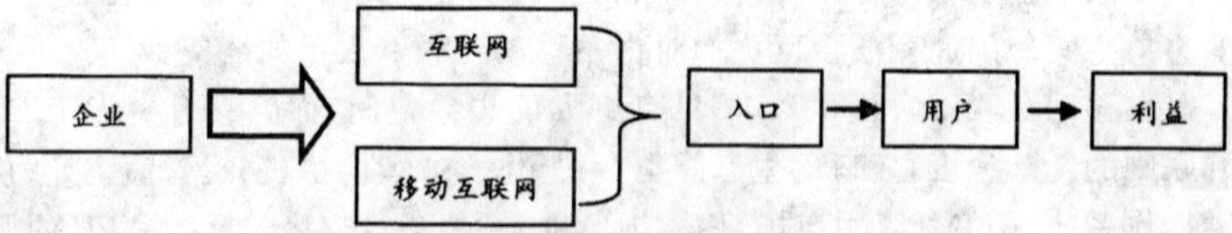

图 7-3　“互联网＋移动互联网”时代的经济

三、巨头们抢占移动互联网“入口”

在 PC 互联网时代，浏览器作为互联网入口有着无可比拟的重要性，因此入口之争也主要围绕浏览器进行着。

到了移动互联网时代，用户取得内容的行为和渠道发生了翻天覆地的变换，因此入口的争夺也变得更为激烈。手机 APP 大行其道，浏览器则被淹没在海量的 APP 中，入口地位逐渐被削弱。

不过，入口这个商业逻辑在移动互联网并没有改变，巨头们对入口的争夺必然会接续下来，而且由于环境的变化，入口大战比之前更加激烈。表 7-1 所示为巨头们在移动互联网入口之争的竞争格局。

表 7-1　巨头们在移动互联网入口之争的竞争格局

巨头企业	智能终端	手机浏览器	手机操作系统	移动社交平台	手机应用商店	其他领域
腾讯网	QQ 物联、微信硬件、TOS＋	QQ 浏览器	乐蛙、Tencent OS	手机 QQ、微信	应用宝	腾讯手机管家、QQ 通讯录
百度	易手机	百度手机浏览器	百度云 OS	手机贴吧	百度手机助手	百度手机地图
阿里巴巴	DVB＋OTT 智能终端	UC 浏览器	阿里 YunOS 系统	手机阿里旺旺、云聊	PP 助手	手机淘宝、手机支付宝

在移动互联网时期，精明的创业者、巨头企业都不会放过任何一个可能性的入口。对于创业者和巨头们来说，如果能够找到人们的衣、食、住、行，工作、学习、社交等环节的任何一个入口切入点，新的机会就将诞生。

四、移动互联网时代：移动化入口

移动互联网通过结合移动通信和互联网，使之成为一个整体。PC 互联网突破了空间轴的界限，而移动互联网则填平了时间轴的鸿沟，具有更大的想象空间。因此刺激了巨头们对占领移动互联网入口的欲望。

在移动互联网时代，“入口”具有更大的想象空间，而且具有更大于PC互联网的复杂程度，入口的生态圈也变得更大，如智能手机、运营商主导、移动操作系统、ROM、应用市场、移动浏览器、超级APP、基于超级APP的服务、手机桌面、手机地图、二维码、WiFi等。

第二节　精准投放广告

一、移动互联网时代，广告传播的变与不变

社会化媒体的崛起是近年来互联网的一个发展趋势。不管是国外的Facebook和Twitter，还是国内的微信、微博、人人网，都极大地改变了人们的生活，将我们带入了一个社交网络的时代。社交网络属于网络媒体的一种，而我们营销人在社交网络时代迅速来临之际，也不可避免地要面对社交化媒体给营销带来的深刻变革。

如今的互联网已确立了无可争议的主流媒体地位。2013年百度成为中国最大的广告媒体，超越了蝉联22年这一宝座的CCTV。2014年所有互联网媒体的广告总收入已全面超越电视媒体，成为媒体产业中的领头羊。互联网广告的形态也是丰富多样的，并且不断创新演化，移动互联网的广告形式主要有移动搜索、移动社交、移动游戏、移动电商、移动视频和阅读、生活服务等；PC互联网的广告形式主要有在线视频和阅读、门户网站、搜索引擎、网络游戏和购物、社会化媒体等。

近两年新媒体不断涌现，SNS、微博、微信不断刷新着人们的观念，也不断刷新着企业的营销理论体系。从本质上看，这不是一场由新媒体主导的变化，而是思维模式的转变诱发了新工具、新媒体不断推陈出新，不断迭代。所有的营销到人的需求为止，因为需求和产品的相关性无限放大了人在营销传播中的作用。以往在传统的话语体系之内，一个品牌开一场新闻发布会就能让全国人民知道，在央视黄金时段投放一条广告循环播放一年，就能让一个品牌家喻户晓；但是在移动互联网时代，你的品牌不能成为“热门话题”，不能引发消费者的“围观”，纵使绞尽脑汁创意一条广告片，投放几亿元，也极有可能石沉大海，就算能冒几个泡上来，也会被消费者淡忘。

移动互联网由互联网与移动通信结合产生，作为传统互联网的延伸和发展，它将带来几大冲击：从实时到随时的时间观，从在线到在场的空间观，

从功能到智能的终端观。由此也引发广告传播上的悄然变革，具体体现为：广告主体由单一到多元，广告信息由失衡到完全，广告媒体由分屏到跨屏，广告对象由小众到精众，广告效果由精准到匹配。

企业做传播做的就是一个“势”，并不是说传统的媒体渠道一无是处，传统的营销理论不再奏效，而是在互联网时代这种营销传播的重点发生了转移，要得消费者的“势”。传统媒体在塑造权威、品牌高度、品牌档次和产品质感方面还是优势明显，对短时间内扩大知名度的作用依然存在，另外也不能忽视其带给网络搜索等新媒体导入流量的贡献。

传统的整合营销理论面临最大的挑战有两个关键点，多种媒体一个声音的大规模传播运动需要花多少真金白银？傻投广告、硬投广告的时代已经一去不复返了，个性化、年轻化时代，消费者需要的是被尊重、被倾听。Speak With One Voice（整合营销传播），消费者根本不买账。不同理念的消费者，不同的话语体系，不同的观点表达习惯，同心圆式的信息传播网络……这些都要求信息的传播要守正出奇，用互联网思维去拥抱消费者，拥抱品牌的蜕变之痛。

（一）话题和体验是核心

广告的本质是影响消费者购买行为的过程。在新的广告传播生态下，广告和消费者的互动关系发生了变化。

传统意义上广告影响消费者的过程是“漏斗形”的，即认知—理解—偏好—购买意愿—购买行动。在新的广告传播形态下，广告与消费者之间的关系演变成互动式的“葫芦形”传播，即引发关注—产生兴趣—主动搜索—购买行动—分享体验。

在这种新型“葫芦形”互动关系中，最核心的要素是“话题”与“体验”。“话题”描述的是广告的传播层面，要的是网民参与话题的热度和参与量，它决定了传播的广度；“体验”属于行动层面，强调的是传播的深度。无话题不传播，无体验不行动。

2015年春晚“抢红包”引发全民关注、全民参与，关键是抓住了“话题”和“体验”两个核心要素。“抢红包”分享祝福就是“话题”，“摇一摇”就是互动，就是“体验”。

凤凰都市传媒2012年奥运会前与青岛啤酒合作了“与世界干杯”新品发布活动，也是很好地利用了“话题”和“体验”引爆传播。活动借助深圳华强北赛博广场凤凰LED屏幕，采用“人屏互动”技术，现场观众与大屏幕上刘翔、易建联等奥运明星合影、干杯。现场观众实时把互动体验分享到个人微博上，形成了话题的广泛传播，是一次成功的事件营销。

(二)广告和媒体需要重新释义

“泛广告”。一是广告与营销之间的边界逐渐模糊,相互渗透。在新的广告传播生态下,广告公关化、广告事件化、广告新闻化、广告内容化趋势越来越明显。原生广告的兴起就是最好的例证。二是广告与媒体的边界也在逐渐淡化。传统的媒体“二次销售”理论已经失效,媒体的内容和广告融为一体,直接兜售给受众和广告主。

“融媒体”。未来只有一种媒体,就是数字媒体。如果一定要分类,只有线上数字媒体和线下数字媒体。在新的传播生态中,媒体世界是一个更加丰富,更加扁平,也更加平等的世界。媒体无新旧之分,也无强弱之别。不同的媒体既相互独立,发挥自己独特的功能,又相互补充、相互支撑、相互交融,“形散而神聚”,形成一个和谐有序的生态环境。社交媒体完成的是社交群体内部的交流,而大众媒体侧重社交群体与社交群体之间的交流。

信息越繁杂,媒体越多样,越需要凸显个性,彰显不可替代的价值,找到自己的“专属领地”。有人用距离来区别不同的媒体,如手机大概是 13 厘米,计算机是 30 厘米,电视是 3 米,户外媒体是 30 米。距离越近,卷入度越高;距离越远,互动创意空间越大,传播势能越强。找准自己的“专属领地”就是占据了市场的战略高地。

(三)唯一不变的是创意

在新的广告传播生态下,关键还是内容。内容要从传统的“议程设置”转变为“议题设置”,在议题中寻找话题,寻找引爆的可能,但从引爆到火爆,还要靠创意。这又回到了原点,Idea 永远是广告的核心。

三星在 S4 新品发布时做过一个人屏互动的创意表达。三星没有像苹果手机那样让消费者在专卖店门外排起长长的队伍,而是利用社交媒体,在网络上排了一个虚拟的队列。评论、转发、分享越多的粉丝,在虚拟队列中位置越靠前。同时,在专卖店前搭起巨型 LED 屏幕,将虚拟队列搬到现实的屏幕中,屏上的人物对应网络队伍中的排名。虚拟队列与现实大屏幕的结合,引爆了话题分享和事件体验,1.2 万人参与了虚拟排队,8.5 万条信息分享给了 300 多万人,三星 S4 手机的市场份额增长了 12%。

二、移动互联网时代的营销传播策略

(一)广告传播环境日趋复杂

时代变了,营销的环境也变了,广告播出之后,要上网看一下网友是怎么说的，消费者有了更多的机会和可能通过社会化媒体接触品牌。以前企业品牌只有通过电视、报纸与消费者接触，现在企业忽然发现消费者开始通过自媒体在议论自己的品牌了。以前企业做好品牌、做好推广、做好渠道就成功了一大半，但是现在不得不考虑消费者对品牌的评分。

以前消费者在看过电视、报纸、户外广告之后，从产生意向到购买需要一个转换过程，当互联网出现了，消费者看到企业的宣传之后，省去了逛街的环节，直接网上购买。之后，移动互联网也出现了，消费者从看到企业宣传到产生购买行为，通过APP或者手机拍一下二维码就可以实现。不难看出，营销技术的发展一直在致力于让消费者以更少的环节实现从品牌认知到产生购买的行为的转变。

碎片化的时代让消费者游离于移动互联网、PC互联网，甚至报纸、电视等媒体形式。这些媒体上，媒体信息的更新量大得超乎想象（否则大数据概念也不会这么火爆）。这些造成了消费者兴趣迁移的成本越来越低，渠道越来越多，以前一个社会热点可以持续一个多月，现在在微博、微信上持续一个星期的热点已经是大新闻了。前一分钟还在玩着APP游戏，后一分钟又开始刷微博，顺便抬头看看电视，等等。消费者的触媒行为在不断地切换，从而引发传播营销行为捕获消费者关注点的难度越来越大，成本越来越高。

消费者可以接触的媒体和信息太多了，同时又无法消化所有接触的信息，所以会根据自己的兴趣、爱好去接受一些和自己相关的、搞笑的、好玩的信息，这也就是为什么内容营销越来越多地受到营销界的关注。

内容是一方面，如何设置消费者参与的途径却又是另外一门学问。为什么微博活动中参与人数最多，最受企业青睐的是“有奖转发”，而不是“晒照片”或者其他活动，因为有奖转发只需要顺手一转就可以参与其中，晒照片还要看到活动内容，进行拍照，并且上传，这每一步都会阻挡一部分消费者的参与。

这给了我们一个启示，在营销策划时不要为营销设置复杂的逻辑。碎片化的时代，消费者媒体前切换的频率太高，喜好迁移的速度就更快。现在很多企业宁愿选择短平快的网络营销，而不选择高大全的传统媒体，就是这个逻辑。

因此，对于营销传播来说，不仅内容上需要吸引力，而且消费者的参与环节是越简单越好。营销漏斗模型很好地诠释了这个现象，营销传播环节的设置每增加一个环节，消费者参与的热情就会被消耗一层。

(二)移动互联网时代营销传播的重大转向

当电视这样的传统黄金媒体价格越来越高时,当互联网成为人们生活中的重要组成部分时,当人们开始远离传统的电波和纸质媒体时,互联网广告正在不断发挥出其前所未有的价值,在2012年,这个特征更加明显。宝洁、联合利华、欧莱雅等国际性的标志性广告主正在互联网上投入更多的预算。宝洁2012年宣布裁员1600人,这些人都是与传统的营销推广有关的人员,因为宝洁认为Facebook和谷歌的广告和营销似乎更加有效;同时,在中国,宝洁和联合利华都分别与中国最大的搜索引擎百度签订战略性广告合作协议。这些都预示着互联网上的广告已经得到越来越多的广告主的青睐和重视。

为什么互联网受到越来越多企业的重视?传统营销和互联网营销究竟有什么不同之处?相比传统营销,互联网营销有什么优势?针对这些问题,我们从以下几个方面探讨。

1.互联网已经成为新的传播中心

以往,电视、电台、报纸、杂志等传统媒体是众多企业争夺的重要营销资源,随着互联网的发展,人们可以在网上进行购物、娱乐、看新闻、社交等活动,传统媒体已经逐渐被边缘化。企业的营销重心也从传统媒体转移到了互联网平台。纵观这几年的经典营销案例,我们完全看不到某个企业利用传统媒体达到超预期的营销效果,清一色都是互联网营销的经典案例。正因为传播中心的变化,众多企业都建立了网络营销部,营销的重心已经转移到互联网上来了。

2.互动传播已经成为主流

传统媒体的传播是单向灌输式的,不管消费者是不是感兴趣,是不是喜欢,是不是目标客户,这种特性也决定了传统媒体与消费者之间互动很难;互联网的传播是双向的、互动的,可以通过触动消费者内心情感的方式和消费者沟通,甚至让消费者第一时间消费。比如流行的APP、微信平台,都可以即时和消费者实现零距离的接触,让消费者对品牌产生亲密感。

3.个性化传播大行其道

在移动互联网时代,企业可以通过技术来跟踪消费者,通过消费者在互联网留下的痕迹,在社交媒体发布的内容,通过大数据分析出不同的消费者的消费习惯、消费方向以及消费者的关系图谱,从而做到精准定位营销。

在平板计算机、智能手机越来越普遍，社会化媒体越来越发达的移动互联网时代，营销的方向也将从传统的大众传播向个性化传播转变。

4. 广告从付费到免费

在传统媒体时代，广告都是收费的，对企业来说也是一项非常大的成本支出。在移动互联网时代，只要你的创意足够好，你就可以让你的广告免费传播。比如，你可以制作一段非常具有传播力的病毒视频，或者发起一场让消费者乐意参与并积极邀请好友参与的营销活动。通过这种病毒式的营销，你的产品和品牌就会给消费者留下深刻的印象——你不需要付出什么推广费用就能使产品在社会化媒体上出现，成为人们关注的焦点。

5. 社交思维开启

在传统媒体时代，企业控制着信息管道，营销往往是自上而下的单向传播，企业只是高高在上地推送信息，目的就是通过轰炸式传播让消费者知道、了解、购买，营销的核心就是打广告、卖产品。在移动互联网时代，这种硬性的推广真的不行了，消费者不会直接购买了，他们会通过社交软件来调查和了解其他用户对产品的评价。如果你的产品不够现代、时尚、有魅力，那么，粉丝对你的产品打分就会很低，即使你在传统媒体上做了大量的营销活动，粉丝一样不会买账。移动互联网时代，企业需要整合社会化媒体去构建关系，运用互联网的社交思维，让粉丝参与到品牌建设中来，从而提升企业的品牌影响力。

6. 从曝光品牌到制造话题

在传统媒体时代，企业往往会用收视率、收听率或者阅读率等一系列的指标评估各种媒体的曝光度，以此来计算自己投放的广告是否取得了相应的效果。事实上，尽管企业如此精打细算，依然会有很多广告费打了水漂。在移动互联网时代，仅仅追求曝光度已经完全不合适了，甚至会起到相反的效果。用户需要的是话题，是可以让用户参与话题，用户通过参与并把话题传播出去，引起二次传播和扩散。比如，柴静的《穹顶之下》这个视频，关乎每个人，吸引了众多的关注，带来了足够多的话题。再比如，在足球领域，像意大利的米兰德比、西班牙的国家德比等，其实只是三十几场中的一场比赛，每个赛季都有两次，为什么会那么火爆呢？因为制造话题。榜首之战、球星金靴之争、面对老东家等都会成为德比的话题。即使你的企业不能制造出火爆的话题，依然可以借势营销，这比单纯地投放广告效果要好得多。

网民需要的是话题，如果你的话题可以激发人们的参与和讨论，或者能引发某种流行，那么这种广告的“杀伤力”将是巨大的，典型的如凡客体的广告，虽然是线下的广告，但是足够有创意和吸引眼球，在互联网上实现了二次传播和扩散，最后引爆成一个话题。当然不是所有的企业都会制造话题，如果你不会制造或者不能制造话题，那么也可以搭乘一些当前主流的话题卷入，例如杜蕾斯微博的雨夜传奇的创新传播，让其同样产生较好的病毒传播效果。

总之，在移动互联网时代营销，营销传播的中心已经转移到移动互联网上来了，互动、个性化、免费、社交、话题等关键词决定了移动互联网的营销传播必须要有洞察力、创意力、整合力和执行力。

洞察力就是企业要主动发掘消费者的关注热点、消费趋势、消费特点、消费方式等，这样才能贴近消费者；创意力就是企业要把传播的信息整合包装起来，不要赤裸裸地进行信息轰炸，要给消费者留下过目不忘的印象，让消费者主动去传播；整合力就是企业要把互联网传播与传统媒体结合起来，并适应不同媒体的传播要求；执行力就是企业要把传播效果最大化，通过话题、活动、借势等手段传播企业品牌，用最低的传播成本达到最好的传播效果。

2012 年新的互联网巨头 Facebook 上市，开启了社交网络的时代。互联网在 20 年间，经历了门户、搜索和社交三个浪潮，这种裂变速度值得广告传媒业关注。在这个人人都是自媒体的时代，社会化媒体营销就显得举足轻重。企业的营销传播要主动去适应这种形势，并积极去寻找移动互联网时代的传播策略和方法，让企业的营销传播发挥更大的作用。

（三）数字广告营销：DSP 和原生广告

DSP(Demand－Side Platform)，指的是需求方平台。这一概念起源于网络广告发达的欧美，是伴随着互联网和广告业的飞速发展而兴起的网络广告领域。需求方平台允许广告客户和广告机构更方便地访问，更有效地购买广告库存，因为该平台汇集了各种广告交易平台、广告网络、供应方平台，甚至媒体的库存。有了这一平台，就不需要再出现另一个烦琐的购买步骤——购买请求。

DSP 平台实现的是程序化购买、程序化投放和程序化优化这三件事。通过这些方式，DSP 平台改变了传统广告的操作方法，也消除了数字广告里所有的信息不对称，这是 DSP 平台最大的作用。高效、准确的特性使 DSP 平台迅速成长起来。它与 AdExchange(互联网广告交易平台)及 RTB(Real Time Bidding，实时竞价)一起迅速崛起于美国，已在全球快速发展，2011 年已经覆盖到欧美、亚太以及澳大利亚。在世界网络展示广告领域，DSP方兴未艾。DSP传入中国，迅速成为热潮，成为推动中国网络展示广告RTB市场快速发展的动力之一，DSP将要成为SEM后的一个广告模式。

随着平面、户外、互联网电视等媒体资源加入程序化购买链条中，将为广告主提供更完整的营销方案，品牌营销已经进入程序化购买时代。在中国，程序化购买也更多地将触角延伸到传统媒体。目前，悠易互通已经实现了PC、移动、社交、视频、互联网电视的跨屏程序化购买，未来的程序化购买＋将对接更多的媒体资源，连接平面、LED、户外、电影银幕和汽车等媒介，运用领先的技术，通过大数据将线上和线下的所有媒介资源打通，将多方数据形成闭环，使资源更全面地加以整合。

移动程序化交易迎来黄金时期。2015年程序化采购将成为移动营销的标配。一方面，程序化购买从量和质上同时提升移动广告位的销售价值——好的媒体更容易找到好的广告主。另一方面，程序化购买提升了原来购买固定广告位的效率。愈演愈烈的移动碎片化趋势必须用程序化购买应对。程序化购买有望加速移动广告价值裂变。

1. DSP到底有多大神通

有人说，程序化购买不是万能的，但没有程序化是万万不能的。DSP已经成为各行业网络营销的标配，它不仅在广告投放层面，更逐渐上升到企业的战略层面。

“从概念走向价值”想要表达的是DSP发展至今，绝不能停留在概念层面，更多的是要挖掘其能给广告主带来的价值。这不禁引发人们的思考，“青壮年”期的DSP到底能做什么？

(1)DSP能帮广告主找到更多目标受众，降低人均曝光成本

对于消费者的前期调研和行为洞察，企业一般都是比较重视的，然而一个普遍存在的问题是：对于广告投放的实际受众是否与自己前期调研的想要针对传播的目标受众完全一致，恐怕就没那么确定了。这里面其实还是有很大的偏差，有很多广告资源都是无效浪费的。同时企业还想了解消费者看到广告后的反应与后续行为。

花印中国是原装进口的护肤品品牌，主要针对“90后”女性市场。虽然市场目标群体很明确，但其执行总经理姚向东表示，在进行广告投放时，令人苦恼的是不知道对象是谁，不知道消费者打开手机或者计算机以后，在什么时候需要什么样的内容。无独有偶，1号店副总裁郭冬东对广告投放也有自己的痛点——“一年数以亿计的投入，如何才能获得最大的ROI回报？”

不管是找到目标投放对象还是最大化ROI回报，DSP都是不二的选择。DSP对接海量的媒体资源，覆盖RTB和非RTB流量。广告主在投放初期，需要大规模的曝光，这时候，DSP可以满足量的需求，同时基于各种标签定向、地理位置定向以及人群定向，做有针对性的拉新用户。在海量曝光的基础上，DSP基于不断优化机器学习算法、大数据分析，对目标受众群进行广告投放的频次控制以及创意优化，从而有效降低了人均曝光成本。

(2)DSP通过算法优化，提高广告投放的ROI投入产出比

2015年，风口浪尖上的P2P行业在爆发增长期也面临着烧钱怎么烧得漂亮、烧得有效果的难题。陆金所在2014年用1年的时间做了50万用户，2015年用5个月的时间做了1000万用户，每月至少要保持20%的KPI增长。面对如此高速度的增长，在营销费用整体不变的情况下，“效率”即ROI值成为他们最大的痛点。

在营销中，如何分配不同流量，把什么样的内容给正确的人看，如何达到最大化的效率和效能，其实每一个广告主都希望用最低的营销成本，获得最好的效果。DSP提供了一个最优解决方案。

DSP广告投放过程如何提高投入产出？品友互动联合创始人沈学华表示：“通过整理更多数据，提高数据处理能力，重点是让数据流动起来，根据数据反馈，不断优化好竞价算法，同时提高防作弊能力，做好流量预估。”

(3)RTB+PDB，DSP可进行跨媒体投放管理

现阶段，媒体碎片化越来越严重，特别是移动互联网环境下，大多数人的时间和行为都不像以前那样按月、日、小时来计算，更多的是如同碎片一般，以分、秒来衡量。因此，品牌对于消费者的传播及沟通发生了相应的改变。

上海通用汽车传播渠道策略与大数据项目负责人陆颋认为，程序化就是实时化的场景营销。源于汽车行业竞争越来越激烈，这就要求管理层要做更加精准的广告投放，以前的广告是广而告之，现在要做到的是“窄告”，非常精准地做广告。

任何广告活动都不只是在一个媒体平台，而是多类型媒体组合进行营销管理。广告主面对的媒体资源是全网资源，比如有公开交易市场的资源，私有交易市场，也有直接购买固定广告位。那么如何进行统一管理，从而实现所有媒体资源的价值最大化？

品友CEO黄晓南说：“目前依然有极少数优质广告资源是没有进入广告交易平台上的，这也就意味着采用RTB形式的投放并不能竞得这部分广告资源。类似上海通用这样的大型品牌集团，对于这部分的优质流量，可以采用PDB(私有程序化购买)的形式进行投放，即广告主采买特定的优质广

告资源，然后再通过 DSP 将自己的不同产品线实现程序化的直接购买，PDB 和 RTB 组合起来使用让效果达到最大化。"

(4)移动+PC，DSP 可实现跨屏营销

"现在移动端的变化非常快，在过去的一段时间 1 号店移动端的销售额超过 50%。在移动互联网时代，如何用更好的营销手段和策略找到顾客，推送跟他们相关的商品信息，提高整体的转化率?"1 号店副总裁郭冬东认为，这是他们目前遇到的挑战。

移动程序化刚刚开始，将进入高速发展阶段。广告主在进行移动广告投放时，必须注意移动端的几个特点。①碎片化。今天微信很强大，事实上消费者在移动端上消费的时间非常破碎。②移动屏幕特别小。"小"意味着每一次跟消费者互动的机会变得特别珍贵。③移动具有更多个性化的数据，这给程序化提供了更好的土壤。比如通过移动的 LBS 地理位置定向，可以跟线下的零售店、线下房地产公司等进行合作。

"很多广告主把 PC 端和移动端切割开来，进行预算的人工分配，这是不合理的。"品友 CEO 黄晓南表示，对于移动时代如何挖掘移动程序化的价值，可以利用跨屏 DSP 统一管理。

对于如何统一管理 PC 端和移动端，行业达成了一个共识："用一个整合起来的系统，根据每天不同的时段、消费者不同的特征、终端不同的特点，匹配不同的物料，实现整体的覆盖和效果最大化。另外，广告主须提高大数据能力，比如搭建自己的 DMP(数据管理平台)，打通内部各个数据孤岛，并且和外部的数据进行流通。"

(5)移动 DSP 可为消费者推送个性化信息。

大数据的打通对程序化的将来是一个新利好消息。DSP 的未来并不拥有数据，而只是一个数据流动的中转站。以前，快消品牌常常有这样的困惑，一个新品上市要在全国各地进行分销，但营销决策者并不知道分销到什么地步和程度。在 2015 年，程序化广告实现了与线下数据的打通，例如，重庆的新品已经被销售出去，就证明铺货、分销到位，在当地可以砸广告了。

尤其是在进行移动 DSP 投放过程中，在投放定向选择上，可根据移动的特有属性，比如天气、雾霾指数，进行针对性的广告投放。例如，药企的感冒药广告与天气指数打通，用天气指数的变化指导广告投放；花印品牌的面膜广告与不同地区的防晒指数打通，让广告变成一个有意思的个性化信息。另外，以 LBS(基于位置服务)地理位置定向，可以进行线上线下打通的场景化营销。

移动 DSP 通过对本地用户进行 LBS 定向，进而确定目标受众的地理位置，通过地理位置分析挖掘，进行住宅、写字楼、学校、医院、商超等分类归

属，形成商圈覆盖，而这些商圈标签有助于本地广告主的地理位置定向。

2. 原生广告，下一场营销革命

“原生广告”(Native Advertising)是近期美国营销行业的热门，在国内还未有太多谈论，它却可能带来一场营销革命。

对于何谓原生广告，目前并无一个精确的定义，各家所言亦不尽相同。丹·格林伯格(Dan Greenberg)认为“它是一种让广告作为内容的一部分植入到实际页面设计中的广告形式”。伊恩·施拉格(Ian Schafer，精品酒店之父)则定义它为“用户实际使用一个平台的方式利用该平台”。Solve Media(验证码广告平台)给出的定义是：“原生广告是指一种通过在信息流里发布具有相关性的内容产生价值，提升用户体验的特定商业模式。”

原生广告可能成为一种解决方案。

(1)原生广告将进一步挖掘精准与互动价值，提升营销体系的整体效益

媒体凭借多年积累，拥有大量的数据基础和用户关系(尤其是社交网络、媒体)，长期以来其营销价值没有被充分挖掘，原生广告利用其后台的数据挖掘和前台展现的创意和内容相关性，使它可以为用户提供价值，激发用户的参与并提升广告主营销效果，带动媒体营销价值的升级并增强媒体变现能力。

(2)原生广告将革命性提升移动互联网变现能力

传统的互联网 Banner 广告，尺寸和展示空间是重要影响因素，与 PC 互联网及传统媒体相比，手机端在这方面并无优势，而且用户对手机的控制权很大，对广告的忽略能力强，传统的硬广告无法形成与用户良好的互动。原生广告与媒体内容融为一体，其价值将不再以广告尺寸和展示空间计算，创意和内容相关性成为关键。这毫无疑问将为移动互联网的变现找到一条出路。

(3)原生广告跨终端、多系统覆盖，解决碎片化问题，实现整合

很多媒体同时覆盖 PC、平板计算机、智能手机等终端，又同时分布在 Windows、Android、iOS 等各个操作系统，各终端、各系统各有特点，尺寸、空间、布局各有差异，按照传统的 Banner(旗帜广告、横幅广告)广告方式，媒体必须为各平台独立规划和售卖广告资源，势必会增加成本、分散价值、影响盈利效率；对于广告主，碎片化的媒介环境无疑会降低营销效率，增加更多成本，使得营销效果受到影响；对于用户，即使在同一媒体，不同平台上也会感受到分散、凌乱的广告体验。原生广告将跨终端、多系统覆盖，提升媒体的盈利能力、广告主的营销效率、用户的使用体验，实现共赢。

总的来说，原生广告并不指具体某一种广告形式，而是一种广告理念

(就像“Web 2.0”一样),可以说它是 SoLoMoMe 理念在营销行业的延伸和深入,我们不必拘泥于精确定义,而是可以根据各自媒介特性,灵活运用,在媒介特性、用户体验和广告主效果之间找到平衡,实现共赢。“原生广告”这个概念富有指导意义,让摸着石头过河变为踩着桥过河。毫无疑问,未来将有更多媒体以原生广告为理念设计广告产品,尤其是平台型的社交网络,如国外的轻博客网站 Tumblr(汤博乐)、图片社交网站 Pinterest(拼趣)、移动应用 Instagram(照片墙),以及国内的模仿者。已经尝试原生广告的媒体将开发更多此类广告形式。

三、好广告的标准是有效

好广告的标准是有效,比如,滴滴打车投入 10 亿元巨额补贴,打起营销战,众多中小规模的打车软件纷纷落马。滴滴打车与微信支付合作已经启动多轮营销,不仅将立减的金额从 5 元涨回到了 10 元,并推出了新用户首单立减 15 元的优惠,而且在情人节、感恩节等节日里发出大量红包,后又推出“四个小伙伴三个用滴滴”等一系列营销手段,着实实惠了价格战中的乘客和司机,用户活跃度高居不下。

(一)从“全面进攻”到“重点进攻”

一家企业资金实力再雄厚,也只能在几个重点行业、重点地区、重点产品上下工夫,如果没有做到重点突出而采取平均用力的话,就必然会失败。

聚焦的威力是巨大的。阳光普照大地,却不能将柴火点燃;但是,如果一束阳光通过透镜聚焦,一小段时间之后,就能把柴火点燃。湍流穿过大地,了无痕迹,而一滴水,如果持之以恒,却能穿透岩石。

做广告也是这样,企业只有实现广告的聚焦,才能达到好的传播效果。然而,很多企业在做广告的时候却没有实现聚焦,而是选择“全面进攻”。有的企业给它的所有产品都做广告,想通过广告告诉消费者其产品的所有功能。有的企业一开始做广告就寻找最大的广告平台,期待全国人民都认识它的产品。还有的企业把大量的资金砸向广告,持续一段时间后,由于没有后续资金支撑,就停止了广告宣传。以上这些广告策略都没有实质性的效果。

任何一家企业的产品都是卖给特定消费者的。产品的消费人群往往出现在特定的地区,特定的时间段,这就要求企业在做广告的时候,实行聚焦策略,集中财力物力对它们进行宣传。如果企业在做广告之前,没有对消费者进行定位,就可能不分地区、不分时间,乱打广告,最终因为没有抓住真正的消费人群,投出大量的广告而没有实际效果。

为什么要使用广告地区聚焦的策略呢？因为广告集中投放在一个地区，相比投放到更大的市场，投入要小很多，而且能够保证投放的密度。这样做，就能迅速地吸引这一地区的消费者，从而提高产品的销量。

相反，如果企业不采取地区聚焦的策略做广告，而采取全面铺开的策略，往往广告的效果不明显，而且很快就消耗掉企业大量的资金，一旦后续资金不足，企业将面临很大的风险。过去很多风光无限的企业，都是由于做广告的时候没有采取地区聚焦策略，直接全面铺开，虽然短时间内获得了不错的效益，但由于后续资金不到位，无法坚持做广告，而走向衰落。

对于很多小企业而言，本身没有特别充足的资金用于广告投入，选择在一个地区集中投放广告，是比较明智的做法。这样做，一是可以检验广告的实际效果；二是能够使产品在一个地区迅速打开销路，为将来企业打开更大的市场夯实基础。

（二）与其自己做广告，不如别人来捧场

充分利用企业或企业家的知名效应，让媒体主动去报道你，这大概是最省钱的广告模式了。媒体需要新闻，尤其需要名人的新闻，不然读者没兴趣。所以，如果企业家能投媒体所好，不断培养自己的个人品牌，保持一定的曝光度，那么媒体就会趋之若鹜，时刻盯着他们的一举一动。当媒体报道企业家个人的时候，势必会顺带着报道企业家所经营的企业，这样一来，企业的品牌形象宣传，不用花一分钱就能实现。而且，这种报道属于媒体的主动行为，不带有广告的目的，所以对读者的影响力会更大。

企业家的个人形象，往往代表着企业的形象。所以，当媒体不断关注并赞扬企业家的个人形象时，企业的形象也同时得到了提升。

一提起华为，人们会产生由衷的敬佩感。这种敬佩，不是因为人们真的了解华为，而是人们从媒体上读到了关于任正非的种种报道，对任正非这个人产生了敬佩，然后才在感情上有了“转移”，对华为这家公司也产生了敬佩。

对企业家群体来说，打造个人品牌并不是一件容易的事。许多深谙个人品牌重要性的企业家，不断在各种场合发表一些言论，希望为自己树立起一个光辉良好的形象。但结果却是，无论自己如何绞尽脑汁、用尽心机，媒体还是不感兴趣，大众也始终对其没有什么印象。

另外一些企业家则恰恰相反，他们尽量保持低调，很少或绝不接受媒体采访，但媒体却始终对他们兴趣盎然，哪怕有一点机会也要对他们进行大肆报道。像华为的任正非，就从来不接受任何媒体的采访，但各种媒体上关于他的报道却始终络绎不绝。

截然相反的两种待遇，其实暗含了企业家个人品牌建立的游戏规则。对企业家来说，他们的核心专长是企业管理。而作为企业最高管理者，他们的使命就是带领企业持续获得成功。企业成功了，企业家的业绩得到了体现，企业家的核心专长和个人价值才能得到印证。成功本身就是吸引人们眼球的最佳要素。公众对于成功企业的领导者——企业家会有强烈的好奇心，并且愿意深入了解其经历、个性、爱好，然后进行学习和模仿。在这种强大的市场动力驱动下，媒体自然愿意把目光聚焦到那些成功企业的领导人身上。于是，公众的认知得以产生，企业家的品牌也自然而然地得以建立。

如果企业业绩不好，企业家无论用何种办法搏出位，都难以吸引公众的目光。关注成功者而忽视平凡者，本就是人性中的普遍心理。当然，如果像史玉柱那样失败得轰轰烈烈，也能引起人们的关注，不过，那种关注只属于昙花一现。如果你不能像史玉柱那样再爬起来用业绩证明自己，不用多久，人们就会彻底把你遗忘。

所以，那些无法树立起个人品牌的企业家，最根本的原因就在于他们所经营的企业没有什么令人惊讶的业绩。正因如此，企业家要想打造自己的个人品牌，首先就要带领企业做出业绩，而不能只靠"嘴上功夫"忽悠公众。企业家管理的企业只有获得了非凡的成就，企业家个人品牌的含金量才会得以提升。

（三）学会赚口碑相传的钱

在互联网时代，人们已经厌倦了包括电视、报纸、广播、杂志以及户外等那些长篇累牍甚至没完没了的广告。企业在广告上的投入产出比，已经不再像以前那样值得让人追捧了。

获得无数好评的《爸爸去哪儿》节目为英菲尼迪和999感冒灵等广告的植入也带入了一些无心插柳的效果。这档明星亲子真人秀节目横空出世之后的火爆程度，就连"芒果"台也未曾预料到。

在开播前，这档节目几乎无人知晓，但开播之后，这档节目在社交媒体上的讨论量直线上升，许多观看过这档节目的观众在各个社交平台上都给予好评，影响了周围更多的人主动去搜索观看，加上林志颖、田亮、张亮等明星在社交媒体上的互动，更是带动了一群粉丝进行讨论，算得上是口碑传播最典型的案例。

也许，对许多企业来说，都应该重新重视并打造口碑相传的广告模式。因为在一个消费者被无数媒体分流的时代，企业已经无法通过广告抓住所有的目标客户，而口碑相传的效应，则可以让潜在的消费者主动选择企业的产品，即便企业没有做任何的广告推广。

口碑相传的广告效果之所以好，是因为互相传递信息的人们之间并没有什么经济利益，更不存在有意替某种商品“促销”的目的，而且需求大致相同，并且往往是相互熟悉的人之间介绍，最重要的是这种传播都是讲述使用过商品后的亲身体验，所以最容易得到信任。

哈根达斯被纽约时报称作“冰激凌中的劳斯莱斯”，进驻中国市场已经18年了，至今仍被许多消费者心向往之。哈根达斯冰激凌原料大部分都为进口，比如，法国朗姆酒、巴西咖啡豆、比利时巧克力……哈根达斯上演了一个冰激凌的全球旅行。经由全球采购之后，这些原料纷纷进入法国Arres的小镇工厂，并混合当地生产的鲜牛奶，制成了原汁原味的冰激凌，然后再通过运输船发往80多个国家。在运输过程中采用哈根达斯的特制冰柜，最低能达到−25℃，以保持产品的新鲜。

在哈根达斯以前，冰激凌并无其他含义。哈根达斯将制作冰激凌升华为一种艺术，这是哈根达斯冰激凌的专属词汇。在这里，消费者会经历一次难忘的旅程，体会奢华的享受，以及世界级工艺带来的非凡口感。这些都是哈根达斯独特的营销内容。

哈根达斯品牌的成功还在于哈根达斯的营销密码——绑架爱情。哈根达斯落户于中国之时，就曾一度将品牌打造成“爱情”的象征。那句“爱她，就带她去吃哈根达斯”的广告语至今仍让很多人铭记于心，不少恋人趋之若鹜，心向往之。每到情人节，店里的人流量都是最高的，而且店里面还会举办各种优惠活动及赠送玩具和明信片等。

哈根达斯的很多广告推广活动也都与情侣和爱的主题有关，可见它选择的目标人群是非常准确的，主要是定位于情侣消费者。此外，哈根达斯本身店面中关于爱情的渲染也在突出其形象，每款食品也搭配了表达爱情甜蜜的名字，比如“冰火浓情”“心花怒放”“浪漫爱琴海”“浓情蜜语”“月光恋人”等。情侣们来此消费的目的不仅仅是品尝美味的食品，还是一种爱的表现。因此，当哈根达斯被打上象征“爱情”的标签时，其附加值远远高于其他品牌。

随着中国经济的发展，人均收入提高，人们更多地注重追求精神的享乐。在深圳万象城哈根达斯店面的角落里，经常可以看见一位40岁左右的中年女人，悠闲地看书。她每周三都会过来坐上一下午，偶尔也会带着老公一起来，沏一杯茶，然后看着自己带来的书。有时出差回来也会到这里坐坐，她说自己比较喜欢这里的安静氛围。

哈根达斯为消费者精心营造了一种小资情调和高品位生活，其门店选址一般会在繁华商业区及交通枢纽等接近高消费人群的消费场所。而且门店的装修风格也很统一：五彩琉璃灯，圆木桌，法兰绒棕红色格子沙发，墙壁上挂着女人正在优雅地用调羹品尝冰激凌的黑白照。

哈根达斯奢华的环境自然也提高了冰激凌的售价，一份 85 克的冰激凌球价格高达 34 元，冰激凌套餐在 80 元以上，一般人均消费 70 元左右。哈根达斯冰激凌虽然很贵，但哈根达斯让冰激凌变成了一种体验，让人能感觉到它的独特之处，这就是哈根达斯的成功。

哈根达斯的广告投放渠道也是独辟蹊径的。一般情况下，它不做广泛推广，而是集中于分众营销。在电视等大众媒介中，大家很难看到哈根达斯的广告，而在楼宇及在其商圈范围内的路牌广告上，却经常看到哈根达斯的广告。哈根达斯分众营销的目的就是为了精准定位目标群——高品位人群。可以说，哈根达斯在年轻人群体中形成了口口相传的口碑效应，即使不做广告，其品牌在国内市场也有很强的影响力和知名度。

如今，哈根达斯开通了官方免运费速递服务，带着甜蜜来敲门，“让你的爱，从不迟来”。不仅如此，哈根达斯还大力发展 O2O 业务，线上下单，线下取货。新型的销售方式让哈根达斯尝到甜头之后，它会在中秋节期间开启“送礼”活动，消费者线上购买月饼，再将二维码权转赠送给亲朋好友，实现线上送礼。不仅如此，哈根达斯还抓住了移动客户端，积极与手机淘宝合作，开展了诸如哈根达斯“全城寻宝”活动，活动期间消费者找到隐藏在 8 个门店中的 8 款二维码并扫描，即可获得哈根达斯新品一份。此项活动使活动门店的销售额同比增长近 20%。

哈根达斯从生产、店铺、广告、营销等方面独辟蹊径，这样的内容营销，让其有形无形的“产品”成为消费者口碑传播的话题。口碑营销就是这样，消费者觉得你的产品有内容，他们就会自发地讨论这个产品。公司如想实现口碑传播，就要从“产品”出发，布局营销内容，千万不要挖空心想着如何吹捧自己的“产品”，而是要思考怎么打造让人尖叫的“产品”。而让人尖叫的“产品”，其关键指标是有内容营销的价值，这样才能成为公众谈论的话题。

事实上，口碑相传属于人类乐于分享的天性。而大多数人通常会对自认为特别好的东西和特别差的东西进行分享，向别人介绍自己接触的事物的特点。所以，“口碑相传”就是最重要的、最佳的广告形式。因为它是建立在“信”的基础之上的，是一种对使用过的物品的特点，出于本能的经验分享。

（四）充分利用事件营销

事件营销也叫活动营销，通常是指企业通过策划、组织和利用具有名人效应、新闻价值以及社会影响的人物或事件，引起媒体、社会团体及消费者的兴趣与关注，以求提高企业或产品的知名度、美誉度，树立良好品牌形象，并最终促成产品或服务的销售目的的手段和方式。

简单地说，事件营销就是制造具有新闻价值的事件，并通过具体的操作，让这一新闻事件得以广泛传播，以达到广告的目的。

由于事件营销要比硬广告和软文广告更具有新闻效应，而且成本更低，所以，在进入互联网时代以后，许多企业都开始采用事件营销的手段，通过一个事件或一个话题，让企业或企业的产品迅即成为媒体和消费者关注的焦点。一次好的事件营销，能对企业产生多大的价值？我们从一个案例就能看出。

2008年，“5·12”地震发生后，生产王老吉凉茶的加多宝公司，通过中央电视台抗震救灾募捐晚会这个万众瞩目的时刻，捐款1亿元。这个庞大的捐款数额，立即让加多宝公司以及王老吉品牌一夜成名，成为人们谈论的焦点。随后，网络上关于加多宝捐款的新闻和帖子层出不穷，讨论自然也“不绝于耳”。当然，观点无非就是两个：赞成或反对。赞成者盛赞加多宝的大手笔和爱心；而反对者则认为，加多宝是在拿地震来宣传自身的企业品牌形象。

其实，无论加多宝捐款1亿元是否带有营销的目的，其行为都是值得赞扬和尊敬的。因为它是真的拿出了真金白银，这要比那些只说不做的企业更应引起人们的尊重。

当然，捐款1亿元，也是加多宝的一次事件营销。捐款之后，加多宝与网络推手合作，短短3个小时内，百度贴吧相关帖子就超过14万条，“要捐就捐1亿元，要喝就喝加多宝”的口号更是传播至整个网络。在各大门户网站，天涯、凯迪等论坛和社区，甚至是各种手机门户网站，满眼都是关于王老吉捐款1亿元的新闻和激烈的讨论。

加多宝的这次事件营销给它带来了什么？那就是它从之前一个知名度并不算高的企业，一夜之间红遍大江南北。

加多宝把本来就要投做广告的钱用来捐款，然后利用捐款事件来提升自己的品牌形象，这显然是一举两得的事情。

事件营销作为一种被公认为行之有效的营销手段，在互联网时代已经被越来越频繁地使用。可以说，借助互联网平台，事件营销已经成为传播最快的营销手段之一。而且，由于事件营销用好了可以事半功倍，并且能够节约大量的广告费用，因此，越来越多的企业开始选择事件营销的方式为自己的品牌加分。

四、移动广告的投放

(一)移动广告投放技巧

如果说以往投放广告就是选媒体、定天数、报价格,那么现在的移动广告的投放越来越像一门“技术活”,现在的移动广告已经从简单的“广告位时代”迈向精准的“人群时代”,广告主可以直接在整个互联网上按照“人群”来投放广告。这意味着要在如此碎片化的网络海洋中挖掘到“自己的目标客户人群”,除了需要借助更为先进的数据和技术手段作为支持的同时,还需要运用大数据优势充分把握互联网人群的行为特征及趋势,深入洞察,发现规律。

首先,移动手机、移动 iPad 等电子产品的屏幕都有限的,再大也大不过电脑屏幕,所以这就导致了在一个屏幕上移动用户能够观看和浏览到的信息是有限的,也可以说没有计算机上那么多。除此之外,手机用户在使用手机进行网上信息浏览时速度远比在计算机上浏览信息要快得多,因此,在移动互联网上进行网络广告投放时,广告信息一定要简短精悍,要保证在较短时间内实现信息的最大化展示,这样才能方便移动用户在使用手机上网时快速浏览到自己投放的广告信息。

其次,移动互联网中广告的投放也必须得重视用户体验,这要求其投放的广告信息不仅要在内容上最大化满足用户,也要在其展示模式和展示时间上满足用户的需求和个别要求。手机用户对于网络广告的用户体验感受更为严格,他们都希望可以自主选择自己想观看的或者自己需要的广告信息,而不是被一大堆广告信息强制性绑架,所以,在移动互联网广告投放中必须重视用户体验。

最后,在移动互联网市场进行网络广告投放时,广告的投放模式和展示模式一定要实现多样化,目前网络广告市场中有太多相似的网络广告模式,同质化现象越来越严重,已经无法对用户和消费者产生较大的吸引力了,因此只有实现网络广告投放和展示的与众不同性才能对移动用户产生视觉冲击效果,吸引更多的消费者关注投放的广告信息。

1.移动广告投放的条件设置

①根据广告受众的手机价格进行区分,高端设备指 2000 元以上设备;中端设备指 1000～2000 元的设备;低端设备指 1000 元以下的设备。不同的价格情况可以代表受众不同的收入情况,可以选择性的进行广告投入。

②根据广告受众的网络类型进行区分,分为中国移动、中国联通、中国

电信和 WiFi 情况下收到企业广告。

③根据广告受众的手机操作系统进行选择，分为 iOS、安卓、塞班、WP (Winp Hone)等。

④根据地域进行定向，适用于较大范围、精度要求较粗的情况下进行广告投放，最大精准到区。

⑤根据广告受众的使用习惯进行专业时间设定，分为用户在上下班途中、午间休息以及睡前是智能终端设备的使用高峰期。

⑥根据智能终端设备的保有量以及地域受众的使用习惯，广告投放主要集中在六大经济区，包含以北京、天津为首的华北，以上海、杭州、南京为首的华东，以沈阳、长春、哈尔滨为首的东北，以武汉、长沙为首的华中，以广州、深圳、福州、厦门、三亚为首的华南以及以成都、重庆、西安为首的西南地区。

⑦移动互联网上经典的投放广告形式，LBS 推广，定向某一个地点或多个地点周边人群，适用于定向商户周边、精度要求较细的情况。

2.移动广告投放的策略

(1)与用户第一时间产生互动

手机媒体最大的优势是互动，更多的互动才能产生更多的信赖和行动。

建议：不要采取单独的广告展示，广告要带有活动性质，比如问卷调查、抽奖、小游戏等。

(2)让用户手机里留下你的东西

移动营销最大的特点是把你的东西植入用户手机里面，要在用户看广告的时候，留点你的东西给用户。

建议：如果有 APP 一定引导用户下载，有公众平台或者个人微信号等要引导用户去做关注，或是让用户主动把页面截图保存到手机里等。

(3)收集用户联系方式

收集客户的信息是移动营销最重要的目的和手段，设置多一些让用户主动留下联系方式的引导。

建议：采取填写手机号、邮箱、QQ、微信号，以及发送验证码的形式等。

(4)借力推广平台

除了常规的借力话题、借力节日等，大部分移动互联网推广载体都具有一定的品牌性。同样，有活动集中推广的时候，借力他们的活动和推广进行自己的推广。

(5)选择可利用的平台载体做推广

选择目标人群集中的载体，将它的目标人群变成自己的用户。推广的终极秘籍是，不管线上还是线下，只要花钱做了推广，就要想办法把这些花钱载体的目标人群变成你的用户。

(6)避免投放广告的恶意点击

恶意点击主要四个来源：

①竞争对手。

②自己人不慎点入。

③网络游民。

④不良网站和 APP。

应对方法：

①选择 IP 定向控制。

②自己人上线以域名方式登录。

③引导到粉丝平台，通过微信公众平台等。

④每天做详细的统计，每周统计投放计划表与对比表，选择最好的网站及 APP。

(二)移动广告投放的效果监测

移动推广效果如何，最有力的证明就是数据。为了确保数据的真实性、有效性、及时性，数据的监测和提供通常是选择由第三方数据统计平台来完成，比如国外的 Flurry 和国内的“友盟＋”就是这样的第三方数据统计平台。第三方数据统计平台对移动广告投放的效果监测主要表现在以下六个方面。

1.应用整体趋势

整体的应用趋势可以清晰展现应用每天的新增用户、活跃用户、启动次数、版本分布、行业指标等数据的变化曲线，这些曲线可以了解客户的实际装机量和用户实际使用量，整体掌控应用的推广情况及增长动态。

2.投放渠道分析

在哪里做推广最有效？从哪里获取的用户最有价值？投放渠道分析可以实时查看不同渠道的新增用户、活跃用户、次日留存率等用户指标，通过数据对比评估不同渠道的用户质量和活跃程度，从而衡量各渠道推广效果。

3.用户留存分析

通过新用户的留存分析数据可以掌握每日(周/月)的新增用户在初次使用后一段时间内的留存率，留存率的高低在一定程度上反映了用户对于应用的认可程度。

4. 用户行为分析

针对性地进行应用内的数据统计，了解用户在应用内各页面的停留、离开情况，从而掌握用户对应用的使用细节、行为特征和操作习惯，找到应用改进的突破点，根据改进过后数据的变化，评估应用优化的效果。

5. 用户地域属性

根据各城市新增用户、活跃用户、启动次数数据，可以清楚地了解推广应用在各个城市的用户下载使用情况，判断广告投放的目标地域是否达到预期效果，是否在用户数据较低的城市增加投放数量和时长。

6. 应用错误分析

通过收集并归类应用的崩溃日志，提供应用在用户使用过程中发生错误的版本型号、错误发生的时间、错误发生的次数、错误的内容摘要，帮助应用更好地解决应用所存在的使用问题，从而提高应用的稳定性，改善应用质量，提升客户应用体验，提高客户留存。

第三节　制定品牌战略

一、“语言钉”与“视觉锤”

文字和形象，永远是营销的两大武器。对于实施精准营销的企业而言，唯有善加利用“语言钉”与“视觉锤”，才能将整个品牌深深地“凿入”消费者的脑海中。

（一）深入人心的“语言钉”

人类对于语言有着敏锐的识别能力，一个品牌所包含的语言信息能给消费者留下深刻印象。一个品牌的语言识别系统，主要包含两个方面：品牌名称和品牌口号。

1. 品牌名称

美国著名的营销大师艾里斯说：“名字就像钩子，把品牌挂在潜在客户心智中的产品的阶梯上。在定位时代，你能做的唯一重要的营销决策就是给产品起什么名字。”

每一个事物都有一个名字，名字是人们对事物的基本识别。对于企业来说，并不是起一个品牌名就可以了，还应该响亮、有特色。

作为企业营销者，如何使你的品牌同其他的品牌很好地区分开来，代表品牌的个性？这就需要一个有创意的品牌名称。

BMW（宝马）汽车进入中国以后，中文名字叫宝马。这个名字起得非常有吸引力。因为在中国的传统观念中，马是出行的重要工具。同时，马往往也是财富与地位的象征。更何况这个“马”也不是普通的马，而是“宝马”，对中国的众多消费者自然有着十足的吸引力。

娃哈哈这个品牌名取得也很有创意。娃哈哈集团将儿童定为目标客户，为了给品牌取一个吸引人的名字，在传递了这一情境后，可是费尽周折，最终决定以“娃哈哈”命名。这个名字源于一首儿歌，不仅好读好记，还很形象。儿童喝到娃哈哈产品之后喜笑颜开，在传递了这一情境后，家长们会不买吗？

品牌名称通常会永远伴随着企业的发展历程，所以必须慎重思考、发挥创造力。一个有穿透力的品牌名，能够带来知名度和认可度，自然也有益于增强企业自身的生命力。

2.品牌口号

企业做营销，仅仅有品牌名称是不够的，还需要有一个响亮的品牌口号，用以向消费者传达一个最基本的品牌印象和诉求。

品牌口号内涵要丰富，要能体现品牌的理念、利益，能够代表消费者对于品牌的感知、动机和态度。最为重要的是，品牌的口号要能吸引消费者，让他们记住并让他们听到口号就产生购买的欲望。为我们所熟知的一个成功的品牌宣传口号雀巢咖啡的一句简单的“味道好极了”，让全球的消费者都记住了这款咖啡。让人刚看到这个品牌的宣传语，就在心里想：这款咖啡究竟有什么独特的味道，是芳醇还是甘苦？就这样，简简单单的五个字勾起了人们对一杯雀巢咖啡的无限遐想。在雀巢咖啡众多宣传口号中，尽管换了不少的口号，“味道好极了”一直是经典，甚至沿用到了现在。

蒙牛的特仑苏品牌在宣传时打出“不是所有的牛奶都叫特仑苏”，这个品牌口号同雀巢咖啡的“味道好极了”有异曲同工之妙，收到的宣传效果也很明显。

白加黑这一品牌说：“治疗感冒，黑白分明。”这一口号简洁明了，却刷新了消费者对感冒的认知。怎么感冒药还分黑白？这样的品牌口号，不仅简洁地描述了产品的特点，也勾起了消费者的好奇心，同时显得产品有创意、够专业。最终，白加黑上市刚半年就登上了行业第二品牌的地位。

我们还要说一下康师傅方便面的品牌口号"好吃看得见"。这个口号也很巧妙。食物只有通过品尝才能得出好吃不好吃。而康师傅却说它的好吃看得见。为什么？因为卖相好，让你一看就觉得好吃；味道好，让你一品尝就更加坚信它好吃的信念。语言如此诱惑，你说消费者能熟视无睹吗？

3. 两个要点

如何赋予一个品牌生动的语言，让这个语言穿透客户的心智？无论是品牌名称还是品牌口号，营销者都要从两个方面入手。

(1)简约才是最优

品牌的名称和口号一定要足够简约。不冗长拖沓，简洁有力，最能让品牌为消费者所深深牢记。

一般而言，对于品牌名，企业大多都能注意到简洁。中国人最长的名字也不过就四个字。基于这种心理，一个品牌的名字一般也不会太长。

很多国外品牌也都非常注重品牌的简约，比如，我们都很熟悉的苹果就是用这种市场中随处可见的水果命名，反而使苹果公司显得独树一帜，同时也很容易让消费者记住，摆脱了科技品牌形象模糊的弊端。而且在西方，苹果还有另一种特殊意义，因为在《圣经》中苹果被誉为"智慧之果"，这更能给消费者留下独特的印象。

然而，对于品牌的口号宣传，营销者们往往会忽略其简洁性。他们认为，口号将品牌想要表达的内容都表达出来，这样最能吸引消费者的注意力，最容易进入消费者的心智。然而，事实却相反。人们的生活每天都充斥着大量的信息，对于一些无关紧要的信息他们懒得去注意。如果你的品牌口号过于冗长，很容易让消费者形成视觉疲劳和听觉疲劳。即使有亮点他们也不会用心去看。越是长的品牌口号，消费者越是记不住，他们不能从你的品牌中得到与众不同的信息，根本无法进入心智中。还没比产品就败在了口号上，这实在不值！

企业与其花时间想怎样把品牌的特点全部放进口号里，还不如想想怎样把一句简短有力的口号放进消费者的心智中。

有人说，农夫山泉的成功在于它的品牌口号"农夫山泉有点甜"。它没有娃哈哈"我眼里只有你"那般深情，也没有依云"来自阿尔卑斯上"那般大气，更不是乐百氏"健康新生活，从'乐百氏'开始"那样贴心。但是"农夫山泉有点甜"就是吸引了消费者的注意力，将"山泉"和"甜"的钉子植入消费者的心智中，让消费者一下子记住了刚出来的新品——农夫山泉。后来，农夫山泉用了好几个品牌口号，比如"你每喝一瓶农夫山泉就为贫困山区孩子捐出一分钱”“我们不生产水，我们是大自然的搬运工”“为了健康，你应该测一测你喝的水”等，虽然看似更好更有创意，但最终的效果反而都不及最初的“农夫山泉有点甜”。

再比如，六个核桃进入市场的品牌口号为“经常用脑，常喝六个核桃”，简洁有力，很好地表达了六个核桃的功用——补脑。而且同农夫山泉广告一样，六个核桃将品牌名镶嵌其中，这样消费者能不记住你的品牌吗？

(2)与众不同的同时凸显核心价值

品牌名称和品牌口号的简洁容易带来短时间的记忆，但如果不具备独特的创意和深刻的品牌内涵，那么很难使品牌长期地流传下去。

比如，沃尔沃汽车的品牌口号为“以人为尊”。这里很好地凸显了它“安全、低调、高品质”的人本主义核心价值。同强调高贵的劳斯莱斯，强调驾驶乐趣的宝马有着明显的区别，很容易让消费者记住这一款安全性能超高的汽车。

说起牙膏品牌的经典口号，我们会想起冷酸灵和高露洁。冷酸灵同高露洁都是抗敏感的牙膏。在品牌口号宣传中，冷酸灵亲切地向消费者宣传说：“冷热酸甜，想吃就吃。”我们都知道，敏感的牙齿最怕刺激性的食物。可是，用了冷酸灵就不怕，冷热酸甜尽管放马过来！这同其倡导“缓解牙齿敏感，畅想生活乐趣”的价值相辉映，只有牙齿好了，尽享美味了，生活才谈得上有滋有味。而在高露洁的口号中，几颗牙齿大声疾呼说：“我们的口号是没有蛀牙！”这也很好地体现了高露洁“关爱”的品牌核心价值。

全球最大的美容化妆品牌之一雅芳的核心价值为“女性知己”，它的品牌口号为“比女人更懂女人”；海尔品牌的核心价值是“真诚”，于是它的品牌口号就喊出了“真诚到永远”。

就是这样，品牌的口号不能脱离品牌的核心价值空喊，这样不易在消费者的心智中为品牌留下深刻的印象。品牌名称和品牌口号是企业营销的“第一先锋”，是企业核心价值观的集中体现，所以企业营销者必须将其“打磨”得足够锐利。如此，才能穿透行业间的竞争，才能击破消费者的信息屏障，使品牌从一开始就稳稳驻扎在客户的心中。

(二)震撼感官的“视觉锤”

依据消费者的左右脑思维，视觉识别是消费者不可忽略的问题。

当我们漫步在城市街头，为什么能在熙熙攘攘的人群和拥挤的高楼中一眼就识别出麦当劳和肯德基？不是因为麦当劳和肯德基的饭香，而是麦当劳的大大的“M”和肯德基的“KFC”三个字母。它们的视觉符号深入人心，让人们一眼就能把它们从林立的店铺中分辨出来。

再比如，我们看到红色的十字架就会想起红十字会，看到有缺口的苹果就会想起苹果公司，无论是商业组织还是非商业组织，一个强有力的标识都能给我们留下难以磨灭的印象，这就是视觉锤效应。

对于企业营销者来说，文字和语言都是缺一不可的。将品牌名称和品牌口号这一“语言钉子”打磨好之后，还需要使用品牌标识这一“视觉锤子”将钉子刻入消费者的心智中。

1. 品牌标识

品牌标识是企业的“形象代言”，通过字母、图案、色彩、形状等要素的组合，向消费者传递关于品牌的基本信息，也就是我们常说的品牌 Logo（商标）。

品牌标识通过视觉作用于消费者的感官，为消费者留下更加生动形象的记忆，也是同其他品牌的重大差异点之一。为了塑造出最显著的品牌印象，品牌标识的设计必须兼顾识别度和吸引力。

(1)识别度

识别度就是你的品牌标识能够让消费者识别出来，不会将它同其他品牌相混淆。比如，大润发超市的品牌标识是图案加文字加上字母，再配以鲜亮的红色，让人一眼就能识别出这是大润发超市，不会将它同字母加上黄色小花的沃尔玛相混淆。

这种带有品牌文字或者字母的品牌标识最为常见，也最容易一眼将其识别出来。

可是，有的品牌仅仅是通过图案来表现。比如，奔驰的三角星，医院的红十字，雪佛兰的黄色十字架等。这些品牌标识比较简单。虽然没有文字或者字母的说明，但是，对于消费者来说，他们一眼就能认出，因为它不同于其他的品牌标识，识别度很高。

(2)吸引力

一个品牌标识的设计要有吸引力，将消费者的眼光从其他品牌吸引过来。

比如，耐克品牌的钩子，虽然很简单但是很有吸引力。因为这个钩子表达的不仅仅是耐克品牌，还向消费者传达了耐克品牌的领先者地位。功能饮料红牛的商标上两头雄壮的红色公牛在黄色的太阳下争斗，对于消费者来说有吸引力，不仅表现了“红牛”品牌，还表现了红牛功能饮料带给人的“力量”。

而能量饮料的另一大品牌——怪兽（Monster）的视觉锤也极其有吸引力。黑色的大瓶身上用三道黄色的“爪印”组成了字母“M”，不仅形象地同品牌名称联系在了一起，同时也表现出了危险、能量等信息。

品牌标识要想吸引消费者的眼光，进入消费者的心智，一定不要同其他品牌的标识相雷同。这样不仅不能吸引消费者的注意力，还会使得品牌在消费者心中的形象大打折扣。

比如，海尔同国美的品牌标识都是画上半个房子，同样带有品牌的字母和汉字被房子包围着。国美在海尔之后运用了这个标志，虽然图案有所不同，但这只是细微的差别，无法从根本上将这一标识同海尔的标识区分开来。这使得国美的图标不仅没有吸引力，还让消费者觉得它太过于缺乏创新能力，是一款"模仿工作"。

很多企业的营销人员在设计品牌的标识时总会很用心，力求做到同别人不一样。可是，有时候，过分地强调品牌标识的吸引力，往往会忽略品牌标识的识别度。这是一个大忌。

如果你的品牌标识做得很特别，引起了消费者的注意。可是，消费者盯了半天并不懂代表了什么意思，这对品牌有宣传作用吗？对于消费者来说，高度的识别力本身就是吸引力。

企业营销者在设计标识时，要注意品牌标识的简单化。比如，小米手机的品牌标识就是简单的 MI；中国工商银行的标识就是圆圈同"工"字相结合。

如何将品牌标识做的识别度高又有吸引力呢？有时候，一个简单的符号就可以达到效果。

奔驰最初的标识虽然也是三角星，在它的外围和内侧都设计图案，很是华丽。可是，这样华丽的标识效果怎么样呢？在消费者眼中这并没有什么特别的地方。后来的标识，只是一个圆圈中放入一个三角形，简单大气，就像奔驰给人的形象。只要出现类似于三角星的东西，人们都会想到奔驰。

企业可以学奔驰，将简单做到极致，用简单的符号代表品牌。

为了提高识别度，增加吸引力，企业营销者还可以将图形同品牌名有效地结合起来。比如，汰渍的品牌标识就是一个黄色的靶心，上面是汰渍的字母。寓意汰渍正中污渍的靶心，形象地表达了汰渍的功效，让人一下子就清晰地记住了该品牌。

同时，企业营销者还可以通过颜色让品牌标识变得醒目有吸引力。此时，颜色对于品牌标识来说就是一把好用的"视觉锤"。比如，美国的著名快递公司 UPS(公司名称)就是采用棕色的底纹和金色的字母，不仅美观，而且非常醒目。

2.品牌包装

同人一样，品牌也需要精细的包装。包装对于品牌来说很重要。

品牌包装有两个方向：一个是针对品牌产品进行包装，另一个是针对品牌的整体包装。

(1)产品包装

劳拉里斯说："如果你无法使你的产品看起来不同，那么你可以让你产品的包装看起来与众不同。"

独特而醒目的包装对于产品来说很重要，它会带给消费者视觉上的冲击，它就是一把视觉锤。为什么消费者去超市买东西时，总会被其他的产品吸引住。除了价格，还因为包装！

所谓包装并不是对产品盲目地披上华丽的外衣，也不是说越昂贵的包装效果就越好，而是一定要符合品牌的定位。

比如蓝月亮洗衣液，包装色调是蓝色的。蓝色会给人一种洁净的感觉，这样既符合消费者对洗衣液的期望，也符合蓝月亮"净白"的核心价值要求。还有康师傅方便面，品牌口号宣传"好吃看得见"，在产品包装上面，它的好吃就是看得见，让人一看就想买回家煮着吃。还有飘柔，外包装上的美女一头亮丽飘逸的头发，迎合了飘柔的名字，刚上架就让消费者心动不已。

产品包装可以在产品的外形上下工夫。例如，可口可乐的瓶子就是一个很好的视觉锤，让消费者一眼就能识别出。还有人专门收集可口可乐每一年的瓶子。为什么？因为它的瓶子设计得太经典了。在许多可口可乐的广告宣传中，仍然能见到可口可乐经典的玻璃瓶形象，即便是以罐装和塑料瓶为主打的现在也一样。因为对许多消费者而言，这种带有弧度的玻璃瓶就是可口可乐的象征。再比如，我们在超市中常见的维他命水，其瓶子的包装就像是一瓶维他命，让消费者在视觉上觉得与众不同的它就是一瓶可以补充维他命的饮料。

然而，很多企业营销者往往会忽略对产品的包装，过分地在产品上大投入，反而在产品包装上吝于出手。恒大冰泉以为，自身水的质量，加上恒大的名气，恒大冰泉的品牌肯定会火。可是它忽略了包装这个视觉锤的重要性。明明是贵族，却偏偏要穿着乞丐的衣服。这就算了，还要在胸前挂着"我是贵族"的牌子，谁信呢？

产品没包装好就是硬伤，即使你肚子里有货，卖相不好就是死罪，还会把品牌给拉下水。

(2)品牌整体包装

品牌的整体包装范围比较大。它是从品牌形象定位、文化内涵、宣传等方面对品牌进行的包装,有助于塑造品牌的整体形象。

屈臣氏最能俘获都市年轻女性的心。

为什么？因为屈臣氏的品牌形象包装得好。

这不仅仅表现在屈臣氏的产品从包装到质量的无可挑剔,还包括整个屈臣氏给人的感觉。走进屈臣氏的客户都感觉像是进了一间专业的个人护理店。从产品精巧的设计、产品的摆放、店铺的陈设、导购人员的服务等都给人一种整洁、舒适的感觉,完全不同于其他化妆品。

在这里,客户对屈臣氏的感觉就是屈臣氏品牌的包装。这个品牌包装得专业、精致、有品位。

同时,名人带来的视觉效果对于品牌来说也很好。虽然名人代言花费大量资金,且有时名人们的不良行为还会直接影响到品牌的形象,可是,我们不得不承认,名人效应带给品牌的益处还真不少。

使用名人这个视觉工具,营销者一定要注意名人的形象气质要同品牌形象相符合,这样才能给品牌一个很好的包装。我们不能说飘柔的明星代言人找赵本山,李宁品牌的代言人找小沈阳。虽然他们都是名人,可是形象气质不和,也不利于品牌整体形象的包装。

"视觉锤"具备强大的力量,但这种力量不是凭空产生的。一个品牌不可能仅仅依靠一个出色的标识设计就取得成功,产品的质量、营销的创意、企业的价值观等,都是必不可少的。但反过来,一个优秀的视觉锤可以成为企业和品牌气质的集中浓缩,能用最简单的方式给消费者留下最难以磨灭的印象。

二、成功的品牌懂得如何定位

现在我们处在一个信息爆炸、传播过度化的时代,有太多的公司、太多的产品、太多的宣传、太多的信息,让消费者无所适从。因此,成功的品牌就是懂得如何定位,如何第一个进入消费者心中,如何在消费者的心中占有一个有利的位置,如何成为 No.1 的品牌。

定位(Positioning)一词,最早是由美国两位营销专家艾尔·赖斯(Al Ries)和杰克·屈特(Jack Trout)于 1972 年提出的。他们最大的主张就是:"定位是如何将你的品牌或商品嵌入消费者心中的策略。"因此,定位必须从消费者角度切入,而不是从厂商和营销者的角度切入。

消费者在面对复杂的环境和信息时,他们处理的方式就是将一切简化,而简化的方式就是将所有事物加以分类和分级。我们可以想象在消费者心中有一系列的梯子(类别),而每个梯子都有很多阶,每阶都摆着一个品牌名称。成功的品牌,就是占有消费者心中某个梯子(类别)的最上阶,当消费者要买东西时,它就会第一个浮现。

其实,定位就是如何让你的品牌成为 No. 1 的艺术! 因为"No. 1 is everybody,No. 2 is nobody.",人们只记得 No. 1 的事物,至于谁是 No. 2 则往往不记得。

你的品牌定位要成功,还需要符合以下的五个法则。

(一)必须正确、清楚地传达给消费者

譬如吉列(Gillette)刮胡刀定位为"男人的最佳刮胡刀",万豪(Marriott)酒店旗下的商务旅馆 Courtyard 饭店定位为"专为企业人士设计的饭店",而 Acura 汽车定位为"贵有所值"。这些品牌,都是对准目标消费者传达清楚的定位信息。

(二)必须提供消费者无法拒绝的利益

消费者关心的不是商品本身,而是商品所能带给他们在生活上的利益。每个人都希望你所提供的产品能够带给他:更快乐、更聪明、更健康、更富有、更安全、更安心、更吸引人、更成功这八个特点。

因此,你的品牌卖点必须具有上述八个特点之一,同时你的诉求要很直接、很有力。譬如嘉年华(Carnival)邮轮定位为"带给人们逃避生活的假期"。

(三)必须拥有具有说服力的理由来支持所提出的承诺

譬如强生(Johnson)婴儿洗发精定位为"宝宝最爱",因为它的配方温和,不伤眼睛,不会让宝宝流眼泪。

(四)必须能够反映商品的个性和品牌特质

譬如全球最大的成衣制造商 VF 集团把旗下的两个牛仔裤品牌加以区别:Wrangler 定位为"西部风味",Lee 定位为"舒适休闲",符合各自的商品个性和品牌特质。

(五)必须容易了解

不管是你的产品设计或是对产品的诉求,都要越简单越容易了解越好。厂商往往会站在专业立场推销自己的产品,但消费者却很难了解,或被一些专业术语给弄糊涂了。因此做商品诉求时,要站在消费者的立场,以消费者

能懂的语言来说明。微软的窗口软件之所以能够获得市场八成以上的占有率,就是它容易了解和操作。

营销的决胜点不在市场,而是在消费者的心中。消费者对任何事物都有“先入为主”的观念,营销就是要让你的品牌成为 No. 1,而要成为 No. 1 的品牌,你就必须抢先进入消费者的心中。如果你不是第一位,就要想办法自辟市场,成为第一位(譬如苹果开创了智能型手机的市场);不然就得打破消费者的成见,采取“再定位策略”重新定位整个竞争态势,重新定位你的竞争对手(譬如 Tylenol 止痛药宣称阿司匹林会伤胃,而它不伤胃,因而取代阿司匹林的领导地位)。总而言之,唯有创造差异化,让你的产品与众不同,才能让你的品牌脱颖而出,在消费者心中占有一席之地。

三、移动互联网时代,品牌打造的五大关键词

移动互联网的发展让信息变得更加透明化,消费者在选择产品时,会比以前拥有更多的自主选择权。消费者变了,营销环境变了,信息获取的方式变了,所以移动互联网时代品牌打造的方法也得变。

(一)尊重用户是核心

移动互联网时代的品牌塑造必须以用户为核心,让用户参与产品创新和品牌传播的所有环节。“消费者即生产者”,品牌传播就是在用户的良好体验和分享中完成的。尤其是“80 后”“90 后”的年轻消费群体,他们更加希望参与产品的研发和设计环节,希望产品能够体现自己的独特性。作为企业应该把市场关注重点从产品转向用户,从说服客户购买转变为让用户加深对产品的体验和感知。这也是经营产品到经营用户思维的转变。

360 掌门人周鸿祎说,传统企业强调“客户是上帝”,这是一种二维经济关系,即商家只为付费的人提供服务。在互联网经济中,凡是用你的产品或服务的人,就是“上帝”。因此,互联网经济崇尚的信条是“用户是上帝”。微信之父张小龙在内部讲话中说:“我们经常会在各种权衡中做取舍,在任何时候,我们都要想这个事情是不是从用户价值本身出发来考虑的。如果我们想的策略和用户价值有违背,哪怕舍弃短期利益,也应该维护用户价值。”

用户不仅决定你的产品能否成为一个品牌,甚至还能决定你品牌的生死以及能活多久的问题。这里的用户不是普通的使用者,而是属于用户中的用户,就是那些参与到新产品设计中,对产品有影响力的用户,相当于小米手机里的“荣组儿”(荣誉开发小组成员)。

今天的营销已不是完全由品牌方主导的独角戏，不是以品牌方独尊的控制式营销，而是用户参与、用户发声、用户决策的模式。营销的成败不是企业说了算，而是用户说了算；产品不是企业说了算，而是用户说了算。如淘宝品牌七格格的成功就是最好的例子。

（二）产品极致是基石

产品是企业经营的原点，归根结底企业所有的经营活动都是为了实现产品的销售，或者说产品被使用，与顾客发生连接。很多企业都很重视营销，重视炒作，重视明星效应，但这些都需要有产品作为支撑，不然也是玩个热闹，昙花一现。在互联网时代，如果企业不将关注的重点从营销转向产品，未来的日子一定不容乐观。

移动互联网时代，产品仍然是第一驱动力！企业的本质就是为消费者提供优质的产品和服务，提供良好的产品体验，因此产品极致是品牌经营的基石。没有品质的产品单纯依靠噱头炒作吸引眼球，到最后都是自取其辱，因为负面传播的力量会更大，反而让更多的人知道你不好。互联网时代讲究产品的“体验”和“极致”，也就是说，将产品做到极致，制造“让用户尖叫”的产品是互联网时代的不二法门。微信为什么能抢夺智能手机屏幕，为什么能在移动互联网时代胜出，靠的就是产品的极致和超爽体验，因为仅从功能上来说手机 QQ 已具备了绝大多数的功能。苹果手机品质好是极致，系统和应用爽是体验，所以苹果每次推出新产品都是坚持产品品质的极致和不断优化的用户体验，才获得了持续的成功。小米手机为了制造超爽的用户体验，考核的是用户尖叫值，下的最大的功夫就是高配低价。小米每新推出一代升级产品，都争取做到是当时业界首发的速度最快的配置，且价格做到行业最低（只有外资品牌的少一半）。记住，超低价也是产品的一种极致体验。

伟大的企业皆有伟大的产品，那些风光无限的企业，背后都有极致的产品作为支撑，不然只是空架子，经不起风吹雨打。苹果有 iPhone、iPod，谷歌有搜索和安卓，微软有 Windows，高通有骁龙芯片……国内的腾讯有 QQ 和微信，百度有全系搜索，360 有杀毒软件，小米有红米、小米 2S，阿里巴巴更是有一个极致体验的产品生态链（淘宝、天猫、支付宝）。有些是性价比高，有些是体验好，而有些是改变了人类的生活方式。还记得诺基亚吗？当它的产品在智能手机时代，在移动互联网时代不能适应时，庞大的商业帝国也就轰然倒下。

客户第一次购买你的产品，是因为有刚性需求；第二次还购买你的产品，是因为第一次有美好体验；一生都购买你的产品，是因为对你的产品产生了信仰。因此，品牌营销的本质就是培养客户的消费信仰，增加品牌黏性。对此，金错刀有段经典点评：产品是1，营销是0，如果产品的1不存在，后来再多的零也白搭。产品的尖叫是要让你的产品自己会说话，让产品成为自媒体。忘掉营销，回到商业的本质，互联网思维就是把商业本质做到极致的思维。不管什么时代，商业的本质始终是用户和产品。

（三）体验至上是关键

人类经济发展的历史表现为三个阶段：产品经济时代—服务经济时代—体验经济时代。体验经济是以客户为中心的经济，它反映人类的消费行为和消费心理正在进入一种高级的形态。产品经济时代是以产品的生产为核心，所有企业均围绕产品布局，整个社会的生产和流通领域中产品被提到了一个核心的位置，消费者关注的重心也是产品。服务经济时代，各企业开始系统地拓展自己高效、有序的服务体系，并把它作为企业核心竞争力的重要组成部分。体验经济时代则是消费者更高层次的、升华的需求得到满足的时代，它已经超越了物质层面而上升到精神层面。

毫无疑问，目前我们已进入体验经济时代，人们对物质利益，产品的物理层面、功能层面、基本功效等都得到了满足。如今已从卖方市场转变为买方市场，消费者更注重人性化的消费体验。

马斯洛认为人的需求分为五个层次，人总是在满足了低层次需求之后，才将注意力转向更高层次的需求上。顾客一方面希望所生活的环境有一定程度的稳定、重复和熟悉，另一方面希望体验一些刺激和兴奋。马斯洛需求层次同经济发展三阶段的对接见图7-4。

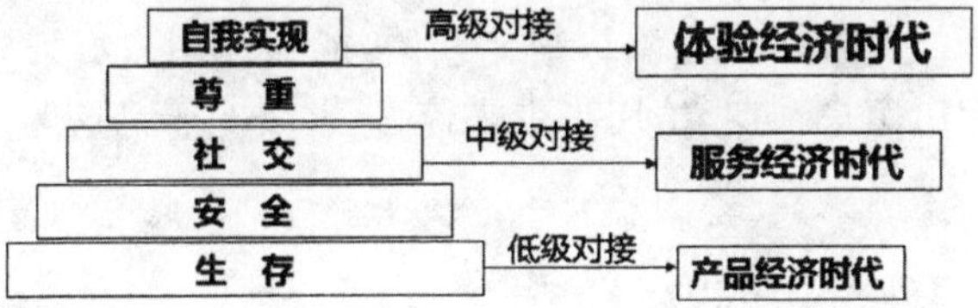

图7-4　马斯洛需求层次同经济发展三阶段的对接

需要指出的是，体验经济时代的体验不仅仅是形而上的，它需要得到产品和服务的支撑，是二者的有机结合，是二者的兼收并蓄，是融合二者的双向度时代的开启。

那么体验经济时代，消费者的需求会有哪些变化呢？

第一，消费者情感需求的比重增加，人们在注重产品质量的同时，更加注重情感的愉悦和满足。

第二，从消费内容看，大众化的标准产品日渐失势，对个性化产品和服务的需求越来越高。

第三，人们不仅仅关注产品本身，更关注产品的消费过程、体验过程、体验环境。比如，不少人宁愿花高价去星巴克享受喝咖啡的感觉，而不愿意在办公室喝雀巢速溶咖啡。

第四，从接受产品的方式来看，消费者已不愿一味地接受厂家的产品，被厂家操控和诱导。他们喜欢参与产品的规划、设计和制造过程，去开发出与自己产生共鸣的“生活共感型”产品。

那营销策略应该怎么转变呢？

第一，确立，“增加客户体验”的营销理念，进行“情感营销”，给顾客的心理需求以满足。就像LV等奢侈品，很多女孩喜欢买，更多的不是出于实用考虑，而是为了追求心理满足（炫耀、身份彰显）。

第二，创造并满足消费者个性化需求为营销重点。通式的产品和服务已经很难打动消费者，而创造并满足消费者的个性化需求成为提升顾客体验的重要手段。

第三，顾客参与要在营销策略中突出，要加强企业与顾客的互动，同时强化顾客对产品的情感诉求。

过去，厂商把产品销售给顾客，拿到了钱，就希望顾客最好不要再找自己。在移动互联网时代，厂商将产品递送到用户手里后，体验之旅才刚刚开始。如果企业的产品在体验方面做得好，用户每次使用时都能感知企业的存在，就会主动帮企业宣传、推荐产品，形成口碑营销和粉丝群体。因此，企业除了提供有保障的产品与服务外，还必须为客户提供更多的体验，满足客户更高层次的需求。在产品同质化的今天，产品胜出的决定性要素其实是用户体验。好的用户体验应该从细节开始，能够让用户有清晰的感知——这种感知要超出用户预期，给用户带来惊喜，并贯穿于品牌与用户沟通的整个链条。

（四）口碑评价定成败

移动互联网时代，那些具有良好口碑，积极与网民互动的企业将更有可能赢得消费者。移动互联网改变了过去品牌依靠强势媒介与受众沟通的传播模式。很多企业通过传统媒体天天强调“自己有多好，是这个专家，是那个领导者”，今天这种王婆卖瓜式的传统广告信息已经很难对消费者产生作用了。

在移动互联网时代，如果产品或者服务做得好，超出用户预期，即使一分钱广告都不投放，消费者也愿意替你传播，免费为你创造口碑，免费为你做广告,甚至有可能成为一个社会焦点,例如,海底捞的服务、苹果手机的极致。

营销大师菲利普·科特勒曾指出:现代企业正从传统营销向口碑营销转变。号称“零号媒介”的口碑营销模式是当今世界最廉价的信息传播工具,也是可信度最高的宣传媒介。

消费者对信息渠道的信任度依次是亲友推荐、专业人士推介、媒体的独立评论、各种形式的广告。根据这个调查结果可以看出,消费者对口碑拥有高度的信任感,而对广告则是持谨慎的态度。购买决策不再限于广告信息,在社交化、互动化的传播环境中,用户越来越容易获取他人的体验经验,这些体验经验正在成为决定购买的关键因素,从而给产品大范围地快速“口碑传播”提供了良好土壤。从这方面看,产品口碑变得越来越重要,也就是产品本身的使用体验正在变得越来越重要。

(五)互动沟通很重要

小米的成功为许多正在做微博营销的公司提供了启发:只有和用户建立了真正的互动,才能变成有效的营销。微博的精髓在于互动,而不是单向的展示。单向的展示是门户做的事情,那属于10年前的玩法,现在该到淡出的时候了。因为人们对于信息的互动性要求越来越强烈,不再是看到一个简单的信息就可以信任,而是希望与之互动的欲望更加强烈了。

在传统媒体时代,最大的弊端不是创意,而是缺乏互动。观众很难与传统媒体的广告直接互动,更不要说分享了,即便是电视购物也不能解决这个问题。保持互动最简单的手段就是更新,越新鲜的信息越容易产生互动,因为好奇心!所以我们称传统媒体下的传播是单一传播,是不能产生互动的传播。当互联网流行起来后,我们发现这是一种可以互动的媒体,可以直接给对方留言,这不仅能获得对方的反馈,还会引来其他网友的讨论。所以网络媒体发展速度非常快,越互动人们越愿意待在里面,越互动越有感觉,越互动速度越快。

不能产生互动的网络营销是“营销网络”,只有能产生互动的网络营销才能广泛营销。其实,很多企业所做网络营销都是“营销网络”,并非“网络营销”。所以读到这里的读者应该自查一下自己的公司,在做网络营销时是否关注了互动,还是在玩命地帮百度等互联网广告公司挣钱。移动互联网送给大家两大礼物,一个是创造,另一个就是互动。互动在网络上还有延展性,我和你互动被网友看到,会引发网友和你互动,而和你互动的网友多了,你的营销就得到了放大,甚至产生二次传播和广泛传播。网络营销不成功的原因绝大多数是因为缺少与网友的互动。

当移动互联网来临的时候，人们发现这就是一个互动的时代，这种全面互动的时代也给营销传播带来了不一样的传播方式，因此互动是移动互联网时代最重要的营销传播要素。

第八章　互联网思维下的新营销管理

在网络经济条件下，营销环境发生了巨大的变化，一个企业唯有在变动和发展的动态环境中进行有效的营销管理，才能充分利用市场机会，避免环境威胁，在竞争中取得优势。而互联网思维下的营销管理对现代市场经济环境下企业的经营有着越来越重要的作用和意义。

第一节　营销目标管理

一、市场细分

（一）市场细分的作用

(1)有利于企业准确认识网上目标市场，制定切实的网络营销组合策略

网络营销是一种个性化的营销活动。通过网络市场细分可以充分把握各类网上消费者的不同需要，并根据各子市场的潜在购买数量、该领域的竞争状况及本企业实力的综合分析，科学选择自己的目标市场，并投其所好地开展行之有效的网络营销活动。

(2)有利于企业发现网络营销机会，形成新的经济增长业务

在竞争激烈的微利时代，企业可以通过网络市场细分，发现新的经济增长业务，选择新的目标市场，增加盈利机会，缩小企业的战略目标差距。营销活动中，可以说那些没有被满足的需求便是企业的营销机会。通过网络市场细分，企业可以了解各子市场的需求满足状况，从而及时发现那些没有被满足的需求或那些没有被充分满足的需求，进一步根据自己的资金、技术状况决定是否选择为自己的目标市场。

(3)有利于企业发挥资源优势，形成核心竞争力

企业通过网络市场细分，发掘市场营销机会，并根据主客观条件选定目标市场。可以使企业将资源集中用于最有利的子市场，从而取得最好的营销效果。企业通过市场细分选择一个或几个子市场作为目标市场，就有可能更加深入细致地研究需求的特点，集中人力、物力、财力，有针对性地生产经营适销对路的产品，更好地满足目标市场的需要，从而实现市场需求与企

业优势的最佳组合,在市场竞争的某一领域获取强有力的核心竞争力。

(二)市场细分的标准

企业开展网络营销,需要进行准确的目标市场细分和定位。此时进行市场细分和定位的依据是在传统营销的基础上,根据网络这个大市场的特征而确立新的依据。网络市场较之传统市场没有地域和时域的限制,网络消费者的心理和行为呈现出更多新的特征。

(1)地域细分

不同地域的消费需求构成了整体的网络市场,处于不同地理位置和空间环境下的消费者,对于同一类产品也往往有不同的需要和偏好。主要的细分变量包括国家、地区、城市、乡村、城市规模、自然环境、气候条件、地形地貌、交通条件等。小范围的地域细分一般是指将整个市场划分为细致的小块,实现起来比较困难,也不利于网络营销企业的长远发展。大范围的地域细分是网络营销地域细分最重要的细分依据,主要是按照大区域的差异来进行细分,是对具有极大市场差异性的区域,如国家进行细分。

网络营销打破了常规地理区域的限制,降低了地理因素在市场细分时的重要程度。因此,在网络营销活动中,应根据不同的产品或服务类型来区别是否需要进行地理细分。对于区域性特别明显的产品或服务,可以采取地理细分的方法。反之,对于区域性不明显的产品或者服务,没有必要进行网络市场的地理细分。网络营销人员根据用户在互联网上的行为确定细分市场,然后通过用户的特征、地理位置等因素进一步细化这些细分市场,网络营销专家会用这些信息来确定他们的网站如何提供有针对性的产品,如网站的语言等。许多公司还根据用户能否在家中或工作场所上网来细分市场。由于在家还是在工作场所上网的要求不同,因而接入场所这个因素很重要。

(2)人口细分

总体市场是由不同的消费者群体组成的,各个群体会因消费者的性别、年龄、职业、收入、宗教信仰、国籍、民族习惯等产生差异。进行人口细分的标准很多,总体市场可以依据不同的标准细分为几十上百个细分市场。对于网络营销,人口细分要从两个方面去考虑。一是对企业的产品和服务进行传统意义上的人口细分,二是根据消费者使用网络的特征进行更细致的划分。例如,在网络消费群体中,青少年热衷于在线游戏、下载音乐和电影等。在网络营销中,与其他变量相比,人口变量相对明确、稳定、比较容易获得和使用。因此,人口变量是网络消费者市场最为常用的细分变量。

（3）心理细分

心理细分是比人口细分更加深入的细分方式，消费者的心理包括个性、价值观、生活方式、兴趣与观点等。网络营销上的心理细分要把握消费者的网络消费心理，包括网络消费的原因、希望通过网络获取怎么样的消费体验等。目前，越来越多的企业注重按照消费者的个性细分网络市场，个性是心理变量中最具差异性的因素，是对消费者行为影响最大的因素之一。年轻群体的网络消费行为多是追求时尚、特色，更加强调自身的个性要求，以是否符合个性作为购买与否的依据。消费者的心理统计信息有助于定义和描述细分市场，这使得网络公司可以更好地满足消费者的需求，例如，用不同设计风格的网页来满足不同价值观的网络群体需要。日本用户不喜欢一些美国网站轻浮、挖苦的风气，因此日本的网站更加严肃，而且没有政治讽喻一类的内容。

（4）行为细分

网络营销企业在对消费者进行细致的行为细分时，根据消费者购买或使用产品的时机，消费者所追求的利益，使用者的情况，使用者对某种产品的使用率，对品牌的忠诚度，待购阶段和消费者对产品的态度等行为变量来细分消费者市场。购买行为是消费者心理活动的外在表现。与心理变量相比，行为变量处于显现状态，更容易把握和使用。因此，在细分市场时，也经常为企业所使用。

（三）市场细分的原则

网络市场细分必须遵循一定的原则，或者必须满足一定的条件，只有这样市场细分才可能是有效的。具体来说，这些条件可以概括为以下几个方面。

（1）可接近性

可接近性是指企业具有进入这些细分市场的资源条件和竞争实力，企业对所选中的网上目标市场，能有效地集中营销能力，进入网上目标市场，开展营销活动，提供有效服务。例如，细分的结果发现已有很多竞争者，自己无力与之抗衡，无机可乘；或者虽然有大量营销机会，企业却因自身实力无能为力；或者受法律限制根本无法进入等，就说明这种细分是没有意义的。

（2）可衡量性

可衡量性是指在选择细分市场的标准时，一定要选择那些容易识别和衡量，而且资料容易获得的因素作为细分标准进行市场细分。因为只有这样，细分出来的各子市场不仅界限清楚，而且能大致判定该市场规模的大小,而且有可能取得反映这些购买特性的资料。例如,以地理、消费者的年龄和经济状况等因素进行市场细分时,这些消费者的特征就很容易衡量,这些资料的获得也比较容易;而以消费者心理因素和行为因素进行市场细分时,其特征就很难衡量。

(3)差异性

差异性是指细分出来的各子市场,对企业针对不同细分市场采用的相同营销组合具有不同的反应程度。如果网络市场细分后,几个细分市场对相同的营销组合策略做出相似的反应,就不需要为每一个子市场制订一个单独的营销组合策略方案,则细分市场也就失去了意义。例如,如果所有细分市场按同一方式对价格变动做出反应,也就无须为每一个市场规定不同的价格策略,这样的市场细分显然是不成功的。

(4)殷实性

殷实性是衡量市场细分是否有效的另一个标准,是看市场细分以后的各子市场是否有足够的需求规模,也就是说,细分出来的各子市场必须大到足以使企业实现它的利润目标。在进行市场细分时,企业必须考虑细分市场上消费者的数量、消费者的购买能力和购买数量。一个细分市场应是适合设计一套独立营销计划的最小单位。因此,市场细分并不是分得越细越好,而应该科学归类,保持足够容量,使企业有利可图。

(5)可到达性

可到达性是指在网络营销活动中,企业能够通过一定的媒体把产品信息传递到潜在消费者,而且产品能够通过一定的营销渠道顺利到达细分市场。否则,市场细分没有任何意义。通俗地说,企业的网络营销活动必须认真分析有多少人是网民,网民中有多少人是潜在消费者,这些潜在消费者中有多少人能受到企业网络营销活动的影响。同时,还要现实地考虑企业是否已经建立起顺利到达消费者手里的顺畅的通道。

(6)稳定性

稳定性是指网上细分市场必须在一定时期内保持相对稳定,以便企业制定长期的营销策略;有效地开拓并占领该目标市场,获取预期收益。若细分市场变化过快,则企业的经营风险也随之增加,企业还没有来得及实施其营销方案,目标市场已经面目全非,这样的细分也是没有意义的。

二、目标市场战略

(一)网络目标市场营销战略

市场细分之后,接下来就要决定具体进入哪一个或哪几个细分市场并为之提供服务，这就是目标市场的选择。一个企业要根据市场细分结果来决定营销策略。区分两种情况：如果分析细分市场后，发现市场情况不理想，企业可能放弃这一市场；如果在上一步的基础上，发现某个或者多个细分子市场的机会多，需求和潜在利润达到企业期望，选择出适合企业发展目标的某一个或者几个子市场，作为目标市场。在市场细分的基础上，企业必须对不同的细分市场进行评估，评估时要考虑各细分市场的规模、发展潜力、成长性、获利能力等，之后结合企业的目标和资源从中选择一定数目的细分市场作为目标市场。

(1)无差异化网络目标市场营销战略

无差异化营销策略是把整个市场作为一个大目标开展营销，只考虑消费者或用户在需求上的共同点，而不关心或忽视他们在需求上的差异性。在此情况下，营销人员可以设计单一营销组合直接面对整个市场，去迎合整个市场最大范围的客户的需求，凭借大规模的广告宣传和促销，吸引尽可能多的客户。实施这种战略的前提是，即使消费者的需求是有差别的，他们也有足够的相似和可能作为一个同质的无差别的目标市场对待。所以，它比较重视消费者需求的相似性，而忽略消费者需求的差异性，将目标市场所有消费者需求都看作是一样的，一般不进行网络市场细分，如图 8-1 所示。

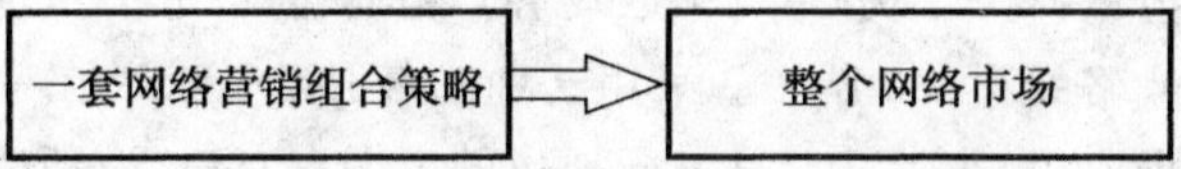

图 8-1 无差异网络目标市场营销战略示意图

无差异化营销策略对于需求广泛、市场同质性高且能大量生产、大量销售的产品比较合适。采用这一策略的企业，一般都是实力强大能进行大规模生产，又有广泛而可靠的分销渠道，以及统一的广告宣传方式和内容。可口可乐公司在 20 世纪 60 年代以前曾以单一口味的品种、统一的价格和瓶装、同一广告主题、将产品面向所有顾客，采取的就是这种策略。

(2)差异化目标市场战略

差异化网络目标市场营销战略，是指企业在网络市场细分的基础上，选择两个或两个以上的细分市场作为网上目标市场，针对不同细分市场上的消费者需求，分别设计和实施不同的营销组合策略，以满足消费者需求。差异性网络目标市场营销战略示意图如图 8-2 所示。

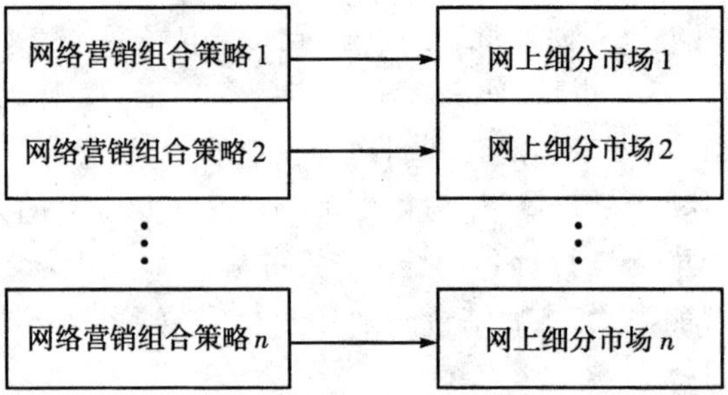

图8-2 差异性网络目标市场营销战略示意图

差异化营销的依据是市场消费需求的多样化特性。不同的消费者具有不同的爱好、不同的个性、不同的价值取向、不同的收入水平和不同的消费理念等，从而决定了他们对产品品牌有不同的需求侧重。这种战略的优点就是考虑到了消费者需求的差异性，有利于满足不同消费者的需求，而且还有利于企业开拓网络市场，扩大销售，提高市场占有率和经济效益，提高企业的市场应变能力。这种营销战略，对于那些小批量、多品种生产性企业有较大的适用性。

(3)集中性目标市场战略

集中性战略是选择一个或几个细分化的专门市场作为营销目标，几种企业的优势力量，对某细分市场采取攻势营销战略，以取得市场上的优势地位。该营销战略如图8-3所示。采用这种战略通常是为了在一个较小或很小的细分市场取得较高，甚至是支配地位的市场占有率，而不追求在整体市场或较大市场上占有较小的份额。

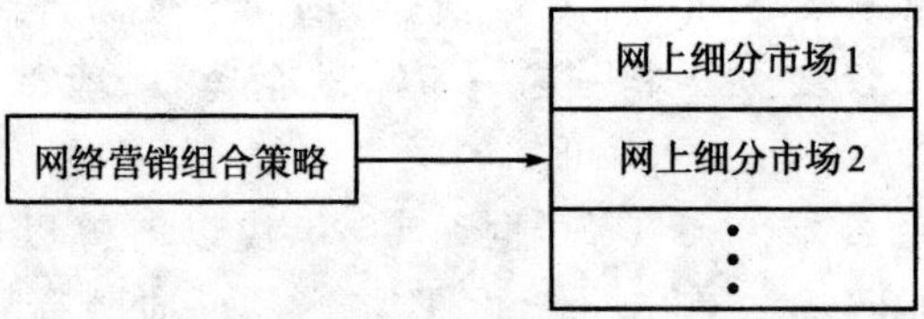

图8-3 集中性网络目标市场营销战略示意图

集中性目标市场营销战略的指导思想是：与其四处出击收效甚微，不如突破一点取得成功。这一策略特别适合资源力量有限的中小企业。这些企业由于受财力、技术等方面因素的制约，在整个市场上可能无力与大企业抗衡，但如果集中资源优势在大企业尚未顾及或尚未建立绝对优势的某个或几个细分市场进行竞争，则成功可能性更大。

这种战略可以深入了解特定细分市场的需求，提供有针对性的服务，有利于提高企业在所选目标市场上的地位和信誉,实行专业化经营,有利于降低成本。只要网上目标市场选择适当,集中性网络目标市场营销战略可以为企业在某一领域形成核心竞争力,建立所选目标市场上主导者的地位奠定良好的基础,也可以帮助企业获得更多的经济效益。

(二)网络市场定位

网络营销战略为企业的网络营销活动提供了持续的方向,这些活动与其他的营销活动整合在一起,共同支持着公司的总体目标。对许多企业来说,把网络营销战略整合到经营和营销战略中来是个巨大的挑战。企业的网络市场定位工作一般分为三个步骤:调查研究,确认目标市场的竞争优势所在;选择竞争优势和定位战略;准确地传播企业的定位观念。

适当的市场定位必须建立在深入细致的市场营销调研基础上,必须认真了解与分析有关影响企业市场定位的各种因素,例如:谁是企业的竞争者、各竞争对手的定位状况、目标顾客对产品或服务的评价因素、目标市场潜在的竞争优势是什么,等等。

企业通过与竞争者在产品、促销、成本、服务等方面的对比分析,了解自己的优势与劣势,从而明确自己的竞争优势,进行恰当的市场定位。一般而言,企业常常采用"针锋相对式"定位战略、"填空补缺式"定位战略和"另辟蹊径式"定位战略等。其中,针锋相对式定位战略是指,企业把产品或网络服务定位在与竞争者相似或相同的位置上,同竞争者争夺同一细分市场。"填空补缺式"定位战略是指企业把产品或网络服务定位在尚未被竞争者占领且被许多消费者重视的位置。当企业具备定位在这一位置足够的实力时,或者这一位置市场机会还未被竞争者发现时,可以实行这种定位战略,如图 8-4 所示。

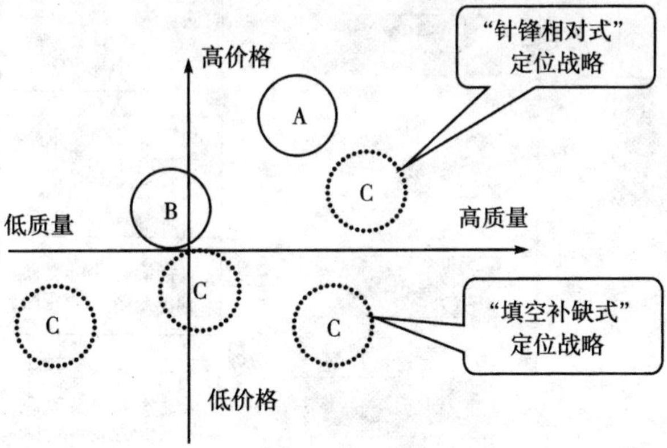

图 8-4 市场定位战略图示

而“另辟蹊径式”定位战略是指企业意识到很难与同行业竞争对手相抗衡从而获得绝对优势地位，也没有填补市场空白的机会或能力时，可根据自己的条件，通过营销创新，在目标市场上树立其一种明显区别于各竞争对手的新产品或新服务，如图 8-5 所示。

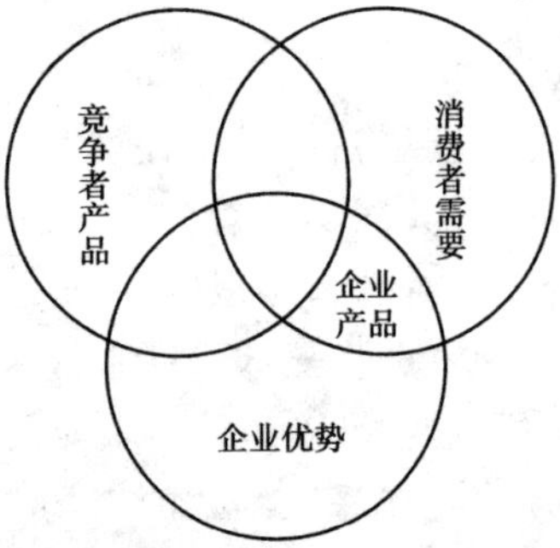

图 8-5 “另辟蹊径式”定位战略图示

（三）网络营销组合策略

网络营销组合策略，简单来说，就是企业各种网络营销策略的组合运用。网络营销活动中，企业可以组合运用的营销策略有很多，而且不断创新产生许多新的营销工具或手段，总的来说可以分为 5 大类，即门户网站策略、产品策略、价格策略、渠道策略和促销策略，简称 5P 策略。所谓网络营销组合策略也就是这 5 个“P”策略的优化组合与搭配，它体现了企业的整体性网络营销思想，如图 8-6 所示。

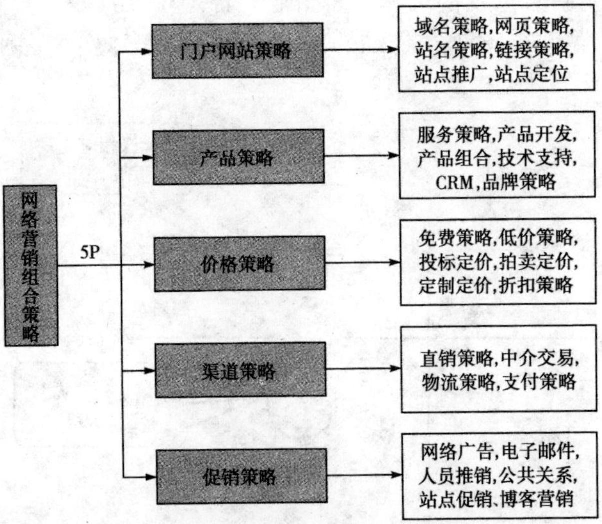

图 8-6 网络营销 5P 营销组合策略图示

传统的网下市场营销最基本的营销策略不包括网络营销门户网站策略，网站是网络社会的最基本元素，也是网络营销最基本的手段，如果没有网站，网络营销也就无从谈起，这也是网络营销与传统营销技术的最本质区别。从产品上看，网络营销对传统经济条件下标准化、批量化产品的生产与销售策略将产生巨大的冲击；从策略上看，互联网的开放性和互动性，为消费者理性的价格选择提供了可能；从渠道策略上看，网络营销作为一种直接营销方式，对传统网下营销中的中间商产生了巨大的冲击；从促销策略上看，网络营销下的促销手段和方式更为丰富多彩。而且，互联网双向互动交流的特点更有利于企业和用户间促销沟通的进一步深入。同时，网络沟通还具有即时性和成本低廉的特点。

第二节　营销效果评价

一、网络营销效果评估的体系

（一）网站建设评估指标

对网站建设进行评估，在评估中要从电子商务网站功能、内容和实施三方面给出评价指标，进行评估，如图 8-7 所示。

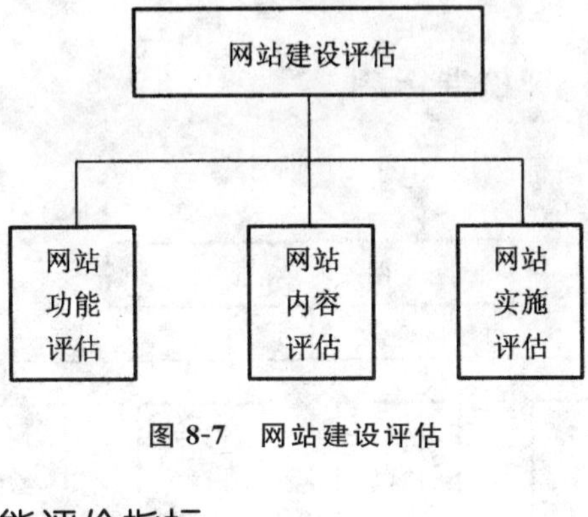

图 8-7　网站建设评估

（二）网站功能评价指标

网站功能评价指标的组成如图 8-8 所示。

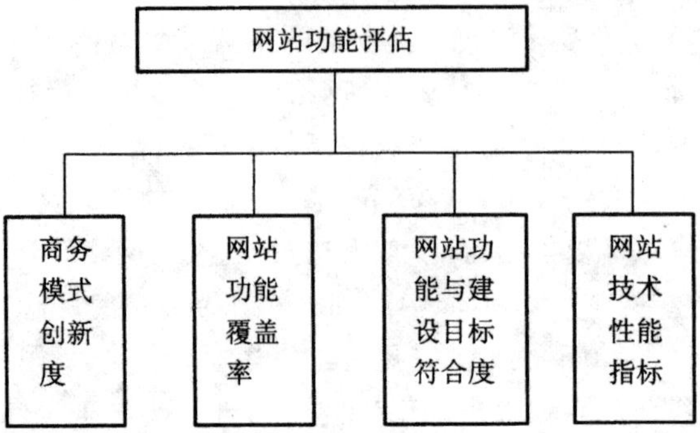

图 8-8　网站功能评价指标组成

商务模式创新程度是电子商务发展及网站建设能否取得成效的决定因素，是从网站功能的新颖性方面做出评估的重要指标。网站功能覆盖率是指网站功能涵盖前台和后台功能的程度，它反映了网络商务在核心业务中应用的比例。网站功能与建设目标符合度是指信息展示检索、在线交易、在线支付、在线物流等功能与商务模式的设计及企业战略与市场定位是否相匹配、与网站建设目标的符合程度。网站技术性能指标有先进性指标、实用性指标和安全、可靠性指标。先进性指标是指采用的技术体系与相关设备是否代表主流的技术与先进水平。实用性指标是指技术方案的设计与业务模式的符合度、匹配度。安全、可靠性指标是指系统的安全、可靠性与容错性，安全包括网络系统安全和信息交易安全，使其具有防攻击性和防篡改能力。

（三）网站内容评价指标

网站内容评估指标组成如图 8-9 所示。

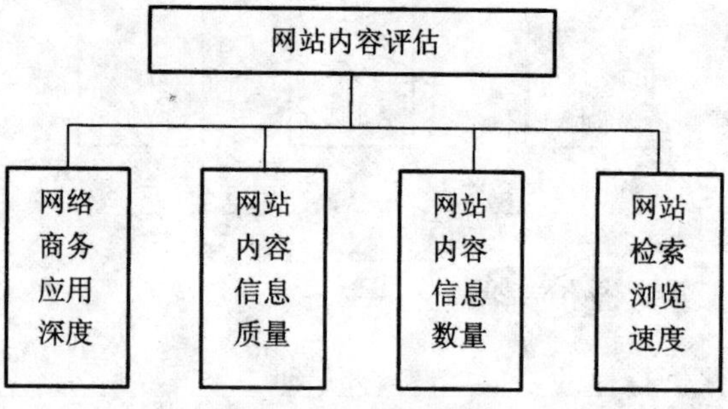

图 8-9　网站内容评估指标

网络商务应用深度是指网上信息流、资金流、物流集成化程度。可以分为非支付型应用、支付型应用和协同商务三个层面的应用。网站内容信息质量指网站所提供信息的完整性、内容真实性和关联度，所提供信息应该公平、真实、客观并连贯一致。

网站内容信息数量是指网站所提供的信息量、数据量、栏目数量、网页数量以及网络营销信息条数。同样的网页，在不同的网络传输速度下访问速度差别很大，说明网络速度对用户的浏览便利性和舒适程度有很大影响。这一结果启示网站设计者要参考网络传输速度的情况设计网页和网站结构，在保证网页载入速度的前提下，需要考虑增加更多的图片和多媒体以更好地展现其营销目标。度量网站速度可以采用内容检索速度和连接浏览速度两个指标。

（四）网站实施评价指标

网站实施评价指标组成如图 8-10 所示。

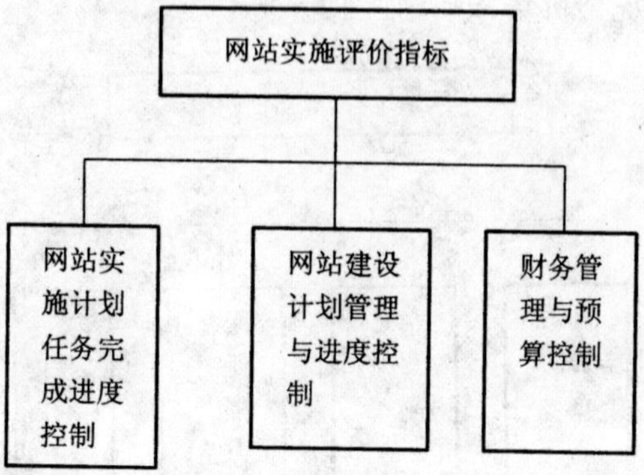

图 8-10　网站实施评价指标

（1）网站实施计划任务完成进度控制

网站实施计划任务完成度是指三个方面的完成程度：

①平台建设方面包括：网络平台、支付平台和物流平台；

②前台后台功能方面；

③系统安全保障措施。

（2）网站建设实施的计划管理与进度控制

该控制包括：

①网站建设实施的计划管理：网站建设实施的计划管理过程包括设定与保持一个可行的计划，以便根据网站商业目标来实现网站的营销目标。

②网站实施进度控制。

（五）网站应用评估指标

网站应用评估有网站运行状况评估、网站绩效评估和网站服务质量评估三部分组成，如图 8-11 所示。

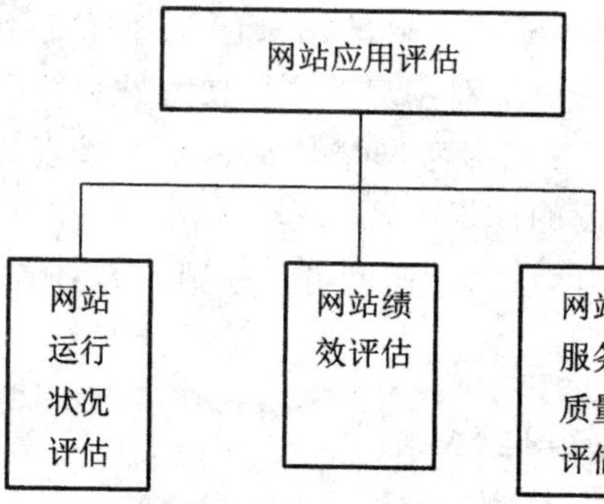

图 8-11　网站应用评估

网站运行状况评价指标如图 8-12 所示。

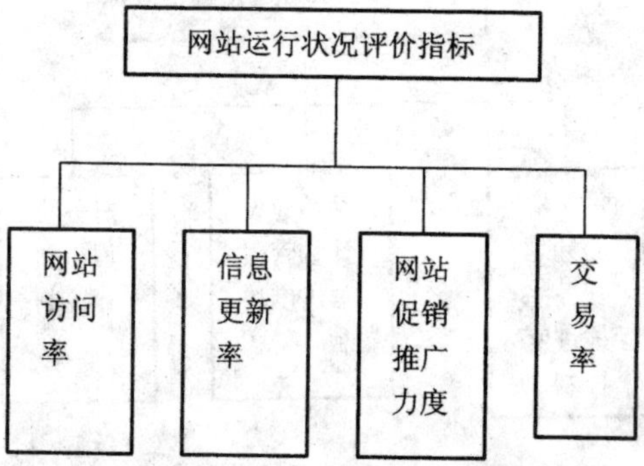

图 8-12　网站运行状况评价指标

网站访问率是指在一定时段内访问某网站的人数。网站内容的时效性可按时、日、周、月、年分级。网站内容及时更新，才能适应市场变化和客户的需求。加大网站促销推广力度，是迅速增加网站知名度和影响力的有效手段。网站交易率通常有以下 3 种计算方式：

①网络交易率＝网络交易量/总交易量×100％

②网络交易率＝网络订单量/总订单量×100％

③网络交易率＝网络交易额/总交易额×100％

（六）网站绩效评价指标

网站绩效评价指标包括经济效益和社会效益两大类，如图 8-13 所示，这里主要介绍经济效益评价指标。

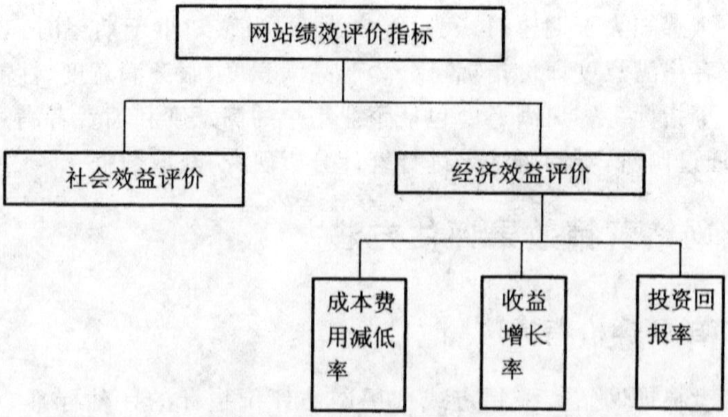

图 8-13　网站绩效评价指标

网站绩效经济效益评价指标：

①成本费用减低率。指网络营销活动实施后比实施前相应的营销及相关成本费用低的比率。

②收益增长率。指网络营销活动实施后比实施前相应的交易收益增长的比率。

③投资回报率。营销总收入的收益率。

（七）网站服务质量评价指标

网站服务质量评价指标如图 8-14 所示。

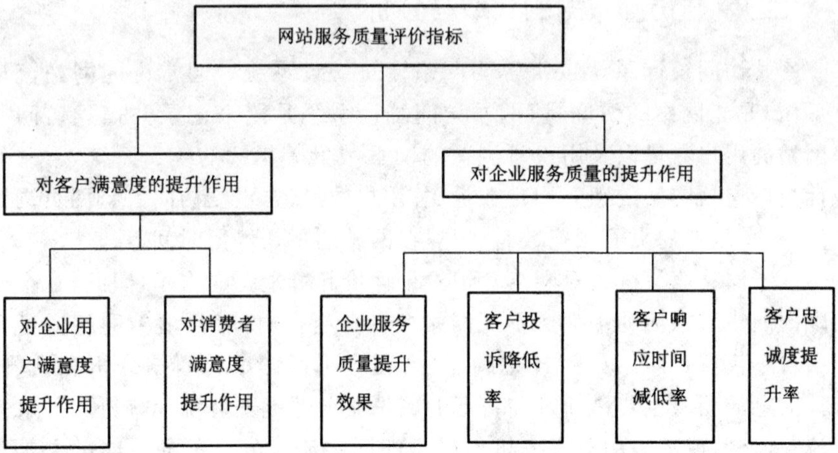

图 8-14　网站服务质量评价指标

客户满意度一般指客户对产品及服务的感知和体验与期望值比较结果的度量。当感知大于期望时，表示客户满意；当感知小于期望时，表示客户不满意。客户满意度评价指标可分为产品满意度、服务满意度、性能价格比较满意度等指标。客户满意度包括企业用户的满意度和消费者满意度两方面，需要通过调研，对调研结果进行统计分析研究，获取数据。

二、网络营销效果评估方法

（一）单项评价指标法

评估者根据网站类型制定或选用网站评价指标的评估标准，如表 8-1 是以网站日均访问点击率为例，对评价等级及分值进行设定。

表 8-1　网站日访问点击率评价等级及分值

级数	级别	评价标准	分值
5	优秀	100 万次以上	85 分及以上
4	良好	50～100 万	75～84 分
3	较好	30～50 万	60～74 分
2	较差	10～30 万	40～59 分
1	很差	10 万次以下	0～39 分

（二）网站访问数据的获取与分析

网站访问统计系统也常称为网络流量统计系统。通常说的网站流量（traffic）是指网站的访问量，网站访问统计系统是用来记录并描述访问一个网站的用户数量以及用户所浏览的网页数量等指标的统计系统，常用的统计指标包括网站的独立用户数量、总用户数量（含重复访问者）、网页浏览数量、每个用户的页面浏览数量、用户在网站的平均停留时间等。

由于网站流量分析对网络营销效果评价起着重要的作用，因此，在企业实际的网络营销活动中都离不开网站统计分析，一份有价值的网站流量分析报告不仅仅是网站访问日志的汇总，还应包括详细的数据分析和预测。统计信息的获取主要是通过在自己的网站服务器端安装统计分析软件来进行流量监测，或者采用第三方机构提供的网站流量分析服务。这里主要介绍著名的第三方流量统计服务商 Alexa.com，如图 8-15 所示。

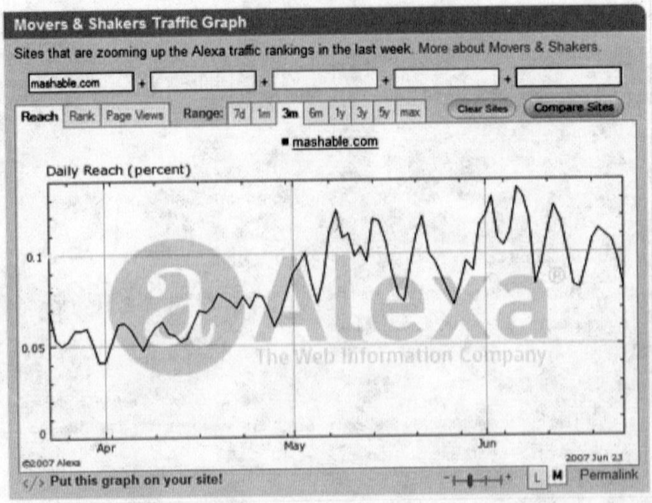

图 8-15　Alexa 站点首页

Alexa 网站排名是由美国网站 alexa.com 所提供的全球网站访问量排名系统，极具影响力，目前网站在 Alexa 上的排名被公认为是其在全球的排名。只要网站被该系统收录，输入网址即可看到该网站访问量在全球网站中的排名情况，对于 10 万名以内的网站，还有更为详细的统计资料和访问量排名统计轨迹。如图 8-16 所示为 2017 年 7 月 19 日全球网站访问量排名的前 6 位，其他网站需要通过输入网址来查询，如图 8-17 所示为新浪网的流量图。

自己网站的访问量指标通常可以通过网站流量统计分析软件或者第三方的统计服务获得，不过仅仅了解这些统计信息还是不够的，如果借助 Alexa 的网站访问排名，不仅可以知道网站的访问量，还可以了解网站的排名状况，这对于在较长时期内研究网站访问量的变化规律很有价值。另外，Alexa 提供页面浏览数及其变化的统计曲线对于了解网站内容和服务对用户的吸引力有重要参考价值，而访问量最大的页面的百分比有助于了解哪些栏目更受用户欢迎。

Alexa 的网站访问量排名作为研究竞争者的在线工具，比研究自己网站访问量变化更加方便也更有价值，因为自己的访问量可以通过统计软件获得，而要了解其他网站的实际访问量则是很困难的事情。利用 Alexa 的相对访问量比较，就可以很方便地跟踪竞争者网站访问量的变化，为进行竞争状况分析带来了极大的方便。如图 8-18 所示为天猫和京东网站的流量对比图，其中上面的曲线代表天猫，下面曲线代表京东。

1 Google.com

Enables users to search the world's information, including webpages, images, and videos. Offers...More

2 Youtube.com

User-submitted videos with rating, comments, and contests.

3 Facebook.com

A social utility that connects people, to keep up with friends, upload photos, share links and ...More

4 Baidu.com

The leading Chinese language search engine, provides "simple and reliable" search exp...More

5 Wikipedia.org

A free encyclopedia built collaboratively using wiki software. (Creative Commons Attribution-Sh...More

6 Yahoo.com

A major internet portal and service provider offering search results, customizable content, cha...More

图 8-16　2017 年 7 月 19 日全球网站流量排名

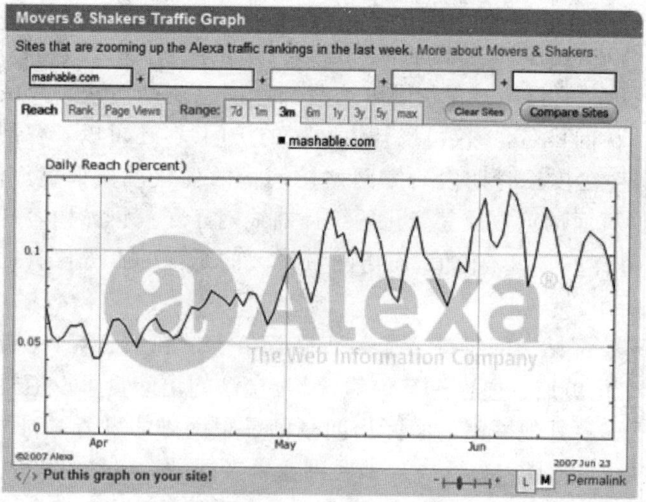

图 8-17　新浪网流量统计

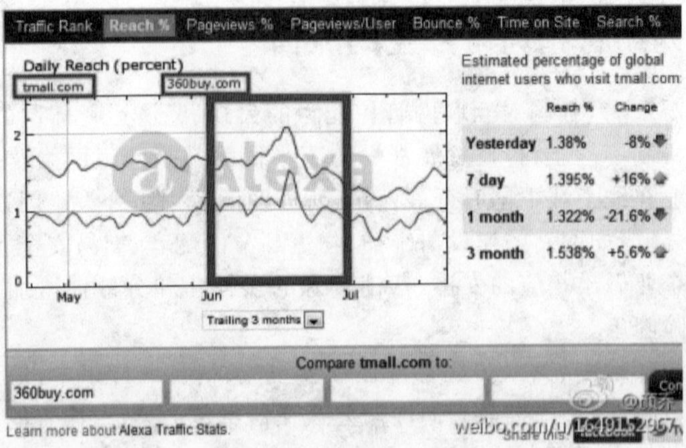

图 8-18　天猫网和京东网站流量对比

与竞争者分析类似，可以利用 Alexa 的访问量排名作为一种行业分析的网上调研工具，通过建立 Alexa 访问量排名与独立用户数量的估算关系，可以很方便地对一个行业、一个领域，或者为了某种目的建立一组样本网站的访问量进行比较分析。利用 Alexa 提供的访问者访问的主要页面信息，可以对目标网站进行不同栏目访问量的分析，在进行网络广告媒体投放调研时这项信息非常有用，可以作为制定网络营销策略的参考。

当然，有媒体报道过关于利用 Alexa 排名系统的排名规则依靠技术手段实现作弊的文章，一些网站利用不正当手段提高 Alexa 网站排名来蒙骗广告客户或者投资人，这种情形对于绝大多数实实在在经营产品和服务的网站来说是没有多大意义的，而且也不是本文介绍这一工具的目的所在，我们希望得到的是对网络营销管理和实践真正有价值的信息。

第三节　营销的风险与控制

网络营销作为一种全新的营销方式在市场经济中扮演着越来越重要的角色，已经成为企业扩大宣传、推广产品以及销售服务的重要渠道和企业制定战略发展目标不可缺少的因素，有效地发展网络营销是更好地满足企业和消费者之间利益的重要渠道。但是由于多种因素的影响，企业开展网络营销活动还面临着技术、信用、法律、市场等风险。特别是网络市场的空前开放、竞争的日趋激烈使企业网络营销风险性也比传统营销活动大大增加，如何规避网络营销风险已经成为一个亟待解决的新课题。

一、网络营销风险产生的原因

从宏观上看，各国对互联网管控能力的欠缺、经济运行体制的不完善、市场监管机制不健全、科技发展水平的不平衡等都是产生网络营销风险的原因。企业在线上线下同时开展营销，所涉及的营销组合策略因素增多，除营销策略外，诸如网站的建设与维护、物流环节的配套、交易安全、网络公关等都需要企业做出相应的安排，营销资源的多样化和分散性增加了管理的难度和风险隐患。

在传统环境中，大众传媒掌握在社会主流、精英人群手中，信息传播具有极大的可控性、选择性与倾向性。公众在信息传播渠道、内容的自由度和表现形式上都受到很大的限制。在这种情况下，当企业面临危机事件时，可以通过利益杠杆，实现与大众媒体掌控者的合作，对信息进行封锁或实施选择性的信息告知，从而轻易地掌握整个危机事件处理过程中的主流话语权。

网络营销实施中的风险主要有以下几个特征。

①客观性。网络营销实施中的风险存在于发生就总体而言是一种必然现象，是一种不以人们的主观意志为转移的客观存在。

②可变性。风险的存在，是风险发生的前提条件。由于风险发生的偶然性和不确定性，可以推论出风险存在的可变性。因此在一定条件下，网络营销实施中的风险是可以转化的。

③复杂性。网络营销实施中的风险复杂性首先表现在其发生的原因、表现形式、影响力和作用力是复杂的；再者，网络营销实施中的风险形成的过程是复杂的，人们对其产生不能完全了解、全面掌握，在网络营销开展过程中各个环节均可能产生风险，但是风险的强弱、频度及表现是不同的，经营者对其把握存在一定的难度。

④偶然性。网络营销实施中的风险存在具有抽象性和不确定性，但风险的表现形式却有具体性和差异性，风险的发生无论是范围、程度、频度还是时间、区间、强度等都可以表现出各种不同形态，并以各自独特的方式表现自身的存在。对网络营销风险的认识只有通过无数次观察、比较、分析和积累总结，才能发现和揭示网络营销风险的内在运行规律。

一些企业鉴于网络的巨大影响力和传播的迅速与广泛性，越来越重视可能发生的与之相关的负面舆论，从而倾向于与新兴的网络媒体和机构合作，付给它们数额不等的公关费，要求采取各种技术手段制止负面舆论的扩散。目前，常用的技术手段主要有以下几种。

①信息屏蔽。通过搜索引擎提供的统计信息，网站很容易知道用户在搜索信息时常用的和最能引起其注意的关键词。于是他们利用一些技术手

段将这些敏感词汇加以“屏蔽”，使人们无法检索或浏览到相关信息。

②删除网帖。网络海量的信息容纳能力，以及作为网民意见集散地的网络社区、论坛或博客，为网民们发表自己的意见提供了广阔的空间，尤其是那些含有负面信息的“跟帖”，所产生的滚雪球效应成为一些商家的心病。为此，它们不惜花钱请高手或专业公司删除有关揭弊的帖子，此后人们再点击这条信息的链接时，浏览器上会显示“您所搜索的网页已经删除”。

③割裂搜索引擎。这是“删帖”的专业版，即通过搜索引擎服务商将其数据库中的相关关键词汇删除，于是，网络用户在检索时连“您所搜索的网页已经删除”的显示也不会出现了。

以技术手段来封堵消息的做法是想将受众置于信息传播系统之外，但在互联网环境中，这样做的效果未必能持久，最终往往会适得其反，引发更大的风险或危机。

二、网络营销风险的类型

开展网络营销除面临资金、安全、决策等市场营销活动中常见的传统风险外，还将面临网络市场特有的经营风险，主要有以下几类。

(1)市场风险

开展网络营销使企业面对的是一个前所未有的广阔市场空间，一方面，企业对网络市场的需求特征把握更加困难；另一方面，竞争对手更多且更加强大，市场竞争空前激烈。同时，由于网络环境中产品的生命周期缩短，新产品的开发和盈利难度加大，营销策略的运用更加灵活，这些都使企业面临更大的市场风险。

(2)制度风险

宏观经济管理制度尤其是健全的法律制度和市场监管制度是维持良好市场秩序的基础，而这些制度的不完善正是目前网络市场的一个显著特征。企业作为市场活动的主体，在这样的市场环境中从事营销活动，必然会遇到市场秩序紊乱带来的制度风险，并可能引发信用、资金等方面的系列风险。

(3)社会风险

作为跨地域、跨国界的全球性信息网络，传统的基于地域管辖的司法体系难以有效施展于互联网空间。此外，可以在世界不同国家和地区进行的网络营销，面对的是差异很大的法律制度、社会文化、风俗习惯、消费观念，很可能因此遭遇各种社会风险。

(4)内部管理风险

中国企业普遍存在内部管理松散、不注重对员工进行职业道德培训和安全防范意识教育，这也是造成网络营销风险的重要原因，而企业内部管理制度的缺失或闲置更是加剧了企业的管理风险。近年来，许多企业危机事件都发端于内部人员。

(5)技术风险

国内企业尤其是广大中小企业开展电子商务的内部环境不完善，相关技术应用水平、交易安全技术等难以满足实施网络营销的要求，数据传输、处理环节、信息安全保障系统有时会发生的技术错误，都增加了发生网络营销风险的不确定性。

(6)信用风险

信用是交易的基础，网络的虚拟性使网络市场存在信用难以保障的先天不足，信用风险将在很大程度上制约网络营销的发展。

此外，电子支付、物权转移等环节存在的各种风险也将影响网络营销的运营。

三、网络营销风险管理流程设计

(1)网络营销风险的识别

在网络营销风险管理工作中，首要也是最重要的工作就是进行风险识别，即要判定存在哪些风险因素、引起这些风险的主要原因、这些风险因素引起的后果及严重程度等问题。其他风险管理步骤都是根据这一步而完成的。

(2)网络营销风险的计量

在识别了网络营销所面临的各种风险及潜在损失之后，网络营销管理人员就应对风险进行计量，估计各种损失将发生的频率及这些损失的严重程度，以便于评价各种潜在损失的相对重要性，从而为拟订风险处理方案、进行风险管理决策做准备。

(3)网络营销管理决策

传统上，人们往往仅凭工作经验和主观判断来处理风险。随着风险的日益广泛和复杂，决策的科学性和合理性将直接影响风险管理活动的效果。网络营销风险管理决策是整个网络营销风险管理的核心。但不同的决策对风险的认识不同，决策的结果也有很大差异。在网络营销风险管理决策中，决策者的损失期望值与效用值的确定是两个关键，也能体现出决策者的特点。网络营销风险管理决策是指根据网络营销风险管理的目标和宗旨，在科学的风险识别、计量的基础上，合理地选择风险管理工具，从而制定出处置网络营销风险的方案的一系列活动。

(4)网络营销风险管理决策方案的执行

在网络营销风险管理决策做出后，能否达到预期的风险管理目标，取决于执行。执行成为实现决策目标最为重要的工作。相对于风险管理决策来说，风险管理决策方案的执行更具体、更复杂、更烦琐，有时甚至是长期、艰苦的劳动。因此，网络营销风险管理要高度重视执行工作。网络营销风险管理决策目标是要通过人、财、物、时间、信息等基本要素的管理和组织来实现的。执行对象、执行措施和执行结果等必须是现实的，只有从网络营销实际出发按客观规律办事，并认真准备风险管理决策方案执行所涉及的所有环节，才能收到预期的效果。同时在风险管理决策方案执行中若遇到突发情况，应及时反馈，以便及时调整修订风险管理决策方案。

(5)网络营销风险管理后评价

网络营销风险管理后评价是指在对网络营销实施风险管理方案后的一段时间内(半年、一年或更长一些时间)，由风险管理人员对相关部门及人员进行回访，考察评价实施网络营销风险管理方案后管理水平、经济效益的变化，并对网络营销风险管理全过程进行系统地、客观地分析的过程。通过风险管理活动实践的检查总结，评价风险管理问题的准确性，检查风险处理对策的针对性，分析风险管理结果的有效性；通过分析评价找出成败的原因，总结经验教训；通过及时有效的信息反馈，为未来风险管理决策和提高风险管理水平提出建议。

四、网络环境下的危机管理

从近年来发生的众多企业危机事件中不难发现，无论是危机的兴起、扩散还是深化，其后都有明显的网络推动的痕迹。一些看似并不起眼的事情，经互联网的传播被急剧放大，很快酿成企业危机事件。网络不仅使企业受经营危机和营销风险威胁的程度大大超过传统环境，而且，许多企业在风险来临时束手无策，应付危机事件力不从心，它们切实感受到网络环境下危机管理的复杂和困难，这也使应对网络环境下的危机成为网络营销管理的一项重要任务。

(一)网络环境下危机的特点

(1)危机引发原因多样化、微妙化

传统环境下危机事件多由有一定影响力的主流媒体对企业问题的曝光所引起，传统主流媒体出于保证其“权威性和严肃性”的考虑，一般要对所报道的事件进行专门调查核实后才给予客观的披露。相比之下，用户通过网络或手机等工具传播的信息则比较自由和随意，有可能使一个网帖、一条手机短信、一段博文、一些 QQ 群组中的讨论成为引发一场危机的导火索。

(2)危机蔓延速度快、波及范围广、影响程度深

危机事件一般要经历潜伏、爆发、波动、衰退、消亡的过程周期。传统媒体有固定的传播时间和空间,信息披露的轨迹节奏和模式容易掌握,企业有可能把握危机发展的动向,并采取有效的应对措施。而网络传播的特点却让企业难以对危机事件的变化与发展进行及时有效的评估和适时采取应对举措。而由消息灵通人士或知情者提供的所谓“内幕消息”,经网友的热议或某些机构的炒作,提高了这些消息的被关注度,并很快演化成为危机事件。

(3)危机公关的实施难度增大

网络环境中危机蔓延的速度、广度和深度增加了企业实施危机公关的困难。尤其是 Web 2.0 时代的互联网络,“源自网络—迅速扩散—形成话题—网络再扩散—传统媒体跟进报道—事态扩大—网络再热议”的信息传播模式令传统的危机公关方法难以有效控制和化解危机,企业的任何解释工作都有可能被站在不同立场上的网友进行反向解读,使危机进一步扩大。

(二)网络环境下的危机管理与控制

网络危机的新特点要求企业调整危机管理的思路、方式和流程,而互联网将企业对危机事件的处理置于一个相对公开的环境中,因此企业的危机公关策略也要进行相应的变革。

(1)遵循危机管理的基本原则

传统危机管理的基本原则和方法在网络环境中仍然可以发挥重要作用。如英国危机处理专家迈克尔·里杰斯特提出的处理危机事件“3T”原则,即 Tell it your own(以我为主提供情况),Tell it fast(尽快提供情况),Tell it all(提供全部情况),对网络危机的处理就具有现实意义。而传统危机处理中常用的“真诚沟通原则”“系统的原则”也被证明是处理网络危机非常重要和有效的方式。

(2)更新危机管理理念,完善危机监督体系

在数以亿计“自媒体”组成的庞大而错综复杂的互联网传播环境中,最有效的危机管理方式应该是以预防为主。企业应将危机管理纳入日常经营管理的程序中,建立一套严密的危机监督管理体系,建立健全网络危机监测和应急机制,防患于未然。国外一些知名企业早已建立了不良消息监督机构来监测重要的网站、网络社区、论坛或博客中的消息、帖子、文章等,争取在第一时间发现对其不利的信息,预防问题向危机事件过渡。

(3)以诚信经营来防范危机

通过加强企业管理、诚信经营来控制和减少问题是最有效的危机管理

方法。近年来发生的危机事件大多与企业缺乏诚信经营的意识密切相关。危机处理应以客户的利益为前提,本着对消费者、对社会负责的态度,不回避问题和错误,及时与媒体和公众沟通,向其说明情况,以求重新获得社会及公众的理解和信任。

(4)借助专业机构来化解危机

目前许多危机事件很难单独依靠企业自身的能力进行处理,应当合理地借助于专业公关机构的力量。尤其是应对来自网络环境的危机,由于一些企业缺乏应对来自网上负面信息的技术与手段,只能通过与相关服务提供商沟通,实施诸如“删帖”“割断链接”“屏蔽关键词”等简单且容易激化矛盾、增加风险的网络公关活动。相比之下,专业公关公司掌握了最新和更有效的危机公关处理技术与方法,并具有较丰富的经验,因此借助于专业危机公关机构的力量,使企业在危机处理中赢得时间,并降低失败的风险是十分必要的。

(5)转“危”为“机”,化险为夷

危机一般都具有失败与成功机会的二元化特征。有效的危机处理不仅可以减小危机带来的伤害,甚至可以借此形成一些发展的机会。如一些企业在产品出现问题时,努力通过各种途径收回产品,赔偿客户损失,这种做法虽然在短期内使企业遭受了损失,但其诚信经营的态度则会被社会所认可,使企业的形象或品牌价值得到新的提升,由此为企业带来的财富是难以估量的。因此,发现、培育和利用危机处理这一潜在的成功机会,是危机管理的精髓。

第九章　互联网思维下的新营销发展趋势

论坛营销、微博营销、朋友圈营销、社区营销等是近几年主要的营销方式，有些人大把撒钱却收效甚微，而有些人仅通过一个小小的创意就能达到四两拨千斤的效果。在当今时代，未来的互联网营销将朝着哪些方向发展呢？

第一节　形态：化“繁”为“简”

一、营销需要化繁从简

从根本上说，营销只是为了更好地满足客户需求，实现商业利润。把简单的东西复杂化，是造成营销混乱的罪魁祸首。用显而易见的常识思考商业世界的真相，将原本简单的事情还原到简单的本来面目，则是终结营销混乱的解决方案。

2013 年 4 月，京东域名正式更换为 jd. com，并推出名为“Joy”的吉祥物形象，同时对首页进行改版。

“相对于原域名‘360buy. com’，新切换的京东域名 jd. com 更加符合中国用户的语言习惯。”在京东对这次重大转变的说明中，认为“京东品牌形象的传播和提升”是主要的目的。而对京东的原域名“360buy. com”，不少业界人士其实早有微词。爱乐活副总裁金错刀在微博上就曾经表示，“京东和 360buy 存在巨大的用户体验断层”，而深圳触电电子商务有限公司创始人龚文祥也同样认为“360buy. com 曾经是知名电商中最差的知名域名之一”。

事实上，更短域名的采用，不光是便于消费者记忆，在移动互联网时代下，则更加具有实际的意义。在 PC 时代，数字字母的输入可能还不是什么大问题，但是当移动互联网时代来临后，在手机上的每次输入都显得“格外珍贵”，更短更简约的域名在移动互联网时代无疑更加具有价值。

简单的才是最有效的——这是一个真理。然而，现在我们总是被淹没在浮夸的营销词汇当中，如情感营销、体验营销、教育营销、差异化营销、整合营销等，这些词汇还有很多。当然，思想的多元化有助于营销知识的发展，但这些无疑也会让使用者迷茫。正规的商科教育及商学院会把营销教学复杂化，这是教学之所以然。

但从根本上说，营销只是为了更好地满足客户需求，实现商业利润。可是，现在在各式各样的营销概念手段面前，我们迷失了，不知道从何下手了，看上去已经做了很多的努力，用到了最时髦的一些营销概念，但往往都没有达到很好的营销效果。对于大公司而言，也许就是浪费了一些尝试的成本而已，但对于创业公司或是刚刚起步的一些中小企业，它们也许就死在了这些纷繁复杂的营销概念之中。

如今的消费者对营销活动的反馈变得越来越重要。以往的营销方式是由厂商或品牌驱动的，通过广告、公关、事件营销、电话、直邮等方式“推”到消费者面前。在消费者购买漏斗的每一个环节，每当观察到消费者有偏离于最终购买的倾向时，我们会通过相应的营销活动来纠正其行为。但我们不得不承认，诸如此类的营销活动并不精准，经常不能在恰当的时间找到恰当的目标消费者并传递正确的信息。

通过提供简化的产品或服务从而提高总体体验，是品牌吸引新消费者、扩大市场占有率和增加消费者忠诚度的重要机会点，而这也从反向上让消费者愿意支付更多的钱来获得该简化体验，我们称之为简单性溢价。品牌可以从提供简化性产品和服务中获得额外的经济效益；全球有80%的消费者会更多地因为某品牌提供更简化的体验而向他人推荐。向消费者提供最简化体验的顶尖行业，正是那些倡导创新最容易的行业。

二、简化营销的五大法则

简单是一种战略，简单是一种愿景。简单不是从表面上肤浅地操作营销，而是善于从本质上去操作营销；简单不是固执地坚持，而是一种围绕灵魂而灵活变化。

简化营销不是简单的事情，而是有很多工作要做的。简化营销的目的是为了大大提升营销效果的有效性。消费者一方面在享受互联网时代带来的信息透明的便利，另一方面也饱受信息过多带来的痛苦。每位营销人员都应该认真思考，我们现在所做的是否是真正地在为消费者和客户创造价值？

在信息环境倍加“嘈杂”的今天，一直在市场研究一线的益普索始终在思考一个根本性的问题——如何让营销变得简单？根据我们的专长和几十年的经验，以及对于中国消费者的观察和了解，以及对于市场营销的理解，我们提出自己的观点和建议，以期能对还在困惑中的营销人员有一些帮助。

如何“简化”营销传播？其实，“简营销”中的“简”字用汉语拼音“jian”

来表示或许更为准确，即益普索认为“简营销”有五大原则——“减”“捡”“监”“建”“检”。

（一）简

“简”——企业需要转变思维对营销进行“简化”，面对新的环境变化，“复杂营销”的营销价值很明显正在逐渐降低，如何通过简化营销实现成效成为头等大事。

不断满足市场细分是营销策略的基准。在这种理念下，企业醉心于越来越“精细”的市场细分，建立越来越多的子品牌，推出越来越多的产品系列，试图满足所有目标用户的需求。同时，在传统时代，消费者获取营销信息的机会与途径非常有限，企业希望通过大规模的、密集的营销传播，增加品牌认知与品牌美誉。可是，随着信息技术，尤其是互联网应用的“爆棚”式发展，消费者的媒体习惯与消费习惯也随之发生了显著变化。另外，“细分化”的普及应用，使细分市场面对的产品选择越来越多。面临这些变化，传统的模式还能继续行得通吗？

互联网，尤其是社会化媒体与移动媒体的迅速发展，已使我们进入了一个不折不扣的“信息爆炸”时代。信息获取的便利使消费者在购买决策时面对众多选择。当选择“过多”时，消费者的反应往往就是对“选项”的抗拒；“泛滥”的广告与推广信息非但不会让消费者接受，反而会使消费者感到“厌烦”，甚至降低对品牌的美誉度与忠诚度；而社会化媒体的普及，正在让消费者的“民主”意识觉醒，他们不喜欢被“灌输”，不甘于只“被动”地接受，主动信息传播的效果正在降低。

面对新的环境变化，埋头“填鸭式”的营销价值很明显正在逐渐降低。企业需要转变思维对营销进行“简化”。通过“简化”，减轻消费者的“选择压力”，便利消费者“购买决策”，提升用户忠诚度；同时，通过“简化”，提升营销传播的效果与效率，节省不必要的营销成本浪费。那么，“简化营销”主要包括哪些方面？具体的价值体现在哪里？

1. 产品线简化

过于烦琐的产品系列往往会产生一系列问题，包括对不同系列产品功能的混淆，进而导致品牌形象的弱化，以及产品创意不足，隐性成本增加等。“简化”意味着对“产品线”的重新梳理，减掉“多余”的产品系列与服务流程。

乔布斯回归“苹果”后，立即宣布放弃 Macs 的整个 5200 系列。之所以这么做，是因为他知道，大多数消费者根本分不清 5200 系列与 5400 系列的区别是什么；iPad 有六种版本的配置，但“苹果”却不会分为“iPad G32S”或者“iPad HQ64”。消费者仍然可以根据配置需要来选择自己喜欢的版本，从而避免“iPad”品牌形象的弱化。除非不得已，企业首先不应盲目扩大自身的产品系列，同时，应精简低价值的“冗余”产品系列。而面对消费者多样化与个性化的需求，企业可以尝试进行产品系列整合，利用能提供多种利益的产品替代之前几个功能相对单一的不同系列产品，以尽量减轻消费者的选择压力。

2. 品牌接触点简化

传统营销时代是“密集投放”的时代。品牌热衷于在与消费者的各接触渠道，在消费者购买决策的各阶段进行大量的广告投放，以实现品牌与消费者更多的接触机会，加强与消费者的联系。可是这样果真有效吗？国内外大量的营销心理研究早已证明，“过量”的品牌信息通常只会让消费者反感，进而逐渐降低对品牌的好感。因此，为了能够使早已“超信息负荷”的消费者对品牌产生更多的兴趣，品牌需要重新梳理与消费者的“接触”策略。通过运用消费者调研、网络广告效果评估与消费者社会化监听等多种手段，帮助品牌侦测消费者购买路径中相对有效的品牌接触点是哪些，什么类型的信息是消费者最感兴趣的最能刺激其购买行为。根据调研信息，精简品牌“接触点”，放弃低效的传播渠道，投放更多资源在高效的传播渠道中，进而建立起一条真正简单、高效的消费者品牌接触路径。

同时，“简化”不仅是对现有渠道的“精简”，还是对现有渠道的“创新”与“重构”。社会化媒体与移动媒体的爆发式应用，为“接触点”的创新提供了机会，从而建立起与目标客户更为紧密的联系。例如，Nike 的 Nike+产品，充分利用移动互联技术，非常有创意地将跑步传感器与官网社区相结合，开创了一个全新的消费者品牌“接触点”，其产品用户的忠诚度得到大幅度提升。

3. 营销传播信息简化

在信息传播中，“多即是少”(More is Less)是传播学中的一项基本法则。“过多”的营销信息内容往往会导致消费者对信息的记忆下降。过去，很多企业主要关注消费者对品牌评价的好坏，却很少考虑如何能让品牌进入消费者的考虑范围。通过精简信息内容，减少信息干扰，能使消费者将注意力集中在最关键的信息上，进而增加消费者的品牌认知；同时，营销传播中清晰的品牌诉求是与消费者建立联系、提高忠诚度的关键。在传播过程中，消费者需要“听清”企业的传播“声音”，进而才能完全理解所要传递的品牌“故事”。一旦理解，消费者才会与品牌建立“共鸣”，建立品牌忠诚。在这个过程中，传播信息的“简约”是保证消费者“理解”的关键因素之一。

4.品牌信息的信任

营销过程中，建立对品牌的信任不仅仅要求消费者建立对品牌本身的信任，更重要的是需要加强消费者对品牌传递“信息”的信任。口碑营销时代，品牌在口碑营销传播中往往只注重在社会化媒体中对产品好评的传播。许多品牌一味追求“好评”传播的数量，却忽视了消费者对“信息本身”真实性的感知。企业应该把更多的精力投入到提高“品牌信息”的信任上。例如，通过社区，更多分享产品体验者的购买决策的心路历程，产品使用情况，同时鼓励产品体验者发布更多个人信息，以增加信息的真实感等，而非仅仅传播产品的好评信息。

5.消费者洞察方式简化

消费者需求瞬息万变，因此，要求品牌快速高效地洞察消费者，及时了解需求和态度变化。传统的消费者洞察手段比较烦琐，周期较长，且成本较高，这样往往会导致品牌无法及时对快速变化的消费环境与需求变化做出应对。互联网和社会化媒体的普及为品牌提供了快速、高效洞察消费者的方式。例如，通过 DIY 式的网络调研社区，品牌可自主设计与发布希望了解的问题；收集与分析消费者在微博、论坛等社会化媒体的评价，对消费者的需求与产品评价进行快速洞察；建立专门的消费者在线研究社区，通过与消费者社区互动，与消费者之间的互动，更快速、更深入地挖掘消费趋势与需求的变化。

“简化”营销的目的并不是一味地追求数量的“精简”，而是在依旧满足不同细分客户需求的基础上，优化营销产品策略、品牌策略与传播策略，减轻消费者决策压力，提高营销传播效率，提升品牌忠诚度。企业应该在对消费者充分洞察与研究的基础上，有选择、有目的地实行，切不可为了“简化”而“简化”，忽略消费者的真正需求，舍本逐末。大数据时代来临，“简营销”势在必行。

(二)捡

数字以及社会化媒介的迅速崛起，迅速成为消费者的重要接触点之一。于是，营销人员为了抢占消费者的眼球，能到达消费者，进行全渠道的狂轰滥炸。但是，营销活动是否达到了预期的效果呢？投入是否值得呢？在这种时候，我们还是建议营销人员能够理性地审视一下目标客户群、他们看重的有效的接触点、营销的内容是否符合他们的口味。往往简单的几步能有效地提高营销活动的ROI,直达目标消费者。首先,应理清数字时代的媒介趋势:平媒的困境,新媒的崛起;不同的社会化媒介平台,各有所长,应抓住传播的精准性、互动性与意见领袖"口碑"效应;对于社会化媒介的投放预算,不要能省就省;需要"捡"出关键的媒体接触点以及沟通要素;"捡"出有效的洞察,转化成商业机遇;品牌需要精准的沟通。

(三)监

"监"——随时关注消费者的想法、变化以及对品牌的评价,密切关注消费者关注的东西。

以前是企业花重金让消费者关注企业,而现在企业应该去关注消费者,这是最根本的变化,意味着企业同消费者沟通方式的改变,企业要与消费者融为一体,了解消费者的所思所想。与此同时,如何将外部的消费者的反馈第一时间反映到管理中,与企业内部的管理系统有效地连接起来,则是"监"的终极目标。

1. 倾听"上帝"的心

"倾听"是人类沟通的第一步,在营销领域也不例外。当下,消费者个体意识越来越强,他们越来越喜欢表达自己对品牌与产品的看法。并且随着社会化媒体的迅速普及,现代消费群体发表评论与意见变得愈加便利。在这种环境下,社群聆听(Social Listening)已成为企业营销中不可或缺的一个重要环节。

"倾听"消费者的时代已经来临,你准备好了吗?

在这里,我们向市场营销经理们推荐一件用于研究客户的"利器"——益普索社群聆听(Ipsos Social Listening)。

社群聆听是指在微博、论坛、SNS等社会化媒体中"倾听"消费者对品牌与产品的谈论与评价。与传统研究手段不同,Ipsos Social Listening是通过专业分析工具,对杂乱的、海量的、无结构化的信息进行"过滤"与"加工",为品牌营销策略的制定与调整提供重要依据。以新品上市为例,在新品上市之后,快速、全面、深入地了解用户对新品的反馈对企业来说至关重要。它也是新品进行社会化媒体营销的首要环节和基础环节,其价值主要体现在以下几个方面。

①帮助了解新品上市后产生了多少曝光和讨论。

②帮助企业了解消费者讨论的内容与话题。

③帮助发现新产品的主要亮点是什么。

④识别目标用户媒体分布与"意见领袖"。

2. 企业反馈管理(EFM):"监"的完美延伸

如今的企业所处的时代既面临严峻的挑战,也具有显著的优势。

目前我们生活在一个"顾客体验"的时代,消费者期待企业的品牌和产品能够完美地取悦他们。这意味着,企业不仅必须要有更优秀的产品,而且还得在品牌和体验方面击败竞争对手。为了获得定制产品和体验,消费者愿意通过提供关键的东西——信息,"在帮助他们方面助你一臂之力"。忠诚度计划、CRM 数据、调查问卷、社会化媒体和网络帖子可为各家公司提供充足的顾客数据,以"了解他们内心的想法"。消费者渴望搞清楚自己的本质及自己想要的东西。

到目前为止,几乎每家大机构(甚至小企业)都明白对数据的需求及将这些数据转化成洞察的可能性。

(四)建

"建"——建立和消费者的沟通渠道,重点在于与消费者"互动""共建",与目标人群进行有效地沟通、构建良好的用户体验,同时让消费者成为企业的传播者。

营销 3.0 时代是一个营销行为深受消费者的行为和态度变化影响的时代。这个时代的消费者需要更具合作性、文化性和精神性的营销方式,因此营销 3.0 时代可以说是更复杂的以消费者为中心的营销时代。但是,关键问题是,企业和营销人员该如何制定"以人为本"的营销模式,如何"以人为本"地进行准确沟通,如何找到消费者的痛点,构建完美的客户体验呢?行业之间是否有共性呢?我们应该做到以下几点:改变对话模式;对消费者进行深层次的持续研究,洞察用户心理与生活方式、态度与行为;让用户对产品进行更直观、更全面的产品体验;对独特的创意进行征集;建立与特定群体的沟通:儿童与社会化媒介;给用户一个"完美"的用户体验;建立新的研究方法:"移动"调研;手机界面致力于快速、精准的市场调研。

(五)检

"检"——在快速变动的时期,企业要有自我反省机制,客户随时在发生变动,这就要求企业不断进行自我检查,不断进行调整。这种检查更多地从企业自身运营的角度出发,是营销的重要组成部分。

由于数字传播能带来大量审计跟踪数据和广告商与消费者之间进行的每次互动的历史记录,可以综合使用这些资料,深入了解消费者对待品牌的态度,并将这些信息作为另一个用于监控投资并实现投资最大化的情报资源。使用数字传播手段，企业可以对媒体购买进行灵活调整并在投放后进行调整，能够使用恰当的调研工具和行为统计数据来尽早评价市场表现，从而有机会对剩余支出进行必要调整。

数字媒体提供丰富数据和洞察，这将赋予企业极大的能力——企业将前所未有地掌握如此之多的客户相关数据，更充分地了解客户对广告的反应。利用这一点来构建未来的市场营销，使之更有效，产生更好的效果，并进一步最大限度地实现品牌共鸣。

益普索利用社群聆听(Ipsos Social Listening)，就中国网民在2012年9月1日～10月12日期间对iPhone 5和三星Galaxy SI/I智能手机的热议，进行全网抓取和分析，还原其在产品生命周期不同节点处——产品上市前、上市后、营销活动中、产品购买前、购买意向、购买体验、产品购买后、产品评价、价格等，来自于网民最直接、最具相关性、最真实的“心声”。

2012年伦敦赛场上，刘翔再次悲情伤退，留下一个悲情的背影，也再次将自己推上舆论的浪尖。之后，各品牌纷纷在新浪微博这个时效最快的平台做出了不同反应。其中不仅看到刘翔的直接赞助商，也能看到赞助商的子品牌和非赞助商的身影。

谁获得了更多的关注？谁获得了网民更多的肯定？谁又得到了更多的建议？

我们利用社群聆听工具，抓取了刘翔的直接赞助商品牌耐克、宝马MINI，以及非赞助商杜蕾斯。从刘翔退赛24小时内发布的新浪企业微博，对它们不同的传播与沟通效果进行评估，发现了一些有意思的结论。

广泛的到达、正面的反应以及有深度的传播，才能形成成功和有效的沟通，加深消费者对品牌价值的认知和黏性。就我们的研究表明，品牌代言人的形象、对热点事件的时间上的反应速度、文案的创造力和说服力、活跃的用户圈子，都会对品牌与消费者的社会化沟通起到正面或负面的影响。所以，品牌在策划和执行微博营销乃至社会化营销的时候，是需要慎重考虑和规划的，同时也要与品牌的调性相一致。总的来说，品牌的建立是源自对核心价值的坚持，所以微博营销也要审时度势，懂得借势借力，结合特定的语境或环境，不然在海量的信息中容易被淹没。

1. 超越广告点击率：数字广告投放效果如何检测

在测量数字广告战役的影响和效率时，我们必须不仅仅限于点击率及其他方便易得的行为指标。只有这样，品牌才有可能正确理解其广告的成败。点击率之类的指标，尽管易于测量，但仍旧不过是拼图的一小部分，要不要考虑广告在品牌建设和形象树立方面的作用，以及广告对于观众的影响呢？此外，点击率也在不断降至更低水平，人们不得不思考：所有广告点击中，到底有多少是来自于意外点击广告的呢？要实现对数字传播的最佳管理，需要考虑多个影响点，包括：

①品牌的核心策略——这是保证品牌产生正确影响的根本。

②达到目标受众——而不是那些偶然被触及的人群。

③促使信息的再传播——扩大潜在的覆盖面。

④监控投资并实现投资最大化——了解如何为了未来的传播而进行优化。

(1)重中之重使所有传播牢牢根植于一个总体策略

无论采用何种媒体，如果想保证广告信息的传播效率，至关重要的一点是：把精力集中于制定恰当的品牌策略。因为，品牌策略实际上勾勒出一个品牌应该采用的传播平台。在传统传播渠道（如电视、杂志、收音机等）上，广告受众分散，如何有效地触及自己的目标受众成为市场营销人员的一个重大挑战。

在数字传播渠道内，甚至也有许多接触点可以用来联系和吸引客户以及那些通过电邮接触的可能客户，或用来寻找、交往或动员目标受众。市场营销人员现在必须协调自己的多种媒体购买组合，利用多重资源，来尝试触及自己的目标受众。这样即使用户不断（甚或是频繁的）更换渠道，而传播信息始终能够以一致的风格调性，对他们产生恰当的影响，树立恰当的形象。

幸运的是，数字渠道提供了一种非常有效的手段，能够在消费者通过多种渠道漫游互联网的同时，向他们传播、巩固和拓展同一个信息。问题的关键是在建立接触点时，想消费者所想，使他们能在需要你的信息时就能够得到你的信息，而且信息的获取方式符合他们的个人需求与价值观，并尊重他们通过数字渠道联系你的品牌与产品类别时采用的最有效的方式。

(2)确保你的信息传播到达你的目标受众

有了互联网，人们可以以极高的效率通过大量网站，非常经济地触及明确界定的目标受众。但是，人们仍然必须了解自己要买的是什么。我们已经强调过：大型广告网络联盟也许并不比目标人群明确的媒体购买更有效率，原因就在于它们并不是那么准确地聚焦在目标人群上。当你选择通过一个大型广告网络或一个集中化的广告服务公司时，你需要考虑如何最大限度地扩大信息覆盖面。

(3)确保,而不只是要求

你的所有信息传播(不管是 Flash,还是滚动视频)始终都能被你的目标受众看到并方便他们做出反应,而不是让它们出现在页面下方。这样做,尽管可能会略微提高每千人成本(CPM),却是一种更有效率的投放方式,还是一个简单但能让你的传播信息产生最大影响的步骤。

最后,由于消费者始终不断地更换渠道,所以必须注意:出现在你的网站和社交网站上的消费者都是谁,并且,尽可能地收集有关他们的信息。这包括之前已经通过各种市场营销渠道对他们传播了哪些具体信息(最好是以一致的方式),他们如何回应这些信息(或无回应)。这将有助于通过最大限度地提高与消费者的相关性,确定用于下一个接触点的最佳传播信息。

(4)除了达到目标受众,你还需要促进传播信息的再传播

对于消费者而言,数字媒体是一种完美的媒体,使他们能够分享或再传播自己有关某个具体品牌的想法、评价和信息,或自己对某个品牌的个人体验。确保提供必要的交互活动,如"分享"或"喜欢"的评价或页面那样,你就有机会以几何级数来扩展你的传播信息的覆盖面,最终使之超越最初确定的目标群体,延伸至更广大的受众。

为了最大限度地从中受益,应该制订相关计划,横跨多种渠道来投放你的数字传播信息,为受众的分享和再传播提供更大的便利。事实上,应该鼓励分享和再传播。特别是当你了解自己的客户将主动再传播的信息和内容时,如幽默、新闻、趣味文章等内容。另外,这些内容中,哪些是最适合你的品牌和产品类别的内容?

2.电影植入广告营销效果检测:植入需"友善"

与说教式传播、时效性差、"疲劳轰炸"的传统硬广告相比,电影植入式营销的"身段"要"软"得多。观众可以按照自己的喜好与意愿来选择自己喜欢的题材风格的影片,间接提升了营销传播的精准性。同时,电影植入式广告更大的优势在于其接触质量。在黑暗的电影院里,外部环境对观众的干扰大大降低,大荧幕的声光效果提高了观众的注意力,与故事、形象或场景融为一体的品牌或产品植入加深了观众印象,这些都促进了植入式广告的传播效果。

优秀的电影植入营销应注重以下四大原则。

①植入数量不宜过多。虽然采用隐性"植入"的方式,但当下国内大部分观众都能意识到这种广告形式的存在。虽然广告为片商带来了大量利润,但广告植入数量过多,很有可能会引起观众的反感,继而形成不好的口碑,不利于票房的提升。同时,广告植入数量过多,会对观众形成一定干扰,

影响了广告的传播效果。

②植入时要注意植入的“度”。植入太深,观众很难发现广告信息;而植入“太浅”,往往会触发观众的抵触反感心理。

③并非所有类型的产品都适合“植入”,产品要“讨好”。

④植入品牌应与电影传递的价值观相匹配。品牌赞助商不应只考虑高票房、高人气与高点击量这些数据指标,电影本身所传递的价值观、格调与审美取向也应成为必要的参考依据。

三、能力加法:我们需要什么能力

让营销变得简单,其实不是一个简单的事情,是需要更合理的公司架构和资源配置、能力更强的从业人员、更创新和积极的营销理念的。也就是说,要想实现所谓的“简营销”,那么一定需要在个人能力、组织变革以及跨组织协作等方面做“加法”。

互联网、社交媒体和“移动”技术改变了消费者与品牌的互动方式,以及企业对自身产品和服务的营销方式。除拥有将传统媒体和数字化媒体相结合的有效战略之外,企业需要重新调整自身的营销组织,以充分利用当前机遇——这是一项费时费力的任务,但许多企业尚未认真考虑这关键的一步,就投身到数字汪洋之中。

移动设备的迅速普及推动消费者更多地使用数字化媒体,从而促使消费者行为发生深刻的变化。不论是在工作中、在家中还是在旅途中,人们都能随时接入互联网并接收到铺天盖地的营销信息。人们在网上寻找商店、研究产品、比较价格、阅读评论并进行购物。他们日渐依靠朋友和同事的推荐来做出购买决定。对于市场炒作,他们不为所动。相反,他们寻求的是真实可靠、实事求是的回答。今天的消费者拥有更多的控制权。他们比以往任何时候都要更加强大并且更具影响力和鉴别力。

在这个数字化世界中,传统的营销方法逐渐丧失了以往的有效性。要使消费者与品牌建立联系,企业必须开展具有高度影响力的数字化营销活动,以便从纷繁无序的局面中开辟出一条通途。

由于新型营销渠道呈现爆炸式发展,数字化营销活动要比传统广告宣传活动的劳动密集程度更高且更复杂。在传统的广告宣传活动中,广告代理机构只需将内容发送至电视网络和广播电台。而如今的营销者必须为不同的渠道(包括传统渠道和数字化渠道)创建、协调、衡量并完善一系列活动,从而推动消费者的参与和倡导。营销者通常会购买关键词以方便在线搜索,并创建单独的网址以监控在谷歌和 Facebook 等网站上产生的流量。众多不同的装置和营销渠道分散了受众的注意力,并为消费者带来了过量信息。

要想取得成功，企业必须采取一种截然不同的思维方式。与传统媒体需要购买时段或广告空间不同，社交媒体是免费的，但社交媒体需要投入资源，包括人员、培训、新内容创作、追踪和跟进等。同样重要的是，这些新的平台使企业首次可以轻松与消费者直接互动。但要有效实现这一目标，企业可能需要经历一个较为陡峭的学习曲线。

所有这一切都意味着需要重新思考传统的营销方式。

营销知识本身已经成为大多数企业的管理人员熟悉的基础知识；大多数企业已经完成了营销流程的规范化；另一些需要规范化的成长型企业也可以很容易地通过招聘一些熟练的营销人才来帮助自己的企业实现；专做营销咨询的服务机构也面临与以前不同的挑战与任务要求。

其一，是对于资本市场的营销。不同于针对实体市场消费者的营销，针对资本市场的投资者与投资机构的营销决定了企业能够在获得资本市场青睐的前提下取得更好的市场声望，得到更多的资源，获得更好的人才，进行更为进取型的市场扩张行动，从而在较短的时间内快速进展。

其二，由以产品营销为核心的营销，发展为将产品设计研发纳入整体营销控制的全线营销模式，确保企业在市场发展的早期就能把握消费者的脉搏。不只要把概念研发、产品快速市场测试这样的概念纳入营销与设计工作中，而且产品研发、渠道设计这样一体化的新营销环节的健全，才能确保企业走在同行的前面。

其三，高度重视在“80后”“90后”年轻人主导的新消费时代，网络空间与电子商务发展带来的营销变革，以更为积极的姿态介入研究与开发网络的营销价值的工作中去。

许多品牌的主要目标人群已经变成了“90后”，甚至是更年轻的“00后”，因为他们代表了新生代消费者的主要力量，他们逐步登台成为消费者的主力，代表了新经济和新的消费形态。他们很少关注报纸、电视，玩的都是高科技——从电脑到智能手机。获取信息的渠道多种多样，从社交媒体到QQ、微博、微信、陌陌的朋友圈。这群新生代个性张扬、魅力十足，传统状态下的被动接受早已经落伍了。我喜欢我所爱，我喜欢我乐意！我为消费而疯狂！

成功的品牌与失败的品牌的差别在于前者能够与时俱进地不断重塑品牌，让品牌保持年轻态，并且持续地使用最流行的工具向目标用户进行传播，从而在激烈的市场竞争中保持品牌价值，保持客户高认知度，成为品牌常青树。这是品牌适应时代、融合时代、具有生命力的表现，那些百年品牌无一不是这样的，如有近180年历史的宝洁。

现在已经是移动互联网时代的“90后”群体成为消费主流，并且深度影响未来黄金10年的重要时刻，这需要了解“90后”的新生代，知道怎么与他们沟通，建立亲密关系，进行品牌重塑。

“90后”，他们是互联网的原住民，这部分人群与过去的“80后”有明显的区别。他们呈现的是松圈主义、碎片化(他们喜爱的明星已经碎片化到任何一个明星都不能吸引这个群体的10%)、指尖上的一代。

这群人普遍具有追求时尚、张扬自我的特性。他们具有三重消费能力:首先具有现时消费能力，他们在数码产品、服饰、快速消费品等方面消费能力惊人;其次，他们是家庭消费的重要决策者及使用者，家里要买什么大件，他们有重要的表决权和一票否决权;最后，他们是未来社会的中坚力量，在移动互联网应用领域已经超越“80后”。相信在未来的3～5年，他们在总的购买力、意见领袖的话语权、商业上的影响力会快速替代“80后”。

他们从出生后不久就开始接触互联网。他们对互联网有强烈的心理依赖，且对网络作为工具的应用也越来越娴熟。他们正过着一种“链接”的生活，即随时随地上网，生活高度依赖网络。他们平均每天花费18%的时间上网。对于他们来说，互联网已经不仅仅是一个工具，而是一种生活方式。

“90后”群体更将会是移动互联网快速发展的关键人群。据研究报告显示，受访的86%的“90后”都是通过手机上网。面对日趋成熟的“90后”消费群体，企业需要重塑品牌，争取更多年轻消费者的喜爱与忠诚，这需要找到与年轻群体的沟通方式。

互动体验是关键。“90后”是最不相信广告的群体，这也是众多商家面对这块大蛋糕头疼不已的原因之一。比如，要想打动“90后”，最好的办法就是让他们参与进来，直接体验产品，体验品牌，体验企业文化。

“90后”群体喜欢标榜个性，重视原创;乐于跟随潮流;欣赏具有文化内涵的产品;热衷网络文化、运动竞技;体验参与的过程和乐趣。在面对“90后”群体时，过去那种只是投放几则幽默风趣或是狂轰滥炸的明星代言广告已经行不通了，要想打动“90后”，最好的办法就是与“90后”零距离接触，让他们体验产品、体验品牌、体验文化。

其四，在这样一个新消费时代，事实上知识与信息的流转周期更短。这对于营销管理者的知识要求更高了，对于他们的学习周期管理的考验也更大了。因此，营销管理必须在知识更新上采取更为系统的策略与投入，从而使得他们能够应付这样的短周期变革的要求。

第二节　数据：大数据时代持续升温

Facebook 每天产生 25 亿条内容，500 多 TB 数据，3 亿多张照片，27 亿个赞，假如把 Facebook 比喻成一个国家，那它就是拥有 10 亿人的世界第三大国。大数据依旧持续升温，全球网络流量从 1992 年的 3.65 万 GB，到 2013 年已经达到 9114 亿 GB，预计到 2018 年将达到 15.77 万亿 GB，到 2020 年估计会达到 40 万亿 GB。

仅 Facebook 这一个社交网站的数据就如此庞大，要把各平台品牌与消费者数据源整合，数据将变得更加庞大。很多人都在谈大数据，大数据肯定不是简单的数据庞大。关于大数据概念的认识尚未形成统一，但以下三种代表性的观点还是值得大家关注的。

第一，麦肯锡认为“大数据是指无法在一定时间内用传统数据库软件工具对其内容进行抓取、管理和处理的数据集”。

第二，全球最具权威的 IT 研究与顾问咨询公司高德纳认为“大数据是指需要新处理模式才能具有更强的决策力、洞察发现力和流程优化能力的海量、高增长率和多样化的信息资产”。

第三，维基百科认为“大数据是指无法在一定时间内用常规软件工具对其内容进行抓取、管理和处理的数据集”。

在庞大的大数据下，营销人员通过整合信息，能获得更完整的消费者信息，公司会获得更多关于销售、购买历史、搜索、互动等数据信息。随着科技的发展，特别是在以云计算为代表的技术创新的衬托下，这些原本很难收集和使用的数据开始容易被利用起来了，通过各行各业的不断创新，大数据逐步为人类创造更多的价值。利用大数据做整合营销，必将是未来互联网营销的趋势。要实现大数据的营销价值，应做到如图 9-1 所示的三点。

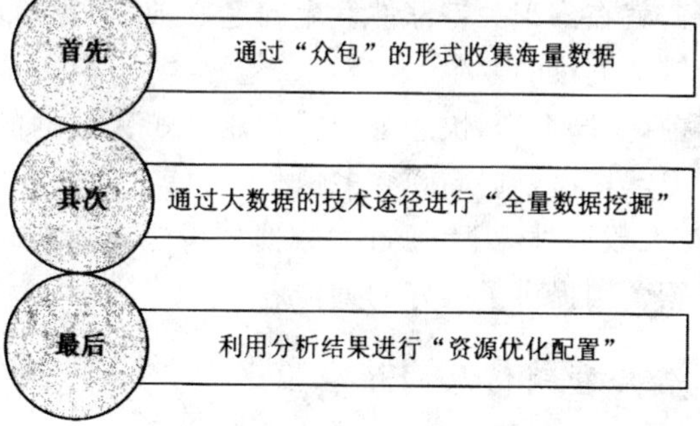

图 9-1　实现大数据营销价值

大数据在营销方面的应用价值就是通过信息与计算技术来客观地还原商业“真相”，帮助公司准确进行数据分析和消费定位，进而做好信息传播。

为了使大数据发挥其应有的力量，营销人员在开展大数据分析时要应用信息化方法与手段，遵循符合信息化业务驱动、目标导向等原则，这样才有利于信息化建设和大数据应用。对于大多数公司而言，大数据营销价值的体现主要包括以下几个方面(见图 9-2)。

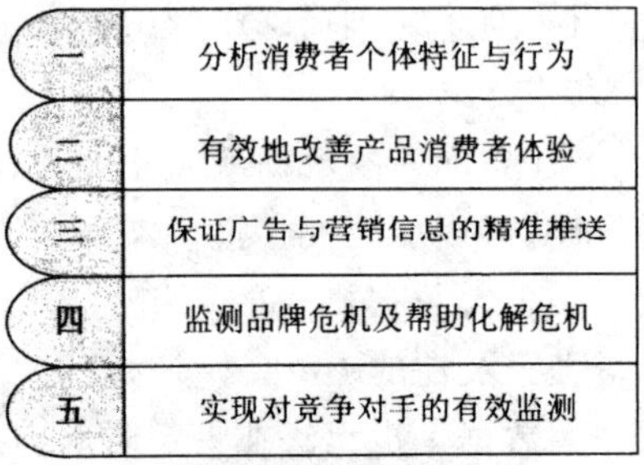

图 9-2　大数据营销价值的体现

1. 分析消费者个体特征与行为

根据足够多的消费者数据，分析出消费者的喜好、购买习惯等，甚至做到“比消费者自己更了解自己”。这不仅是大数据营销的前提与出发点，而且也是大数据分析的核心价值。在产品生产之前全面地了解潜在消费者的主要特征，以及他们的需求与所想，那么生产出的产品一定能投其所好。

2. 有效地改善产品消费者体验

改善产品消费者体验的关键：真正了解消费者及他们在使用产品过程中的状况与感受。例如，汽车几乎遍布千家万户，当然交通事故也随之增多，有些厂家便生产出了汽车预警设备，即在车上安装遍布全车的传感器收集车辆运行信息，就在汽车关键部件发生问题之前，会提前向司机或 4S 店预警，有可能会避免灾难的发生。

早在 10 年前，美国 UPS 快递公司就利用基于大数据的预测性分析系统来检测全美 UPS 快递公司 60000 多辆车辆的实时车况，以便及时地进行防御性修理。在大数据时代下，通过大数据分析能有效地改善产品消费者体验，这对大数据营销提供了很好的宣传点。

3. 保证广告与营销信息的精准推送

在过去，虽然很多公司名义上说是精准广告与营销，其实并不那么精准,因为其缺少消费者特征数据及详细准确的分析。而现在,面对日新月异的社会化媒体,公司要想使品牌得到有效的传播,就要分析粉丝的公开内容和互动记录,将粉丝转化为潜在消费者,激活社会化资产价值,特别是对潜在消费者进行多维度的调查分析,精准地了解活跃粉丝的互动内容,关联潜在消费者与会员数据,关联潜在消费者与客服数据,从而有效地筛选目标群体,并对他们进行精准营销,实现广告与营销信息的精准推送。

4.监测品牌危机及帮助化解危机

名牌危机,是指公司在发展过程中,由于自身的失职、失误,或者内部管理工作中出现缺漏等,使公众对该品牌的不信任感增加,销售量急剧下降,品牌美誉度遭受严重打击等现象。从而引发品牌被市场吞噬、毁掉直至销声匿迹。

在新媒体时代,信息的传播速度如病毒一般,不是以前的“坏事传千里”那么简单,而是能迅速传遍全球。公司一旦遇到品牌危机,如果不能得到很好的监测与化解,很容易被市场吞噬,甚至是销声匿迹。如何有效地监测品牌危机并及时化解危机呢?

在品牌危机爆发期间,最重要的是跟踪危机传播趋势,识别重要参与人员,以便能方便快速地应对品牌危机。这时大数据分析的效果就能显现出来了,公司通过大数据可以采集负面信息内容以便及时启动危机跟踪和报警机制,按照社群的社会属性分析及聚类事件过程中的观点,识别关键人物及传播路径,进而保护公司、产品的声誉,即抓住源头和关键节点,快速有效地处理品牌危机。

5.实现对竞争对手的有效监测

俗话说:“知己知彼,百战不殆”,了解竞争对手的动向,是许多公司经常做的事情。在大数据出现之前,想了解竞争对手应该是有些困难的,如今,公司只需要通过大数据监测分析便能得知。例如,阿里巴巴从大量交易数据中更早地发现了国际金融危机的到来,从而做到了防患于未然。

大数据时代依旧持续升温,大数据营销是未来互联网营销的必然趋势。在做大数据营销时,大数据分析是核心,而大数据分析的关键就是找准大数据分析的方向。一般来说,其分析方向如图 9-3 所示。

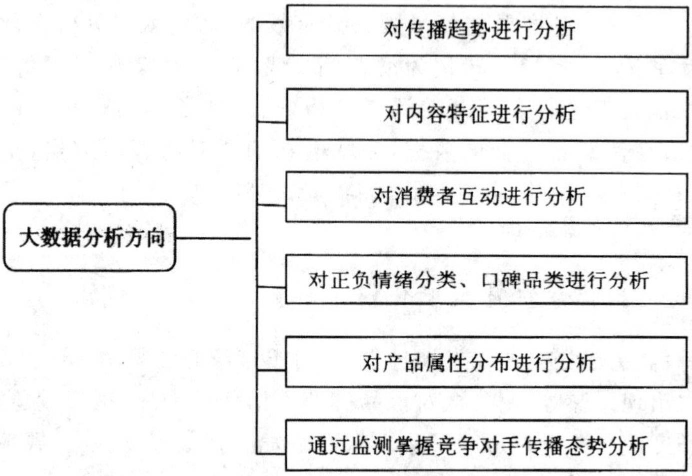

图 9-3 大数据分析方向

基于大数据的分析与预测,对企业家提供洞察新市场与把握经济走向都是极大的支持。

第三节 移动:社会化营销移动化

社会化营销是利用社会化网络。比如,在线社区、博客、百科或者其他互联网协作平台媒体来进行营销。社会化营销和移动互联网的势头已经势不可当,特别是移动互联网的使用,一份来自谷歌的报告显示,未来,世界上拥有手机的人数将比拥有牙刷的人数都多;联合国的调查也显示,能用手机的人将比能用洗手间的人多。移动简直是无处不在,对于现行的营销计划来说是必不可少的。未来肯定是移动营销的时代,如果公司的营销阵地在移动端、社交端没有开展业务,估计都不能算是做了营销。

一、手机成为“第五媒体”

媒体是指传播信息的介质,用通俗的话来说,媒体就是宣传平台,凡是能为信息的传播提供平台的都可以称为媒体。但媒体的内容要结合广告市场的实际需求不断更新,以确保其可行性、适宜性和有效性。传统的四大媒体,其内容如图 9-4 所示。

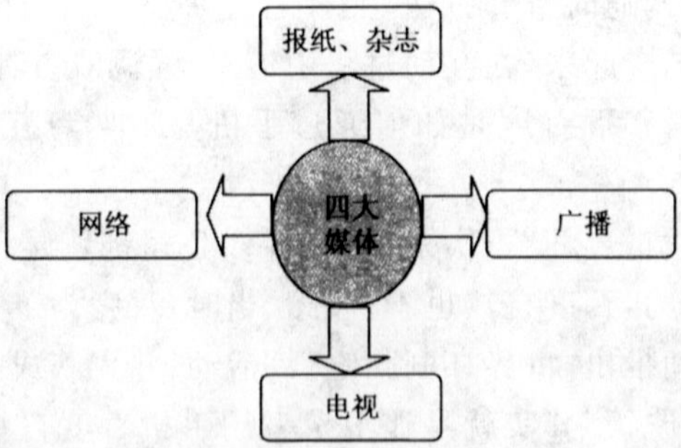

图 9-4　四大传统意义上的媒体

其中，报纸、杂志等平面广告被称为“第一媒体”，广播被称为“第二媒体”，电视被称为“第三媒体”，网络被称为“第四媒体”。然而随着时代的发展，传统的四大媒体已经完全不能满足营销市场的需要，新媒体也就自然而然演变而成，这种新媒体被人们称为“第五媒体”。

“第五媒体”是以手机为视听终端，手机上网为平台的个性化即时信息传播载体，它是以大众为传播目标，以定向传播为目的，以即时为传播效果，以互动为传播应用的大众传媒平台，也被称作手机媒体或者移动网络媒体。请注意，这里强调“第五媒体”是大众媒体，而不仅仅是广告媒体！

手机作为“第五媒体”，利用手机发布的广告形式，被称之为无线广告，利用手机发布无线广告的过程称为移动营销。移动营销将手机作为主要的传播平台，直接向分众目标、受众定向和精确地传播的个性化即时信息，以便达到一对一营销的目的。

如今，“第五媒体”已经成为主流媒体，人们通过手机查看商品信息、广告信息、购物信息等，了解各类生活、娱乐、新闻。在移动领域这个大范围中，总会时不时地出现诸如移动设备、移动营销技巧等新奇的东西，这时公司的营销人员千万不要在这方面分心，要时刻提醒自己，移动主要就是关于怎样与客户建立和培养实时联系的。虽然设备会变，而且会变得很快，但做营销一定要保证与消费者建立实时联系，这才是公司营销工作的核心。

二、互动：让营销“精准”

现在网络移动设备不仅极大地影响着人们的日常沟通方式，而且还影响着人与人及各类组织的交流和联系。在信息交互方式的变革下，人与人的沟通方式不仅发生了改变，同时也重新塑造了这个时代的营销。

移动营销作为新时代的产物，它的关键点就是即时互动。其中一方是消费者，另一方是企业。营销人员要想做好移动营销，就要抓住互动双方的共同利益点，找到沟通时机和方法，然后通过手机、平板计算机等移动端设备将双方紧密地结合起来，在互动过程中汇总，强调双方都采取一种共同的行为。下面就来看一下百度是如何通过手机与消费者互动，推出“刷脸吃饭”营销活动的。

时隔四年，当“世界杯”再次来袭时，许多公司都铆足了劲儿准备在“世界杯”期间好好发力，百度自然也不例外。当时，百度为了推广百度外卖，专门在“世界杯”期间推出“世界杯刷脸吃饭”活动，并大获成功。

“世界杯刷脸吃饭”其实就是让消费者用手机百度自拍一张照片，系统便会自动识别打分，并根据分数赠送相应金额的优惠券，这些优惠券可以在百度外卖下单时使用。这个过程虽看似简单，却需要较高的技术量，对人脸打分意味着需要调用图像识别技术与人脸识别技术。但这对国内互联网三大巨头之一的百度来说并不是什么难事，百度利用自己高超的互联网技术与消费者进行即时互动，极好地推广了自己的产品。像百度这种将自己最擅长的技术应用到了移动营销领域，不得不说是一种巧妙的营销方法。

另外，百度之所以选择“刷脸”这种互动方式，还有一个原因就是“自拍”是现在大多数手机一族的爱好，百度利用这种招数，一方面能满足消费者“自拍”的欲望，另一方面又能够让消费者在“衣食住行”的“食”上面获得优惠。此外在“刷脸吃饭”活动期间，总有些好胜心或好奇心强烈的消费者，为了获得更高的分数与更多的优惠，不断地变换角度与姿势“自拍”，这自然也就大大提高了百度与消费者互动的频率。

在这一个以“80、90后”为主导的消费时代，新一代的消费者已经不再轻易相信那些了无生趣的“填鸭式”传播，转而热爱参与，热爱传播，热爱和自身相符的品牌。可以说，现在的消费者只为自己喜欢的东西埋单。因此，公司如果还是像以前一样端着架子，消费者便无感情，这样的营销活动自然是失败的。现在的很多公司都充分认识到了这一点，他们积极改变过去那种冷冰冰的传播模式，以具有强烈社交基因的互动活动给消费者提供“更有趣、有温度的体验”，让目标消费者High起来，动起来，传起来。

此外，有的公司还利用从线上到线下的互动，调动起网友的积极性，通过积极参与、讨论和分享，吸引更多的目标消费者参与进来，并体验活动的乐趣，这也是为什么有些营销活动的参与人数一路猛增的原因。

（一）如何进行完整互动

让消费者参与到互动活动中，并产生好的营销效果，公司需要做的工作还有很多。之前，公司与消费者的互动环节主要集中在购买环节与售后服务上，但如今消费者对公司的要求越来越高，互动必须对品牌内涵与品牌文化进行全方位渗透，以此加深同消费者的关系、展现公司的友好态度与举措、培育美誉度与消费者的忠诚度等。因此，一次完整的互动营销活动通常要具备以下（见图 9-5）几个组成部分。

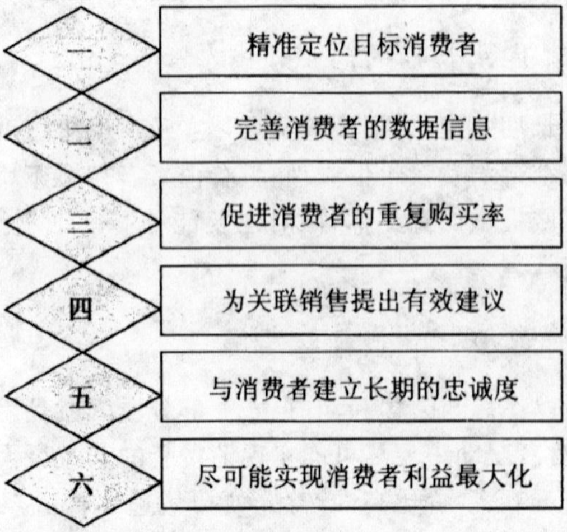

图 9-5　完整互动的组成部分

1. 精准定位目标消费者

为了对目标消费者进行精准定位，公司要能有效地通过消费者信息的分析，根据消费者的消费需求与消费倾向，应用客户分群与客户分析技术，识别业务营销的目标消费者，并且能够为目标消费者提供适合的产品。

2. 完善消费者的数据信息

在大数据时代，利用高新技术收集消费者数据已经算不上什么困难的事情了，为了更好地了解消费者，公司要把与消费者接触的历史信息进行有效的整合，然后再分析出与消费者接触的特征，以便为新产品开发和新产品营销提供准确的信息。

3. 促进消费者的重复购买率

为了提高消费者的重复购买率，公司不仅要通过消费者的消费行为，还要结合预测模型技术，以便能有效地识别出潜在的营销机会，并为消费者重复购买的营销业务推广提供有价值的建议。

4. 为关联销售提供有效建议

公司通过对消费者的消费特征、消费倾向及产品组合的分析，主动有效地为进行关联产品销售和消费者价值的提升提供营销建议。

5. 与消费者建立长期的忠诚度

营销要注重长期效应，为了让消费者建立长期的忠诚度，公司在与消费者进行互动时要结合消费者价值管理，整合消费者接触策略与计划，为建立长期的消费者忠诚提供信息支撑，同时还要能够有效地支撑消费者维系营销活动的执行与管理。

6. 尽可能实现消费者利益最大化

消费者之所以愿意与公司互动，很大一部分原因就是因为有利可图，因此，公司在与消费者互动中要尽可能实现消费者的利益最大化。当然，公司还需要提供稳定可靠、性价比高的产品、便捷快速的物流系统支持、长期稳定的服务，实现对消费者心灵的感化和关怀。倘若在此过程中，被消费者发现公司有欺骗、虚假等行为，这将导致此次互动营销活动走向败亡，而且还会对公司的信誉和形象造成无法挽回的损失。

此外，公司在与消费者进行互动时，话题性还要强，比如围绕一个共同关心的话题展开讨论，这种讨论可以是线上的也可以是线下的。线上互动讨论可以通过网络社区展开，公司可以在官方网站开通留言、咨询、问答、网络社区、即时通信、网络电话等功能实现互动，这些都是互动营销的基础措施；公司也可以推出某种在线体验活动，消费者可以在线设计产品、提出个性化的想法、参与到产品的设计与生产环节中等。线下互动讨论一般是面对面的，此互动成本相对要高一些，参与的人也有限。

公司与消费者的线上互动还可以像推出百度“刷脸吃饭”等一些有创意的互动活动，线下互动也可以采取实体体验、免费试用、促销活动等。无论是什么样的互动活动，都要找到关键的互动点，然后再围绕该互动点展开形式与内容的设计。

(二)如何实现高效互动

互动的成败由策划、实施人员及互动本身的吸引力所决定，公司要想让互联网之于品牌的价值最大限度地体现于有效、高效与互动，也是有方法可循的，下面介绍几个能较好互动的方法，其内容如图 9-6 所示。

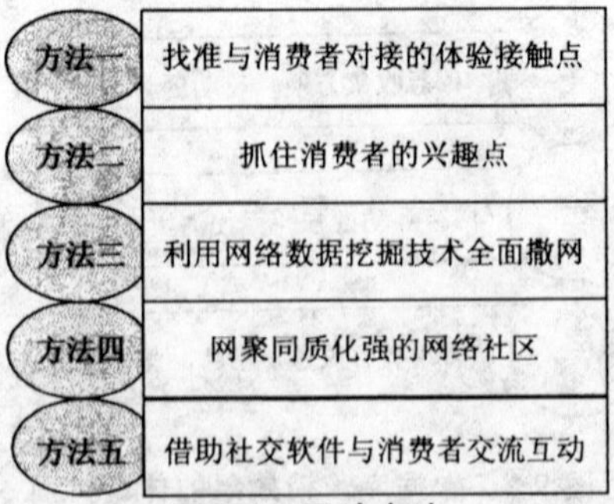

图 9-6　互动方法

1. 找准与消费者对接的体验接触点

在互联网所形成的网络中，公司可以通过浏览体验、感官体验、交互体验、信任体验等体验接触点直接与消费者对接，这些体验接触点可以给消费者充分的想象空间，最大限度地提升消费者参与和分享的兴趣，提高消费者对品牌的认同度。

2. 抓住消费者的兴趣点

找准公司与消费者的兴趣点是实现高效互动必不可少的环节，在运作时须把握以下三点：

第一，提供有价值、有创意、公共性话题的品牌信息；

第二，寻找方便的品牌传播渠道；

第三，瞄准目标消费者，选择有效的品牌信息传播平台。

3. 利用网络数据挖掘技术全面撒网

消费者在网上的“足迹”都可以通过数据统计出来，因此，公司可以通过网络数据挖掘技术对消费者网络上的历史信息进行全面撒网，通过整合消费者浏览记录、评论记录等数据，能促使消费者的回应率提升，这种营销方式也被称为数据库营销。数据库营销的奇特效果主要表现在如图 9-7 所示的三个方面。

4. 网聚同质化强的网络社区

网友都会参加不同的社区，现在的社区平台主要有论坛、评论、博客、维基百科、圈子或社会性网络、即时通信等，在这些以社区为基层活动的互联网场所中，网友的参与程度高、互动性强、主题特定、具有心理归属感。而且网络社区还便于公司向消费者传达品牌信息，尤其是通过消费者间口碑传播的力量更使品牌传播效果呈几何级数的增长。

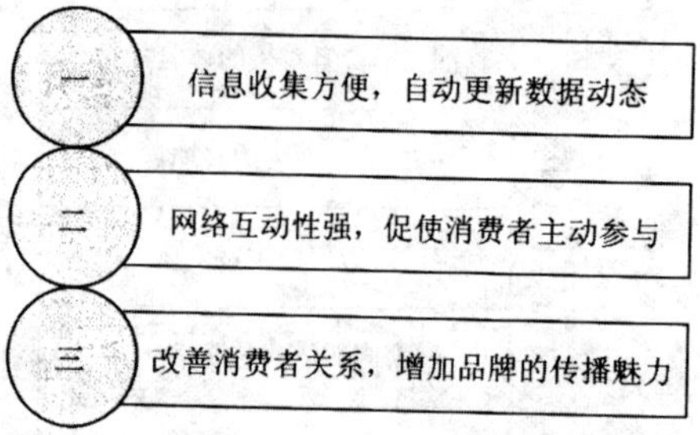

图 9-7　数据库营销效果的体现方面

根据市场调查显示，77%的网购者在网上购物时会参考其他买家所写的产品评价，而这些人往往对网站拥有更高的忠诚度，超过 90%的大公司认为，消费者推荐对消费者的购买行为有着决定性的影响。

5. 借助社交软件与消费者交流互动

微博、博客、QQ、微信等社交软件是电子商务新时代的新产物，写"动态"也成为一种新时尚，名人写，草根写，官员也写；个体写，社团写，公司也写。于是，社交软件便成为公司营销的主流工具，通过这些工具与消费者进行思想、情感的交流。不过，在与消费者进行互动交流时，公司要注重自身的形象意识、传播意识、服务意识、共存意识和竞争意识，以达到品牌推广，产品营销之目的。

三、移动营销的十大优势

在移动互联网时代，移动营销被公司越来越重视。在快速发展的时代背景下，移动营销呈现出哪些趋势呢？根据移动营销目前的发展现状，移动营销呈现出的未来趋势如图 9-8 所示。

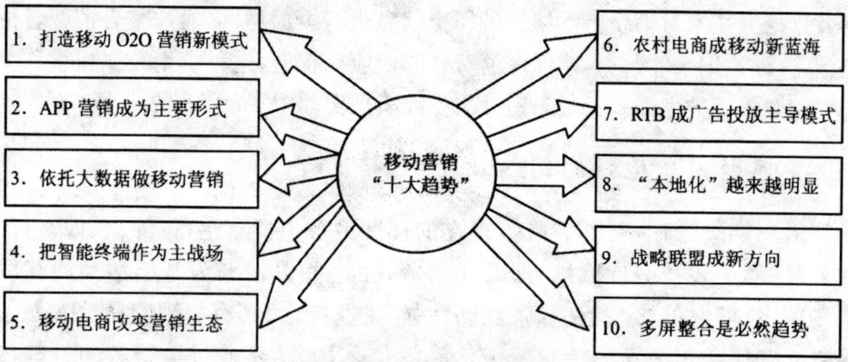

图 9-8　移动营销的趋势

（一）打造移动 O2O 营销新模式

在移动互联时代，移动 O2O 营销是移动营销的一种新模式，它充分利用了移动互联网跨地域、无边界、海量信息、海量消费者等优势，同时充分挖掘线下资源，进而促成线上消费者与线下商品（服务）的交易。

星巴克为了调动移动消费者的参与热情，推出一款“早安闹钟”APP。消费者只需在手机上下载星巴克“早安闹钟”APP，并设定起床闹铃，如果消费者能在闹铃响起后的 1 小时内，走进任意一家星巴克门店，即可享受早餐新品半价的优惠。星巴克通过“早安闹铃”的 O2O 移动营销模式，不仅与目标消费者有了深度沟通，同时也大大提升了星巴克的销量。

移动 O2O 营销作为未来营销的趋势，其实施的关键在于如何将线上和线下进行有效的整合，并将线上的推广活动转化为实际销售，这是公司必须思考的问题。

（二）APP 营销成为主要形式

在移动互联网时代，70％以上的移动互联网流量都是由 APP 产生，而且随着 APP 数量的不断增多，APP 的流量占比一直呈现持续增长的状态。据调查显示，移动 APP 广告占比逐年加大，2013 年占比 22.4％，2014 年移动 APP 广告占比将达 28.6％，2016 年达 30.8％，仅次于移动搜索。

毫无疑问，APP 已经成为移动营销的主要形式。为了达到有效的营销效果，APP 需要增强消费者体验，提供奖励优惠，激励消费者参与，建立情景消费联想。

（三）依托大数据做移动营销

依托大数据做移动营销可以做到精准匹配，比如，通过大数据分析可以让消费者在合适的时间、地点、场景，看到合适的广告信息，这使得移动营销更加精准、投资回报率更高。应用大数据做移动营销，其精准性主要体现在如图 9-9 所示的三个方面。

公司通过专业的技术挖掘数据，对移动消费者现有的浏览和搜索行为的数据进行分析，从而了解消费者的需求，进而定制出符合目标消费者的个性化产品，也能向消费者推送精准的信息，还能预测出移动消费者当下及后续的需求，以便开展更精准、更实时的营销推广服务。

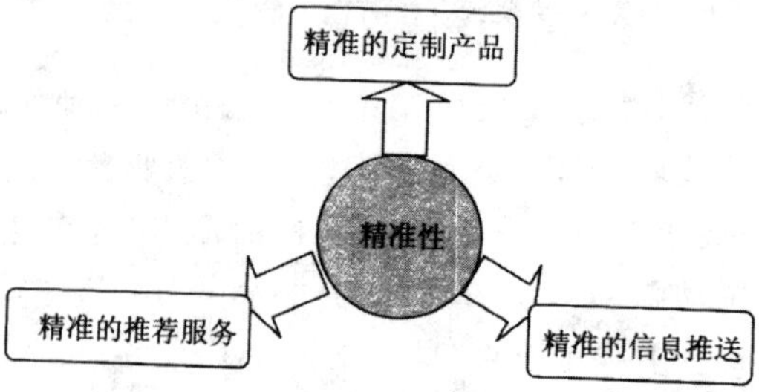

图 9-9　大数据营销精准性的体现

（四）把智能终端作为主战场

随着智能手机和平板计算机的普及，人们花费在它们身上的时间越来越多，中国移动广告市场也随之呈现出快速增长的态势。截至 2014 年 6 月，中国网民规模达 6.32 亿，手机网民规模达 5.27 亿，其规模首超 PC 网民。同年，中国移动广告市场也迅猛发展，其营业额达 64 亿美元，比上年增长近 6 倍，超越英国和日本成为全球第二大移动广告市场。未来，中国的广告市场移动端将是数字营销的主战场，公司应结合自身特点，积极布局移动营销领域。

（五）移动电商改变营销生态

随着上网流量资费的降低，以及大量移动电商平台的创建，消费者通过手机和平板计算机可以随时随地的购物。全球最大的移动电商平台阿里巴巴，在 2015 年“双 11”的全天交易额突破 912.17 亿元，其中移动端交易额 626 亿元，占比为 68%。阿里巴巴这一数据预示着移动电商时代已经来临，移动电商正在改变整个市场营销的生态。

（六）农村电商成移动新蓝海

在一二线城市消费市场渐趋饱和的情况下，农村市场正在成为公司竞争的新“蓝海”，其蕴藏着巨大的开发潜力。阿里巴巴研究院曾对农村网购市场规模进行展望，预计 2016 年市场总量将突破 4600 亿元。这也是为什么阿里巴巴、京东、1 号店、苏宁云商等电商近年来大跨步进军三四线城市和农村市场的原因。

（七）RTB 成广告投放主导模式

RTB(Real Time Bidding)，即实时竞价，是一种利用第三方技术在数以百万计的网站上针对每一个消费者展示行为进行评估及出价的竞价技术。RTB与大量购买投放频次不同，它规避了无效受众，只针对那些有意义的消费者。

据统计，美国2014年的RTB占到显示广告投放的34%，同时非RTB程序广告投放占29%的份额。预计到2017年，RTB将占到显示广告投放的52%，而非RTB程序化广告将占31%。目前，多盟、有米、芒果、木瓜移动等众多国内领先的移动广告公司均已推出了实时竞价广告交易平台和需求方平台，中国移动广告市场也看到了RTB的潜力，在不久的将来，RTB也将成为中国移动广告投放的主导模式。

（八）"本地化"越来越明显

由于广告主及数字广告代理商不断寻求一种既具有高度本地化又高度相关性的传递商品信息的方式，本地化移动营销得以快速发展。本地化移动营销是人、位置及移动媒体三者的结合。

本地化移动营销的核心发展主要体现在以下三个领域：一是增强现实；二是移动支付；三是游戏化。比如百度地图和麦当劳联合推出的樱花甜筒跑酷活动。打开百度地图，或是使用"附近""搜索"功能，会看到一个漂浮在地图上的甜筒标识。这是百度地图结合LBS大数据分析和智能推送技术，对麦当劳甜品站周边三公里的消费者进行匹配，挑选部分消费者推送了"樱花甜筒跑酷0元抢"的优惠信息。消费者在规定时间内跑到麦当劳甜品站，就可以免费领取樱花甜筒。这种两家公司结合自身优势推广的活动，很快引起了"樱花风暴"，实现共赢。

（九）战略联盟成新方向

在"互联网+"时代，公司与公司之间建立战略联盟，寻求共赢，已经不再是一件新鲜事了。对移动营销来说，公司必须把大数据、技术和创意作为核心竞争力。下面以移动数字营销公司为例，看看这些公司主要通过哪些途径建立战略联盟的。

途径一：大型互联网公司之间的战略联盟。例如，阿里巴巴和优酷土豆进行战略联合，展开全面合作，共同推进中国营销领域的DT（Data Technology）化进程。

途径二：数字广告平台与移动媒体之间的战略联盟。例如，多盟与超过7.7万个APP媒体进行深度合作，日均PV（页面浏览量）达1.8亿次，这奠定了多盟在移动广告平台领域的领导地位。

(十)多屏整合是必然趋势

目前,中国消费者使用智能手机、平板计算机等多屏媒体的频率要高于世界上任何其他地区。公司通过多屏的整合营销,将智能手机与PC、电视、户外广告等进行较好的关联和互动,实现线上线下的整合推广。

鉴于此,多屏整合将成为中国移动营销的主导方向。例如,1号店在地铁站做户外广告,根据地铁站的人流来判断这些人喜欢买什么样的产品。消费者在上下地铁时,用手机扫描二维码并完成购买,等下班回到家,东西可能已经到家了。事实上,百度、阿里巴巴、腾讯等互联网巨头已经开始做跨屏的数据分析,多屏整合必将成为移动营销的趋势。

四、案例——《何以笙箫默》边看边买

饰品、服装、家居和化妆品等行业在当下的竞争异常激烈,想要在林林总总的品牌中脱颖而出并非易事。因此,品牌要想出头就必须借助和依托优秀、新颖、传播面广的大平台。2014年中旬T2O概念开始出现在人们的视线里,到2015年初,T2O概念逐渐升温。在东方卫视播出的开年大剧《何以笙箫默》中,实现了T2O模式在电视剧中首次被应用的创举。同时,一些品牌,诸如佐卡伊、草木之心、富安娜等根据《何以笙箫默》中的主角形象,再借助《何以笙箫默》热播的趋势,在淘宝平台上推出了"剧中同款边看边买"等系列活动进行在线销售。

这些品牌的营销策略是:

①以热播的《何以笙箫默》为内容基础。

②以"边看边买"的新型营销模式开展品牌营销活动。

最终实现了销量惊人的增长。

《何以笙箫默》的移动营销的具体执行过程如下。

第一阶段:软文宣传。

佐卡伊、草木之心、富安娜等品牌借助《何以笙箫默》的热播,围绕"《何以笙箫默》边看边买"话题,通过各大网站和互动媒体发布了大量的宣传软文,从而引起了观众的广泛关注。在传统营销模式中从"看"到"买"这一过程比较复杂,一部分潜在消费者会在中间的某个环节流失,但在最新T2O的商业模式之下,观众可以在观看电视节目的过程中轻而易举地通过扫描二维码或点击视频平台引流连接,通往品牌电商的销售平台。可以说,是以最快捷的方式完成了"看"—"点"—"买"的这一系列消费行为。

第二阶段:抽奖互动。

观众可以通过手机APP扫取东方卫视台标,进而可以参与抽奖互动,

还可以直接进入同款产品的电商购买页面。

第三阶段:话题引导。

佐卡伊、草木之心、富安娜等品牌在天猫首页设置焦点图,引发对销售话题的热议。并且通过展开相关微博话题讨论,相关话题微博达 15627169 个,电视剧官方微博粉丝数为 851144。

此次佐卡伊、草木之心、富安娜等将品牌植入东方卫视年度大剧《何以笙箫默》,并且利用淘宝平台实现"边看边买"。可以说,本次营销活动成功地将 T2O 模式的概念结合实际并贯彻执行到底。

第四节　O2O:线上线下能量全面爆发

谈起 O2O,很多创业者都会一窝蜂地去构建平台。然而 O2O 本质上是一种思想,是如何应用互联网工具为传统商业服务的方式。

O2O 平台的用户有哪些营销原则呢?总结公司 O2O 营销的七大原则,其内容如图 9-10 所示。

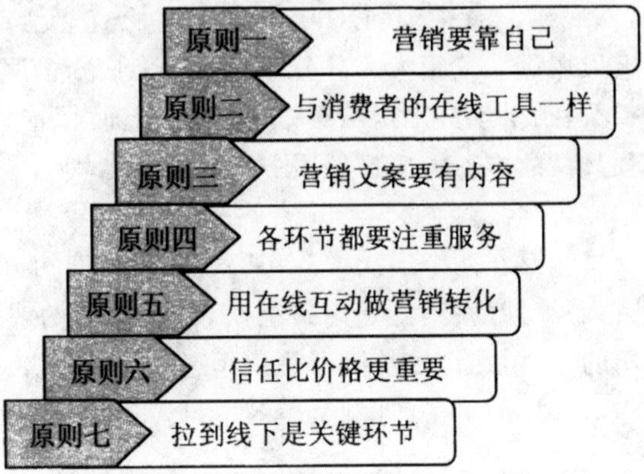

图 9-10　公司 O2O 营销的七大原则

一、营销要靠自己

试图通过 O2O 方式建立新型营销渠道的公司必须意识到,新型渠道的建立绝非易事。任何公司要想做好营销,前提是必须拥有自身渠道的控制权。经营者可以不做营销,但是绝对不能不懂,如果完全依赖外援或者完全依赖别人都会失败。

二、与消费者的在线工具一样

消费者在哪里,营销就在哪里。公司的消费者是谁?他们在使用什么样的网络工具?这些都是O2O营销的核心要点。盲目地使用在线工具,其营销结果必定是失败的。曾经风靡一时的房地产微博营销终于以失败而告终,他们在媒体的误导下,一味奔向微博,并不知道购房客户是否都用微博,购房信息是否能被客户看到,微博内容是否能打动客户。即使微博营销在当时非常火爆,但不适合公司的营销方式还是无价值的。因此,要做好O2O营销,必须与消费者使用同样的在线工具。

三、营销文案要有内容

一般来说,有内容的营销会更有说服力,在前面章节也提到过,通过讲故事来做内容营销,其营销效果很不错。有些营销文案中将信息比喻成食物来理解内容营销的意义。在互联网时代,每个人面前都有一桌信息构成的满汉全席,在有趣的、有营养的、有故事的信息里,硬梆梆的广告绝对不会被人挑选。

在网络上,海底捞没有一个硬广告,也没有一个优惠活动,然而海底捞每一家店几乎天天爆满。这很大一部分原因在于海底捞的服务,一次,海底捞的员工上错了菜,结果该员工送给客户一份饼,上面写着"对不起",这就是好玩的"对不起饼"故事。海底捞的服务故事就是营销的最佳内容。像这样的内容营销比广告强太多了。

好的内容营销会存在两个层次:第一是入门层次,即知道营销需要讲故事,是公司自己精心策划的;第二是高级层次,即让公司的客户讲公司的故事。客户讲公司的故事,在许多情况下是用超过预期的服务来实现的,海底捞的营销就是一个这样的例子。因此,服务也是营销环节。

四、各环节都要注重服务

在海底捞,如果客户带着婴儿去吃火锅,海底捞会出人意料地拿出婴儿床或者婴儿服,这就是超过预期的服务,这样的服务很容易激发客户分享欲望,而且这种分享既免费,推广效果又非常有效。

当然,服务结束并不代表营销也结束,这也是网络营销与传统营销的区别。只有让服务与内容营销结合并统一,才能构成公司真正强大的营销体系。O2O最有价值的"闭环"决不是为了平台利益而建立的,而是为了建立营销闭环。线上线下的结合,线下绝不是营销的终点,而是下一个起点。

五、用在线互动做营销转化

营销只有转化了才能发挥其价值，所谓转化就是消费者对产品（或服务）的信任感加强，引起强烈的购买兴趣。在线互动则是加速营销转化的催化剂，互动的目的有两个：一是建立信任感，二是提高转化率。通过在线互动拉近公司与消费者的距离，进而提高营销转化率。

六、信任比价格更重要

网购的本质绝不是价格低，而是消费者的信任乃至内心喜爱。一定要明白，消费者的信任比价格更重要。很多公司通过送礼、降价优惠等方式实现加粉、转发，这没有实际的营销效果，还不如学习 DELL（戴尔）等公司在 Twitter 上非常诚恳地去解决消费者的实际问题，赢得消费者的信任。

七、拉到线下是关键环节

O2O 平台设计必须是利他性的，公司通过网络工具进行的"闭环"营销才是 O2O 实现的核心。其中，从线上拉到线下是"闭环"的关键环节，这个环节的根本是提高转化率，而影响该环节的核心因素是品牌信任感和客服技巧。

总之，做 O2O 营销，要抓住其核心原理：信任决定购买；互动决定转化；服务创造口碑。

第五节 娱乐：营销越来越与娱乐有关

一、营销与娱乐的关系

如今已然是全民娱乐的时代，娱乐营销也大肆盛行。公司的品牌推广预算绝大部分都转投了娱乐内容，找明星做代言更是成为非常普遍的现象。特别是那些以女性消费者为主导的互联网产品，争先恐后地邀请当红的"小鲜肉"明星们代言。如李易峰一口气代言了近 40 个品牌，被大家称为"代言狂魔"。

在这些品牌中，OPPO 手机也是其中一个。OPPO 邀请李易峰化身"R7 喋喋 phone"，主演具有韩剧风格的网络微剧——《我是你的喋喋phone》。"喋喋 phone"是一部可化成人形的手机，而化成人形的"喋喋

phone”完全是一个暖男形象，聪明智能兼具体贴傲娇，无疑大获粉丝青睐。而且微剧中还将 OPPO 的闪充技术拟人化，并通过“充电 5 分钟，通话两小时”的广告标语，情景化为“闪充 5 分钟，恋爱 2 小时”的故事主题，成功地塑造出了一幅温馨浪漫的画面。

热播的明星真人秀节目《花儿与少年 2》让井柏然的人气达到了一个新高峰。这时，“90 后”特卖平台楚楚街便邀请井柏然做品牌代言人，这是楚楚街首次签约品牌代言人，也是井柏然首次为国内品牌代言。楚楚街副总裁蒙克表示：“楚楚街一直专注为“90 后”的年轻消费者提供最为时尚的移动购物服务，选择井柏然作为代言人，在平台定位和品牌形象等方面都十分契合。”在此之前，井柏然登过很多杂志封面，套用 gogoboi 的话说，“浏览一下他拍的封面就会发现，井柏然赢在质感，衣服穿在他身上显得档次高。他的镜头表现力也强，亦正亦邪，可酷可萌，可清新可风骚……”

无论是李易峰代言的 OPPO 手机，还是井柏然代言的楚楚街，在明星的光环下，其营销效果都达到了一定的高度。

除了明星代言，凡是与娱乐圈有染的元素，都成了现在公司的关注点。比如，《武媚娘传奇》当时因为“范冰冰被剪胸”后更火了，武媚娘的妆容，识别度很高，天天被 P 图。《武媚娘传奇》可以说借势利用社会化媒体成功逆袭，成为一部古装热播剧。

一条“晨冰恋”激发出了无数段子，带来了若干营销的机会，广告商蜂拥而至，电影宣传更是忙个不停，大家都期待着在那些“被转发”里看到自家身影，以便为自己带来更多的消费潜力。还有很多公司搭上了娱乐圈的顺风车，当黄晓明和 AB 公布婚讯、吴奇隆和刘诗诗秀出结婚证时，范冰冰和李晨秀“我们”时……只要是娱乐圈有“大事件”了，营销者都会如影随形。大多数品牌都是仿造明星所发照片而拍出“同款”买家秀，一句话，都是在全民关注的新闻爆发时，希望用“大树下面好乘凉”的手法增加更多曝光度。这种“借势”营销，成功地借到了“势”，抢夺了消费者的市场。

任何事情都想跟娱乐沾边，诺奖得主屠呦呦的一句“不够在北京买半个客厅”，就让娱乐泛滥了，类似于“屠呦呦的半个客厅与黄晓明的 2 亿元婚礼”真是一个娱乐经济的时代。

在娱乐经济时代，当然要做娱乐营销。找当红明星做代言，抓住热门话题写段子，搭娱乐圈热点事件的顺风车……这些都属于娱乐营销，他们借助娱乐的元素或形式将产品与客户的情感建立联系，从而达到销售产品，建立忠诚客户的目的的营销方式。娱乐营销的本质是一种感性营销，感性营销不是从理性上去说服消费者购买，而是通过感性共鸣从而引发消费者的购买行为。这种迂回策略更符合中国的文化，至少比较含蓄，比那种赤裸裸的交易行为要强几十倍。

娱乐最能牵动人心，最具国民级的影响力。2015 年，全球娱乐和媒体产业的产值达到了 1.9 万亿美元，并且随着全球经济的复苏，年复合增长率将达到 5.7％。下面以美国为例，文化娱乐产业是美国的第二大产业，每年创造的产值达 5000 亿美元以上。美国 1/3 的土地面积用于娱乐，美国人将 1/3 的时间和 2/3 的收入花费在娱乐上。如今，娱乐被世界各界人士广泛关注，娱乐经济已经成为新的世界通货，娱乐营销已经成为公司与消费者重要的沟通手段。未来，营销如果不与娱乐有染，恐怕也很难吸引消费者的眼球。

娱乐和营销的结合是必然趋势！但是，当前的娱乐营销存在很多问题，主要问题概括如下(见图 9-11)。

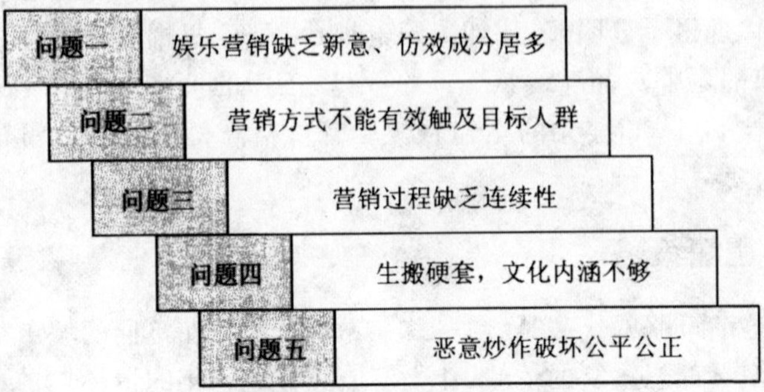

图 9-11　娱乐营销存在的问题

为了改善娱乐营销中出现的问题，做娱乐营销要对娱乐营销的现状、消费者的娱乐心理、中国娱乐传播趋势、娱乐营销案例进行分析研究，还要洞察娱乐需求，打造娱乐新平台，避免营销误区，制定营销策略，以促进娱乐营销的传播和发展。

二、娱乐营销的核心和策略

娱乐的核心是快乐、轻松，而娱乐营销的核心是节目传达出来的价值观，这一点必须和企业及产品保持一致。在娱乐的过程中，人们可以参与进朋友和网友之间的互动，获得自我的认同感。比如说在关注快乐女声的过程中，你收获的不仅是快乐，还有感动。虽然你没有上台演出，没有经历过选手们刻苦训练的过程，但是在观看电视节目的过程中，你也会为参选结果感到紧张和不安。

娱乐营销的策略可以归纳为五点，分别是定位策略、拓展策略、重复策略、升级策略和重塑策略。

（一）定位策略

定位策略是指在产品生产之前，企业要明确购买产品的群体，并对他们的消费心理和行为习惯做出分析，然后利用产品的娱乐营销给用户带来快乐的体验。比如以生产“芭比娃娃”出名的马特尔公司，他们并没有固定思维模式，而是根据小女孩喜欢主动匹配的习惯，为客户提供可以任意选择的芭比娃娃的肤色、发型、服饰等，最终获得极大的成功。

（二）拓展策略

在一项产品获得成功之后，可以继续开发与之相关的产品，给客户创造更多的机会，让他们能够继续享受你所提供的感情上的联系。这一点在电影产业上体现得十分明显，比如美国电视台 HBO 根据全球热播的《权力的游戏》推出的延伸产品——铁王座，一个铁王座的价格为 3 万美元，购买时买家还需支付 1800 美元的运输费。尽管价格高得离谱，但是道具推出之后，立即售卖一空。

（三）重复策略

使用这一策略的代表是《同一首歌》，这个节目在不同的城市举办，创造着观众和演员都想重复的体验，让人们能够体验当年的情怀。

（四）升级策略

产品都会更新换代，每一次的更新都会给人们带来不同的感受，苹果手机正是凭借着这一策略获得了一次又一次的成功。

（五）更新策略

如果你与客户在感情上建立了联系，他们也将期待体验再次更新。保持神秘感，不断创新是持续成功的关键。

第六节　众筹：筹的不是钱，是市场

2014 年被称为“众筹元年”，在之后的一年时间内，“众筹”便成为一种全新的融资和经营模式，遍布各个领域。8 月份的“冰桶挑战”席卷全球，全球的名人纷纷参与，这表面上是一个吸引眼球的公益活动，其实质就是一个众筹项目，只不过是一次公益类的众筹。之后，万科联手搜房推出首个房产众筹，他们在苏州万科城拿出 6 折房源进行众筹资金招募及房屋竞拍，投资人员只需投资 1000 元即可。参与本次众筹投资的人有 500 多位，很快该房源就以 7 折售出，投资人获得 17%的投资回报。

各种形式的众筹平台如雨后春笋般地涌现。那么，众筹是否也将会改变和颠覆传统的营销行业呢？

随着微信 6.0 版的上线，微信推出了卡包功能，为商家提供吃喝玩乐打折券的业务，把传统的代金券、折扣券、团购券、礼品券、优惠券、机票、电影票、门票、会员卡和红包等进行统一管理。例如，餐饮公司可以借助卡包，发放各种优惠券，同时也可以发放众筹的项目，进行投资、体验和消费。

目前，互联网金融呈现出高速发展的状态，互联网金融众筹也把机会推到市场面前，全新的模式、交易架构、组织形态迅速地把投资功能、消费功能、销售功能、体验功能和分享功能组合在一起，甚至把生产制造都组合在一起，打破了以前生产、销售、分销、推广到消费这个漫长过程。而现在，不同的人都可以参与到不同环节，比如，有的人参与分享，有的人参与投资，这样就改变了公司的生产方式、销售方式和融资方式，也改变了人们的消费方式和投资方式。这些改变让众筹营销应运而生。

众筹平台魔点网的众筹项目基本都是游戏、动漫、卡通和文学领域方面的。而这里的众筹项目以奖励项目为主，也有公益众筹。对于奖励众筹的投资回报，一般都是和投资的项目内容相关，有可能回报的是这个产品，有可能回报的是游戏的装备，也有可能回报的是一场比赛的门票，一般都不会是现金。

在魔点网上的第二届 i 联赛，DOTA2 电竞联赛作为国内首个众筹模式也采用了众筹方式，吸引了很多玩家参与比赛。此次众筹的金额分为几个等级(见图 9-12)，i 联赛的奖金池又是如何构成的呢？

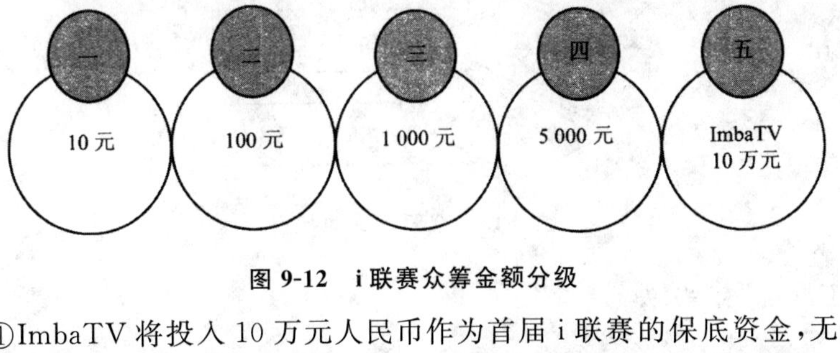

图 9-12　i 联赛众筹金额分级

①ImbaTV 将投入 10 万元人民币作为首届 i 联赛的保底资金，无论众筹结果如何，我们将确保联赛的进行。而联赛的规模和参赛战队的规格将取决于玩家。

②玩家众筹的金额分为10元、100元、1000元、5000元4档，不足上一档的金额可用下一档的金额多次参与。

③摩点网为表示对i联赛的支持，将会为每个通过摩点网微信注册登录并绑定的玩家账号，额外支付1元/人可进入i联赛资金总盘。

当时DOTA2电竞联赛获得了4400多人的众筹，筹集资金21万元。在赛事的制作方看来，采用众筹可以带来玩家更多的关注和参与，而回报的内容则与赛事息息相关。

《秦时明月》也在魔点网上众筹3D大电影《秦时明月之龙腾万里》，其实，众筹的真正目的不是为了筹集资金拍摄电影，而是为了进行营销，把众筹作为市场的试金石，观察《秦时明月》这部手机游戏的粉丝对大电影的期待如何，同时也作为前期的市场宣传手段。

众筹逐渐变异成一种营销模式，在乐视包装的各种"颠覆"之中，"众筹营销"成为一个全新的名词，这也是乐视自己开创的一种全新的营销模式。

乐视所谓的"众筹营销"主要体现在两个方面，一方面是让消费者可以提出自己的需求，实现有针对性的生产；另一方面是改变了过去按照批次生产的方式，而由订单来驱动生产。其实，乐视的"众筹营销"是相对于与小米的"饥饿营销"提出的概念。小米"饥饿营销"是用限量预约的方式实现分批销售，而乐视则是"我们不存在缺货的情况，只要你要，就一定能有，你要什么样的，就有什么样的"。

通过乐视的"众筹营销"，总结了一些众筹营销的特点，其内容如图9-13所示。

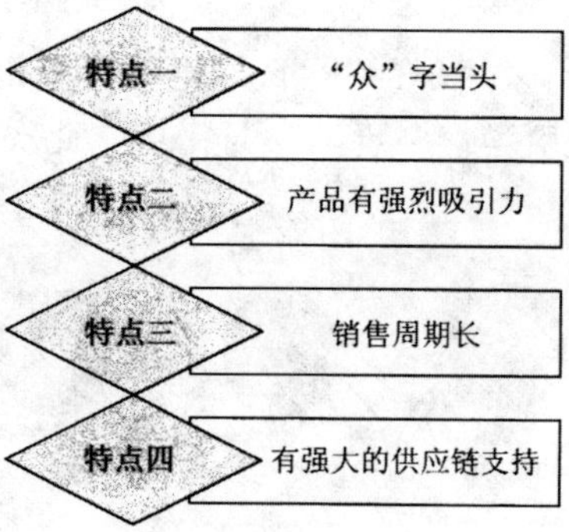

图9-13　众筹营销的特点

1."众"字当头

众筹营销的字面意思是集中众多人的智慧来做营销，具体来说，它是让消费者发起产品的订购邀约及提出一些DIY的柔性需求给厂家，而厂家在下单之时起,就可以全程给出生产排期和产品追踪。众筹营销要想成功,这个“众”字很重要,需要一个庞大的用户群对产品品牌有着强烈的忠诚度和追随感。

2. 产品有强烈吸引力

众筹项目要具有足够的吸引力,才能实现所谓的让消费者参与到产品设计中。

3. 销售周期长

众筹营销是让消费者参与到前端设计中,生产周期必然会很长,这与原来的“即买即走”消费模式有很大的不同,有时产品到达消费者手上可能要等待几个月。

4. 有强大的供应链支持

众筹营销需要有强大的供应链作为支持,例如,乐视虽然有富士康“撑腰”,但这对乐视TV年轻的团队来说,也是个很大的挑战。

众筹营销在中国的发展还不太成熟,可能众筹在人们心中更多的还是一个概念,甚至可以说是一种炒作手段。如果众筹项目在前期没有营造出粉丝很热烈的现象,也会很尴尬,对品牌也会有一定的影响。

但众筹营销一旦做好,其营销效果是不可估量的。虽然做众筹营销会有一定的限制,但它的确是未来互联网营销的发展趋势,因为媒体的传播方式已经发生了改变,现在的营销传播方式已从以前的单向传播转变为互动传播,每个消费者可能都是一个自媒体,都是内容的制造者和传播者,因此,对于消费者而言,作为参与者、投资者和消费者的边界更加模糊化了,而很多公司也是希望通过众筹,汇集消费者、增长体验。

简单来说,众筹营销就是用金钱对一个项目前期的市场反应进行投票。倘若投票低,公司就可以尽早放弃这个市场,以免等到后期投入太多而损失严重;倘若投票高,既能收获市场,也能收获消费者。众筹营销无疑是个两全其美的营销方式。

参考文献

[1]段建，安刚.移动互联网营销[M].北京：中国铁道出版社，2016.

[2]许宏，王韬洵，刘永攀.互联网＋时代下的人性营销[M].北京：中国财富出版社，2017.

[3]韩布伟.大数据营销[M].北京：化学工业出版社，2016.

[4]万木春，胡振宇.数字营销再造："互联网＋"与"互联网"浪潮中的企业营销新思维(服务篇)[M].北京：机械工业出版社，2016.

[5]陈伟航.互联网＋：营销创意新玩法：营销创意10大法则与案例解说[M].北京：北京时代华文书局，2016.

[6]陈亮年轻派.互联网营销思维：互联网时代产品畅销的秘诀[M].北京：人民邮电出版社，2016.

[7]毛鹏.互联网＋营销：你的营销该换一下大脑了[M].北京：人民邮电出版社，2016.

[8]刘华鹏.互联网＋营销：移动互联网时代的营销新玩法[M].北京：中国经济出版社，2016.

[9]韩布伟.颠覆式互联网营销[M].北京：中国铁道出版社，2016.

[10]江礼坤.网络营销推广实战宝典[M].2版.北京：电子工业出版社，2016.

[11]谢导.互联网营销：理念的颠覆与蜕变[M].北京：机械工业出版社，2016.

[12]陈水芬，孔伟成.网络营销[M].3版.重庆：重庆大学出版社，2016.

[13]陶红亮."互联网＋"网络营销推广实战宝典[M].北京：中国华侨出版社，2015.

[14]陈永芳.精准营销：基于互联网思维的营销新模式[M].北京：中国财富出版社，2015.

[15]徐茂权.网络营销决胜武器：软文营销实战方法、案例、问题[M].2版.北京：电子工业出版社，2015.

[16]苏高.软文营销从入门到精通[M].北京：人民邮电出版社，2015.

[17]海天理财.一本书读懂App营销[M].北京：清华大学出版社，2015.

[18]赵伟.大数据在中国[M].南京:江苏文艺出版社,2014.

[19]苏高.大数据时代的营销与商业分析[M].北京:中国铁道出版社,2014.

[20]谭贤.移动互联网时代:玩转O2O营销实战手册[M].北京:中国铁道出版社,2014.

[21]谭贤.新网络营销推广实战从入门到精通:双色图解版[M].北京:人民邮电出版社,2015.

[22]王吉斌,彭盾.互联网+传统企业的自我颠覆、组织重构、管理进化与互联网转型[M].北京:机械工业出版社,2015.

[23]康路晨.一本书读懂互联网营销推广[M].北京:民主与建设出版社,2015.